开放创新和平台经济

IT及互联网产业商业模式创新之道

（第2版）

汪存富◎著

电子工业出版社

Publishing House of Electronics Industry

北京·BEIJING

内 容 简 介

本书分为 8 章，其中，第 1～4 章主要以理论分析和研究为主，系统地介绍了商业模式创新、开放式商业模式创新、平台型商业模式创新的理论，形成信息产业商业模式创新的基本理论分析体系；第 5～7 章以案例分析和实证分析为主，分析开放式、平台型等典型的商业模式创新经典案例，梳理总结全球和中国 IT 产业商业模式创新发展的历程；第 8 章在前文基础上提出中国 IT 产业商业模式创新的启示。

本书适合 IT、管理、产业经济相关专业学生，信息经济和产业经济研究的学者，IT 和互联网领域的从业者、创业者、企业管理者，以及关注互联网产业和思维的其他行业经营管理者阅读。

图书在版编目（CIP）数据

开放创新和平台经济：IT 及互联网产业商业模式创新之道 / 汪存富著. —2 版. —北京：电子工业出版社，2021.3

ISBN 978-7-121-40598-3

Ⅰ. ①开… Ⅱ. ①汪… Ⅲ. ①IT 产业—商业模式—研究②互联网络—高技术产业—商业模式—研究 Ⅳ. ①F490②F407.676

中国版本图书馆 CIP 数据核字（2021）第 032796 号

责任编辑：朱雨萌
印　　刷：天津画中画印刷有限公司
装　　订：天津画中画印刷有限公司
出版发行：电子工业出版社
　　　　　北京市海淀区万寿路 173 信箱　邮编：100036
开　　本：720×1000　1/16　印张：18.75　字数：300 千字
版　　次：2017 年 9 月第 1 版
　　　　　2021 年 3 月第 2 版
印　　次：2021 年 3 月第 1 次印刷
定　　价：89.00 元

凡所购买电子工业出版社图书有缺损问题，请向购买书店调换。若书店售缺，请与本社发行部联系，联系及邮购电话：（010）88254888，88258888。

质量投诉请发邮件至 zlts@phei.com.cn，盗版侵权举报请发邮件到 dbqq@phei.com.cn。

本书咨询联系方式：zhuyumeng@phei.com.cn。

第 2 版前言

当 2017 年本书的第 1 版出版时，开放创新和平台经济的提法还不普遍，当时出版本书有种"弄潮儿向涛头立"之感。时隔 4 年，互联网产业发展高歌猛进、激动人心。2020 年，一场全球新冠肺炎疫情更让互联网、线上经济逆势蓬勃发展，线上协同办公、线上购物消费、线上娱乐休闲等进一步深入人心。

4 年来，互联网技术和模式创新高度活跃，核心技术创新成为在大国竞争格局下的新要求，数字经济成为全球经济的新引擎，资本市场从助力 To C 的模式创新转向更多支持硬科技和 To B 的创新。更多企业采取开放式创新战略，以加速创新的速度和质量，获得创新的优势和价值红利。互联网平台高速扩张和深度渗透到各行各业，互联网+、产业互联网、产业数字化等优化提升了经济效率，但也引发了社会对平台垄断的担忧。

本书第 1 版关于开放创新和平台经济的分析和观点，也在企业创新和产业发展中进一步丰富，当时预测的一些发展趋势也逐步得到市场的验证。而这 4 年，本人从国家部委进入大型互联网平台公司，再转型到互联网投资行业，对互联网行业的创新发展也有了更多维的思考和更深刻的体会。

基于此，对本书第 1 版内容做了部分增删、补充和完善。

第一部分为理论与基础篇，为避免讲述晦涩，在第 1 章中删除了早期的一些理论综述，将基础理论做了更为精要、通俗的阐述。第 2~4 章，结合最新的商业实践，对相关理论框架和内容做了更新，更贴合实际的修改。

第二部分为案例与实践篇，做了较大修订，与时俱进地对重点案例和数据进行补充和更新，力争呈现最新的实践和案例。如第 5 章中，谷歌和苹果基于移动智能操作系统的竞争带来的整个智能手机产业的竞争格局巨变及对计算机市场的颠覆性替代挤压，阿里巴巴的跨平台战略布局下金融科技、互联网物流和云计算领域布局的新进展。第 6 章中更新了大数据、互联网金融、共享经济、互联网+等发展趋势的展望，并新增了工业互联网的内容。

第 7 章中更新和新增了滴滴、小米的平台战略创新案例，增加以"TMD"为代表的新秀崛起，互联网企业出海、垄断与竞争等内容。

第 8 章中重点补充和更新了我国信息产业和互联网行业发展的相关数据，增加了创新创业和股权投资的内容。本书第 1 版中提出的支持商业模式创新的 5 个方面的系列建议，在 2019 年国务院出台的《关于促进平台经济规范健康发展的指导意见（国办发〔2019〕38 号）》中均有体现和落实，平台经济发展和监管已经有了国家层面的政策指导。

总体上，本书第 2 版依旧沿袭第 1 版的基本思路，以探寻产业发展和企业创新背后的经济管理规律为主线，密切跟踪最新的商业实践和企业发展的案例，力争为读者拨开纷繁复杂的商业表象，洞察背后的规律和逻辑，预测未来的产业和商业趋势。在互联网蓬勃发展与创新热潮澎湃的当下，不仅需要"鼓与呼"，更需要探索与深思，进而为未来发展提供指导与借鉴，这也是本书写作的初心。

本人结合自己在国家部委、知名互联网企业和互联网投资机构第一线的实践、观察和思考，以研究者、政策制定者、创业者和投资者的不同视角，构思凝练出本书的内容，不敢称呕心沥血之作，但确是深思精研的成果。衷心希望能够为互联网相关领域的研究人员和从业者，以及希望借鉴互联网创新发展思维和模式的所有读者，提供一本既有理论高度、又贴近商业实践的有用之书。

这是一个充满变革和不确定性的时代，互联网是一个激动人心的行业，技术、模式乃至思维的创新将持续改变世界。我们值得为之喝彩，更值得为之期待！

也希望与广大读者一起交流，一起实践，一起精进！

汪存富

2021 年 1 月

于北京天宁 1 号文化产业园

▎第 1 版前言▎

▍ 商业模式的起源

自 20 世纪 90 年代以来，全球 IT 产业尤其是互联网产业的蓬勃发展，深刻地改变了传统的企业经营理念和方式，许多从事互联网服务和电子商务的新兴企业快速成长，打破了传统的企业成长路径和速度。这些企业独特的商业模式受到学术界和商业界的高度关注，并成为研究的热点。随着研究的深入，商业模式逐步成为经济管理理论和商业管理的一个新的分析工具。商业模式研究兴起的主要原因是，IT 的深入应用及全球化的发展，导致全球商业经济环境日益复杂，用传统的企业战略经营理论已经难以进行有效分析和应对。全球商业经济环境的变化主要表现在以下几个方面：一是 IT 等新技术的发展加快技术变革速度，企业面临技术变化带来的竞争压力日益增大；二是随着生产的发展和市场的饱和，以及全球经济增速放缓和消费水平提高，企业竞争的焦点已经逐步由内部生产和质量管理等方面发展到如何满足客户的个性化、快速变化的需求，即如何发现和创造客户价值成为关键；三是随着技术和产品的日益复杂化，以及全球产业分工的发展，单个企业已经很难通过自己的资源和实力满足市场需求，更多地需要企业之间的分工协作，构造价值链和价值网络，以实现客户价值的创造。因此，商业模式更多地关注如何为客户创造价值并实现企业的价值，以及合作伙伴之间的价值网络和生态体系。这是商业模式适时出现并逐步成为企业经营分析工具的原因，同时也是传统企业战略理论的发展和演进产生的新的理论框架。商业模式创新是在熊彼得的创新理论基础上发展而成的一种新的创新方式。

当前，商业模式创新受到学术界、商业界乃至政府的高度重视。

▌▌商业模式创新在中国的形势和意义

在中国，IT 和互联网产业快速发展并在经济社会各领域得到广泛深入的应用。另外，在中国企业创新发展并谋求国际化发展的形势下，商业模式创新已经成为与技术创新并驾齐驱的创新要素和方式，成为企业盈利、产业创新、价值创造及经济增长的驱动力，引起学术界、商业界甚至政府层面的广泛关注。国内相关学术机构如清华大学经济管理学院、北京大学汇丰商学院等都设立了专门研究商业模式的机构和学术团体，相继发表了一批研究成果。在相关MBA 课程及高级管理培训课程中，商业模式也成为新的重要的授课和培训内容。在商业和传媒界，也相继开展了各类有关商业模式创新的评选和宣传活动，旨在通过追踪研究大量的企业案例，不断推进商业模式创新理念在中国商业界的普及。在资本市场上，商业模式也成为创业融资乃至企业上市融资考察的一个重要因素。"团队+商业模式"是资本尤其是风险资本投资选择项目的核心关注点，良好的商业模式和盈利模式将有助于企业获得资本的支持，商业模式也成为影响企业上市融资（IPO）及企业市值的重要因素。在国家层面，提出要"实施创新驱动发展战略""加快技术集成和商业模式创新"，在建设创新型国家战略中，将商业模式创新提升到与技术创新并驾齐驱的地位。

面对激烈、开放的全球化竞争，深刻分析和把握中国巨大的客户群体、具有本地特色且复杂的用户需求，并且以客户和市场需求为导向进行商业模式创新，是中国企业创新发展并与国际企业竞争的重要途径。技术创新往往需要长期持续地投入大量资金、人才和技术的积累，短期内难以与国外尤其是发达国家抗衡。商业模式创新的核心是围绕客户需求提出更好的价值主张，更好地满足客户需求。随着中国成为全球最大的消费市场，中国本土企业在了解和把握本土客户需求、提出价值主张方面无疑比国外企业更具优势。此外，商业模式创新相对于技术创新，其经济效益更快地被体现出来，更适合处于成长期、贴近本土用户的中国企业作为提升竞争力，以及谋求快速、持续增长的捷径。

在此形势下，深入研究 IT 和互联网产业的商业模式创新，无论对企业的创新发展、产业的转型升级，还是对国家经济社会的创新变革，都具有重要的理论和实践意义。

在理论方面，对商业模式理论进行进一步研究，完善理论体系，让商业模式理论成为研究企业战略经营的一个有效分析工具，是符合目前全球经济发展和商业环境变化的基本趋势的。同时，本书将商业模式与产业组织理论关联研究，在理论上探索商业模式和产业组织之间的相互关系和影响，对于丰富商业模式的理论体系、拓展商业模式创新的研究领域都具有重要的理论意义。

在实践方面，中国正处于深入贯彻创新、协调、绿色、开放、共享五大发展理念，建设创新型国家战略，实现工业化、城镇化、信息化和农业现代化的新"四化"发展阶段。基于目前全球经济尤其是中国经济发展的基本现状，如何面对资源能源等自然要素日益紧张、企业经营面临的全球化竞争压力、市场和客户需求的日益多元化和个性化、中国在全球产业链中的层次和地位等一系列新问题，国家提出了建设创新型国家和可持续发展的战略方针。商业模式创新的研究无论从微观层面的企业发展和建立竞争优势，还是从宏观层面的产业转型和升级，乃至国家的整体经济可持续增长和竞争力的提升，都具有重要的战略意义。

▐▌ 本书主要思路和创新点

- 摆脱传统的将商业模式研究定位在企业层面的思路，将商业模式上升到产业视角加以考察，分析了商业模式创新与产业发展之间的互动关系。

- 全面梳理和总结了商业模式的理论基础和信息技术产业的技术经济规律，认为商业模式是在现有企业战略和产业经济领域相关经济管理理论基础上发展起来的，信息技术产业商业模式创新与产业技术经济特性紧密相关。

- 提出了信息技术产业商业模式创新的七大特点，较为全面地分析了自 20 世纪 80 年代以来的十多个典型的商业模式创新案例，同时对商业模式创新的趋势做了预测。

- 构建了开放式商业模式的基本理论体系，认为开放式创新是信息技术商业模式创新的重要规律，深入阐述了开放的动因、形式和分类，以及开放与控制的平衡策略和开放创新的影响等。

- 构建了平台型商业模式创新的理论框架体系，平台型商业模式是信息技术产业商业模式创新的重要规律，对平台经济的基本概念、平台的类型及特征、平台的要素、平台的运营发展和扩张等进行了系统的研究。

▌ 本书主要内容和结构安排

本书分为 8 章，其中，第 1~4 章主要以理论分析和研究为主，系统地介绍了商业模式创新、开放式商业模式创新、平台型商业模式创新的理论，形成信息产业商业模式创新的基本理论分析体系；第 5~7 章以案例分析和实证分析为主，分析开放式、平台型等典型的商业模式创新经典案例，梳理总结全球和中国 IT 产业商业模式创新发展的历程；第 8 章在前文的基础上提出中国 IT 产业商业模式创新的启示。总体结构安排如下图所示。

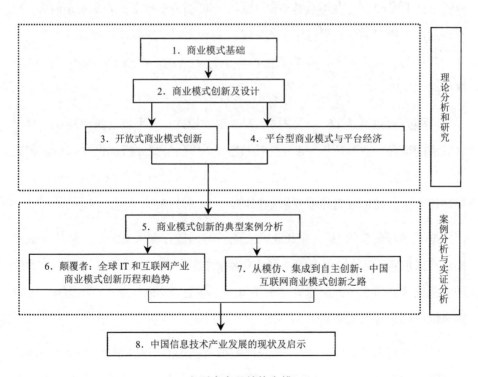

主要内容及结构安排

第 1 章对商业模式的基础、相关理论和基础知识进行了回顾和介绍。一是对国内外商业模式及商业模式创新的有关理论研究进行了梳理和评述，重点总结和评述了商业模式的概念与内涵、商业模式的构成要素，以及商业模式创新的有关理论和成果；二是对商业模式的理论渊源，如战略管理、价值链、商业生态系统、交易费用、产业组织等经典的经济管理理论进行了回顾；三是对 IT 产业所特有的技术经济规律进行了梳理和总结。

第 2 章介绍了商业模式创新的内涵、构成要素及创新设计方法等商业模式的核心理论，是本书商业模式创新的基本理论框架和体系；同时，对商业模式创新与技术创新、管理创新之间的关系也做了对比。

第 3 章主要讲了开放式商业模式创新的概念，从全球商业经济环境和信息技术产业发展的自身特点等方面，分析了开放式商业模式的背景和原因，对开放式商业模式的创新进行了分类，提出了开放创新的商业模式设计框架，同时对开放与控制之间的平衡等重要问题进行了阐述，提出了如何有效控制开放的基本原则。

第 4 章重点讲了 IT 产业中另一种重要的模式——平台型商业模式。对平台经济的概念和内涵、平台的分类及其特征、平台型商业模式设计的要素和方法、平台成功的关键要素、平台的运营发展及扩张进行了全面深入的介绍，简要评述了平台的形成对产业发展的影响。

第 5 章对典型的 IT 企业商业模式创新案例进行深入剖析，分别从开放式商业模式创新，竞争过程中的不同企业商业模式创新，以及基于平台的持续性的商业模式创新 3 个方面研究分析了 IBM、微软、苹果、谷歌，以及国内企业阿里巴巴的商业模式创新。

第 6 章对全球 IT 和互联网产业商业模式创新的历程和趋势进行了回顾分析。基于本书构建的商业模式分析框架，对全球 IT 产业发展历史上对整个经济社会发展影响巨大的典型商业模式进行了分析，对当前和未来的产业热点及商业模式创新的趋势进行了分析和预测。

第 7 章主要介绍了中国互联网商业模式创新的历程。从模仿、集成到自主创新，进一步分析了中国互联网平台的扩张与合并、围绕本土市场和特色需求的创新取得的成就，以及就此带来的垄断竞争。

第 8 章首先分析了当前中国信息技术产业发展和政策环境情况，分别从中国企业经营视角和政府产业政策视角分析了商业模式创新的启示，并提出重视商业模式创新、促进开放创新、发展平台经济等方面的建议，这也是本书的最终目的，为读者在商业实践中带来启示。

目 录

理论与基础篇

案例与实践篇

启示篇

理论与基础篇

第 **1** 章

商业模式基础

商业模式是什么？源自何处？

商业模式虽已是人尽皆知的时髦热词，但知其然未必知其所以然，对任何事物深刻的认识和理解，都需要求本溯源。本章系统讲述商业模式自身的理论创新发展、相关的经济管理理论，以及互联网商业模式背后的信息经济规律，这些都是更深入地把握和理解本书精要所需要的背景知识。对于本部分内容已经非常熟悉的读者，可以快速浏览，直接进入后续章节。

1.1　什么是商业模式：理论创新及发展

本节探究商业模式理论的起源和发展，对近些年国内外商业模式创新领域的理论研究进行系统梳理和回顾，总结和分析关于商业模式定义、构成要素，以及商业模式创新的方式和应用实施等方面的现状。

1.1.1　商业模式的概念和内涵

商业模式的研究源于 20 世纪 90 年代末电子商务和互联网等新兴产业的发展，相比于其他经济管理理论，商业模式是一个较新的概念和理论，近年来研究者就商业模式的概念及其内涵从多角度进行了研究。商业模式研究的大背景是，在竞争激烈、企业增长乏力的现代商业环境下如何创造新的价值，以及如何借助互联网等新技术来创新和重构企业的运营体系和商业逻辑。因此，本书将从基于企业运营和商业逻辑，以及基于价值创造和价值链两个视角加以总结评述。

基于企业运营和商业逻辑视角

一般认为，商业模式理论的开创者是 Timmers（1998），他在研究全球电子商务模式的过程中，将商业模式（Business Model）作为经济管理领域的一个新概念、新理论做了明确的定义。他认为商业模式是描述商业活动产品、服务和信息流的体系框架，其中包括商业参与者及其作用、不同参与者的潜在利益、收入来源 3 个方面。他在对电子商务的价值链进行解构和重构的基础上，对电子商务的商业模式进行了分类，并从创新程度和功能整合性两个指标和维度，对当时的 11 种电子商务模式进行了对比分类。明确强调 IT 是推动商业模式创新的关键因素，其后几年内关于商业模式的研究及实践案例也大多聚焦于互联网和电子商务等信息技术产业领域。随着研究的日益成熟，商业模式逐步演化为经济管理领域的一个通用的理论和工具。

Mahadevan（2000）认为，基于互联网的商业模式是企业的 3 种关键流，即与合作伙伴和客户之间的价值流、收益流和物流的混合体，商业模式的设计和创新就是 4 种价值主张、6 种收入方式和 3 种关键流组织方式的不同组合，其定义突出强调了与合作伙伴和客户之间的互动，这也成为后来商业模式研究关注的重点。

Magretta（2002）指出，商业模式简单来说就是"解释企业如何运作的故事"，创造一个新的商业模式就像"写一个新故事"，一个新的商业模式就是创造一个新产品，或者对现有产品生产、销售或分发方式的创新。实际上，在商业界尤其当创业者说服投资人时，需要一个"好的故事"，即吸引人的商业模式。商业模式需要回答管理学中几个基本的问题：谁是客户，客户的价值是什么，如何获取收益，如何以合理的成本向客户传送价值。一个好的商业模式源于对人们行为动机（需求）的洞察和把握，最终形成丰富的利润流。Magretta认为新的商业模式是对现有价值链的调整，他还讨论了商业模式和企业战略的区别，认为商业模式描述的是公司的各个部分如何实现整体协调，而企业战略描述的是如何形成企业的竞争力。

Morris（2003）等人在对其他研究者发表的 30 多个商业模式定义进行分析的基础上，总结认为商业模式定义可分为经济类、运营类、战略类三大类型。其中，经济类的定义认为商业模式是企业"如何赚钱"的商业经济逻辑，由收益来源、定价方法、成本结构和利润等因素组成；运营类的定义定位于企业内部的经营管理和业务流程，主要包括产品或服务交付方式、管理流程、资源流、知识管理等要素；战略类的定义定位于企业的战略管理，包括市场定位、组织边界、竞争优势、价值创造等要素。他还发现，在这 30 多个定义中，价值主张、经济模式、顾客关系、合作伙伴网络、企业的基础设施资源或关键活动、目标市场等因素较广泛地被认为是商业模式的关键要素。

Mitchell 和 Coles（2003）认为，商业模式包括向谁、提供什么、何时、何地、为什么、以何种方式、何种价格向客户和最终用户提供产品和服务，即 who、what、when、where、why、how、how much 这 7 个元素和问题。商业模式创新通过改变企业现有商业模式中的一个或多个元素，以提升销售额、利润和现金流，持续加强公司业绩。

此外，Weill 和 Vitale（2001）、Applegate（2001）、Rappa（2003，2004）等研究者均认为商业模式是对当前日益复杂的商业活动的描述，包括各种市场参与者的角色、关系和利益，以及各种商业要素及活动。商业模式以简化和体系化的方式描述了现实中复杂的商业活动。Rappa 还提出了效用计算商业模式，认为计算资源将可以通过像水、电、气等准公共物品和服务，按照使用计量收费，这一理论为后来 IT 产业中快速兴起的云计算模式提供了理论基础和前瞻性预测。当前，这种云计算的服务模式已经成为业界共识，并取得了巨大的成功。

国内研究者也大多基于企业运营和商业逻辑视角提出了自己对商业模式的定义。荆林波（2001）认为，商业模式"是指一个企业从事某个领域经营的市场定位和盈利目标，以及为了满足目标顾客主体需要采取的一系列的整体的战略组合"。罗珉（2005）认为，商业模式是一个组织在明确的内部假设条件、内部资源和能力的前提下，用于整合组织本身、顾客、供应链伙伴、员工、股东或利益相关者来获取超额利润的一种战略创新意图和可实现的结构体系，以及制度安排的集合。

🎀 基于价值创造和价值链视角

基于价值创造和价值链视角的主要观点是，商业模式的核心是价值创造或重塑现有的价值链，为客户创造更多的价值，从而围绕这个目标调整和改进企业的经营管理。

Linder 和 Cantrell（2000）认为，商业模式是一个企业或组织创造价值的核心逻辑，而商业模式变革和创新是一个公司随时变化而获得持续盈利的核心逻辑。识别和改进这些商业模式可以提高组织的价值聚焦，建立一个敏捷竞争的框架，使公司摆脱产业兴衰周期而获得持续增长。

Amit 和 Zott（2001）指出，商业模式是企业在拓展商业机会过程中，为了创造价值而设计的交易内容、结构和治理方式。他们认为，商业模式是企业重要的创新领域，也是为企业本身、客户，以及与企业相关的供应商、合作伙伴创造价值的关键源头。电子商务企业的价值创造来源于 4 个相互关联的因素：效率、互补、锁定和新奇性。

Chesbrough 和 Rosenbloom（2002）从实现技术的商业化和经济价值的角度出发，认为商业模式是让技术实现经济价值的转换过程和中介，要从技术中获取商业价值必须找到正确的商业模式，即商业模式是将技术特点和潜力通过客户和市场转化为经济产出的组织框架。他们的研究比较全面地概括了商业模式的功能和要素，深入分析了商业模式和战略管理之间的区别，认为商业模式是以客户为中心的，更加关注为客户创造和传递价值，而不只为股东创造价值。由于企业未来发展认知的有限性，过去的经验不足以支撑未来发展，所以商业模式需要不断创新。

Dubosson（2002）认为，商业模式是企业为完成价值创造、价值营销和价值提供而构建的企业内部结构及外部合作伙伴网络。Johnson 和 Christensen

（2008）指出，商业模式是由客户价值主张、利润公式、关键资源和关键业务流程 4 个相互关联的要素组合在一起而创造并传递价值的，并认为好的商业模式可以重构产业格局并驱动经济的增长。奥斯特瓦德（2011）认为，商业模式描述了一个企业如何创造价值、传递价值和获取价值的基本原理。

国内不少研究者也从价值创造或企业获取利润的视角对商业模式进行了定义。彭志强（2011）将商业模式定义为企业通过创造"与众不同"的客户价值，设计独特的盈利方式颠覆行业传统规则，实现自我复制，突破扩张瓶颈，透过掌控核心资源建立高竞争门槛，最终构建系统性的价值链体系或和谐的生态系统。翁君奕（2004）认为，商业模式是在给定环境中，由客户界面、内部构造、伙伴界面组成的要素形态的有意义组合。通过对企业内部和外部经营环境及平台界面的细分，从价值主张、价值支撑和价值保持 3 个维度构造商务模式分析的三维"魔方"价值分析体系。

综上所述，商业模式定义的提出和研究起源于国外，但随着信息技术，如互联网及电子商务跨越传统地理界限，迅速向全球扩张，国内的研究者也较早地对商业模式予以关注，并提出了自己的见解。从企业战略层面来看，商业模式是企业战略和商业逻辑的改变和创新；从企业经营层面来看，商业模式是企业核心资源的应用和关键业务流程的创新；从价值创造视角来看，商业模式是企业为客户、合作伙伴，以及企业本身创造新的价值的方法；从价值链和价值网络视角来看，商业模式是价值链的重构和价值网络中的重新定位。基本上所有的研究者共同关心的核心主题包括价值创造和变革创新，认为商业模式通过改变和创新商业规则来创造和实现价值。价值创造和变革创新无疑都是企业经营发展和获得持续增长的本质要求，正因为如此，商业模式才受到学术界和商业界的高度关注，成为研究和商业实践的热点。

1.1.2 商业模式的构成要素

从商业模式的定义和内涵的研究可以发现，商业模式是一个较为复杂的系统，因此明确商业模式组成要素能够帮助我们描述和理解商业模式，同时也为商业模式构建了一个基本分析框架，为研究和商业实践提供了实现的方法。在商业模式研究的初期，除了对定义进行研究，大多数研究者重点对商业模式的构成要素进行解析和提炼，从不同角度、不同层次将商业模式分解为不同数量的构造模块或要素。现将具有代表性的观点分析汇总到表 1-1。

表 1-1　不同研究者对商业模式构成要素的描述

研 究 者	构成要素	详细说明
Timmers（1998）	参与者及其角色	与企业价值创造相关的市场参与者及其在价值创造过程中发挥的作用
	参与者的潜在利益	各市场参与者的利益及其构成的利益分享机制
	收入来源	企业获得收入和盈利的来源
Mahadevan（2000）	价值流	商业伙伴和客户的价值主张（4 种价值主张）
	收入流	获取收入的方式（6 种收入来源）
	物流	物流和供应链的组织方式（3 种方式）
Hamel（2001）	客户界面	客户需求洞察、服务支持、联系互动及定价策略
	核心战略	经营宗旨、产品/市场范围等
	战略资源	核心竞争力、核心流程和关键资产
	价值网络	供应商、合作伙伴及战略联盟等价值共享网络
Linder & Cantrell（2000）	定价模式	如成本加成、互联网免费模式等
	收益模式	广告收入、订阅模式、免费服务等
	渠道模式	Brick & mortar（传统实体店）、Clicks & mortar（网上虚拟店与线下实体店结合）、直销模式
	商业流程模式	招投标模式、社区模式
	基于互联网的商业关系	市场制造者、虚拟供应联盟、虚拟网络

续表

研究者	构成要素	详细说明
Linder & Cantrell（2000）	组织形式	独立商业单元、集成互联网的能力等
	价值主张	低价低价值、同价高价值、高价高价值等
Weill（2001）	价值主张	目标客户、产品和服务、独到的价值定位
	收入来源	商业模式持续运营的基础
	关键成功因素	企业为了发展必须做好的事情
	核心能力	有助于商业模式实施的必要能力
Chesbrough（2001，2007）	价值主张	基于特定技术为客户创造价值
	细分市场	特定技术对哪些客户有用，以及有什么用
	价值链结构	企业内部及与产业层面的分工
	成本和利润结构	获取收入的方式和能力
	价值网络	企业在价值网中的定位，以及识别竞争和潜在竞争者
	竞争战略	获得和保持竞争优势的策略
Osterwalder（2004，2005）	价值主张	企业提供的产品和服务
	目标客户	准备提供价值服务的客户群体
	渠道销售	接触用户和产品销售的渠道
	客户关系	与不同的客户群体建立和维护联系
	价值配置	业务和资源的分配
	核心能力	实施商业模式必要的能力
	伙伴关系	与其他企业通过合作协议建立的合作网络
	成本结构	实施商业模式的成本
	收入模式	通过不同收入流获得收入
Shafer（2005）	战略定位	客户细分、市场定位
	价值网络	与供应商等合作关系、客户关系管理等
	价值创造	关键资源和资产、核心业务和活动
	价值实现	成本、收入和利润
原磊（2007）	价值主张	目标客户和价值内容
	价值网络	网络形态和业务定位
	价值维护	伙伴关系和隔绝机制
	价值实现	收入模式和成本管理

续表

研 究 者	构成要素	详细说明
Johnson & Christensen （2008）	客户价值主张	其他厂商没有为客户做到的特殊"事情"，主要是客户完成某项工作的障碍：不充足的财富、获得性、技能等
	利润公式	收入来源方式、成本结构、利润和存货周转率等
	关键资源	企业拥有的人力、技术、产品、设施、品牌等能够将价值主张传递到目标客户的资源
	关键流程	培训、制造、服务等组织关键资源的关键流程和活动
彭志强 （2011）	客户的定位与选择	发现和满足客户的隐性核心需求
	如何获得收入	以哪种产品或服务、在哪个环节以何种方式获得持续性、高增长的收入
	降低成本	要能够革命性地降低成本
	自我可复制	可以实现扩张并突破发展瓶颈
	掌握核心资源能力	掌握不可被竞争对手复制的核心资源和能力
	系统性价值链运营	与上下游和客户共同形成商业生态系统
魏炜，朱武祥 （2011）	定位	企业满足客户需求的方式
	业务系统	选择内部或外部的利益相关者
	盈利模式	收入结构、成本结构及相应的收支方式
	现金流结构	现金流入结构和流出结构及相应的现金流的形态
	关键资源能力	支撑商业模式的资源和能力
	企业价值	评价商业模式成功的标准或上市公司市值

　　商业模式的构成要素及其之间的关系比较复杂，Osterwalder 和翁君奕分别就此构建了一个商业模式结构分析模型。Osterwalder（2004，2011）对商业模式的构成要素及其相互关系的分析比较详细，构建了关系模型，并在之后的研究中进一步提出了可在商业实践中设计商业模式的分析工具——商业模式画布（见图 1-1）。Osterwalder 的商业模式画布将商业模式划分为九大模块，以价值主张为中心，左边主要是价值的创造，通过企业的关键业务、核心资源

及重要合作伙伴共同进行价值创造；右边是价值的传递，包括客户关系、渠道通路和客户细分；下方是价值实现，包括成本构成和利润来源。

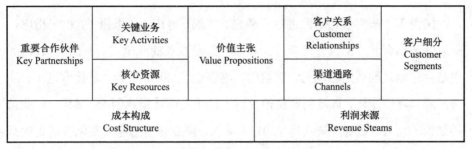

重要合作伙伴 Key Partnerships	关键业务 Key Activities	价值主张 Value Propositions	客户关系 Customer Relationships	客户细分 Customer Segments
	核心资源 Key Resources		渠道通路 Channels	
成本构成 Cost Structure			利润来源 Revenue Steams	

图 1-1   商业模式画布（Osterwalder，2011）

这种分类和构造模型清晰地描述了商业模式，并且可以作为商业模式分析和设计的一般模型，但是其构成要素过于复杂，且有些要素之间，如关键业务和核心资源等难以区分。

1.1.3   商业模式的创新

 商业模式创新的动力和原因

商业模式创新已经成为企业发展和经营的一个重要命题，企业进行商业模式创新的目的是什么，又是哪些因素促使企业进行创新呢？国内外研究者对此进行了研究探讨，分别从企业外部环境、企业追求利润的内在动力，以及企业家的创新精神等方面研究分析了商业模式创新的动力和原因。

部分国外研究者对此提出了自己的观点。Christensen（2000）认为，企业实施商业模式创新的动力源于企业对创新收益的预期，即追求创新带来的收益是企业创新的原因。Malhotra（2002）认为，企业有必要开发一种适用于新的商业环境的知识管理系统，以利于商业模式创新，即外部商业环境的变化促使企业进行商业模式创新。Osterwalder（2005）认为，商业模式创新既可以由供应链驱动，也可以由需求链驱动，即企业商业模式创新的驱动力来自技术创新的推动和客户需求的拉动。

国内不少研究者也对此进行了研究。罗珉、曾涛、周思伟（2005）指出，追求经济租金（"S 租金"和"L 租金"）是企业商业模式创新的终极目标，也是商业模式创新的驱动力。郭毅夫、赵晓康（2009）认为，是技术进步、经济产业和环境变化，以及创业精神 3 种力量推动商业模式创新，其中，创业精神是第一动力。魏炜、朱武祥（2011）认为，商业环境的巨大变化要求企业必须重构商业模式以适应新的商业环境，即适应商业环境的变化是企业进行商业模式创新的原因。

 ## 创新的方式和设计方法

商业模式创新的方式和设计方法是商业模式理论应用和商业实践的关键。国内外研究者对此进行了大量的研究，分别提出了相应的商业模式设计模型、方法，以及商业模式创新的不同路径和类型，以指导不同企业的商业实践。

Linder 和 Cantrell（2000）按照企业运营核心逻辑变化的程度，将企业商业模式变革和创新方式分为 4 类：实现模式、更新模式、扩张模式和旅行模式。实现模式挖掘现有商业模式以获取收入和商业利益的最大化；更新模式持续改进产品、品牌、成本结构、技术基础以应对竞争压力和提高获利能力；扩张模式将公司的商业逻辑扩展和延伸到新市场、新价值链功能、新产品和服务线；旅行模式采用全新的商业模式，对企业的核心商业逻辑进行颠覆式创新。

Gordijn（2002）指出，企业实施商业模式创新的过程，实际上就是对其自身价值模型进行解构和重构的过程。Chesbrough（2007）提出可以选择 6 种商业模式：非差异性商业模式、部分差异商业模式、细分商业模式、外部意识的商业模式、企业将创新过程整合到商业模式中、适应性商务模式。

Johnson 和 Christensen（2008）将商业模式创新的路线分为 3 步：一是思考满足现实客户的某项需求的机会；二是构建一个蓝图，如何满足客户的需求并盈利；三是比较现有的模式，发现需要多少，以及如何改进才能把握以上机会。也就是说，通过提出价值主张、设计利润公式，以及识别关键资源和流程3 个步骤来进行商业模式创新。Knecht（2002）将商业模式创新分为 4 步：外部环境分析、组织现状分析、商业模式设计价值提升、新商业模式实施。Osterwalder（2004）认为，企业进行商业模式创新和设计分为 3 步：首先对商业模式的不同构造模块进行描述使商业模式显化；其次分析形成新的商业创意；最后将商业创意进行整合形成新的商业模式。

康斯坦丁诺斯·马凯斯（2010）提出，发现新的商业模式的 4 个方面为重新划分实力范围（明确要做什么业务）、重新定义客户群体、重新定义为客户提供的服务、重新定义行业中的竞争方式（基于组织现存核心优势，创建一种新的业务模式）。实施商业模式创新的 5 个策略是：发现新的客户、提出新的价值解决方案、建立新的价值链、迅速扩大规模来保护商业模式、依靠技术驱动创新。他还认为，商业模式创新大多为新的进入者引入，而不是成熟公司；成熟公司不仅难以创新商业模式，甚至难以应对创新模式的竞争；成熟公司大多是模仿新的商业模式，而不是力争击败这种创新；成熟公司失败的主要原因是难以同时掌握两种相互冲突的游戏规则。

王波、彭亚利（2002）提出了商业模式创新的 6 种途径，即扩展现有商业模式、更新现有商业模式、在新领域复制成功模式、通过兼并增加新模式、发掘现有能力增加新的商业模式、完全创新商业模式。高闯、关鑫（2006）认为，商业模式创新就是对价值链上价值活动的解构和重新定位，将商业模式创新分为价值活动细分、识别优势价值活动、定位和创新价值活动、实施新商业模式创新 4 个步骤。王琴（2011）从价值网络重构的角度，提出了 5 种创新的路径，即通过组合价值让渡、附加/增值产品、顾客分类、第三方市场，以及逆向收入源推动企业商业模式创新。

魏炜、朱武祥（2011）将企业的生命周期分为起步、规模收益递增、规模收益递减、并购整合、垄断收益递增、垄断收益递减 6 个阶段，并指出在起步、规模收益递减和垄断收益递减 3 个阶段需要创新（重构）商业模式。他们还提出了商业模式创新的五大方向：①从固定成本结构到可变成本结构；②从重资产到轻资产；③盈利来源多元化；④利益相关者角色多元化；⑤从刚硬到柔软。

1.1.4　实证研究及应用

商业模式是企业战略层面的分析工具，但具有典型的行业特点，不少学者在研究商业模式的理论基础上，重点关注和研究某些产业或行业的商业模式创新。商业模式与企业的内部资源，以及外部环境有很大的关系，尤其是与行业的特点有很大的相关性。因此，除了在综合观点上对商业模式创新理论进行概括性研究，以及基于案例对个别企业的商业模式进行研究，从产业或行业的角度研究商业模式，关注某个行业的商业模式创新的特点、规律、设计方法等，无疑更具有现实意义。尤其是国内的研究者，更多地利用和借鉴国外商业模式的基础理论研究成果，分析和指导国内相关行业领域的商业模式的发展和创新。

在学术实证研究方面，主要集中在 IT 和互联网相关行业，从早期的电子商务行业开始，到计算机硬件、软件、互联网服务、电信服务、广播电视网络服务、商业流通、文化娱乐、医疗健康等，大多因为 IT 和互联网技术的发展和应用为传统制造业和服务业带来了商业模式的变革。在商业实践方面，近年来在 MBA 课程及高级管理培训课程中，商业模式都成为重要的授课和培训内容。

在商业和传媒界，也相继开展了各类有关商业模式创新的评选和宣传活动，旨在通过追踪研究大量企业案例，不断推进商业模式创新理念在中国商业界的普及。在资本市场上，商业模式也成为创业融资乃至企业上市融资考察的一个重要因素，"团队+商业模式"是资本尤其是风险资本投资选择项目的核心关注点，良好的商业模式和盈利模式将有助于企业获得资本的支持，商业模式也成为影响企业上市融资（IPO）及企业市值的重要因素。在国家层面，提出要"实施创新驱动发展战略""加快技术集成和商业模式创新"，在建设创新型国家战略中，将商业模式创新提高到与技术创新并驾齐驱的地位。

1.1.5　总体评述

根据时间和研究内容可以以 2005 年为界，将国外商业模式研究划分为两个阶段：开创性阶段和发展性阶段。在开创性阶段，人们普遍以概念研究为重点，从现实案例中归纳规律。在发展性阶段，逐步构建商业模式的研究框架，包括商业模式的构成要素、分类方法、创新路径等，并在此基础上指导商业实践。

国内关于商业模式的研究总体上比国外滞后 3～5 年，以 2010 年为界也可分为两个阶段：学习国外阶段和自我进化阶段。第一阶段主要对国外研究成果进行分析、归纳、评述和总结。第二阶段将理论与实践相结合，进行了一定的理论创新和完善，并开始尝试用商业模式理论研究企业实践。

总体上，目前的研究已经勾勒出商业模式的基本理论框架，但还存在以下不足。

理论方面，一是认同商业模式的核心是价值创造和利润获取，但仍然根据自己研究的需要，从系统、价值创造和商业逻辑等不同视角去定义商业模式；

二是对商业模式组成要素的理解在层次和数量上也有较大差别；三是关于商业模式创新动力，现有结论还存在分歧，而且研究结论几乎都是建立在定性或理论分析的基础上的，定量研究很少；四是商业模式创新过程和路径研究还是一种方向性的指导，缺乏对商业模式创新有实践指导意义的量化评价方法和体系，并且针对不同行业及跨行业的融合式商业模式创新研究不足。

实践方面，一是大多研究以电子商务及信息通信行业中的某个细分子行业为主，对其他行业尤其是制造业研究较少；二是局限于单个企业或行业，缺乏对跨行业或从产业融合角度的研究。

正因为如此，本书站在巨人的肩膀上对商业模式展开更全面、深入、贴近实践的研究和阐述。一是完善商业模式创新、设计和选择的评估方法和体系；二是针对特定行业，尤其是信息技术产业内的商业模式创新的共性规律进行研究；三是面向更多产业开展应用和案例研究，完善和丰富理论体系，同时强化理论验证。

1.2 理解商业模式：六大经济管理理论

商业模式是在商业实践中发展起来的经济管理领域的新概念，但与其相关的有一系列经典的经济和管理理论，只有深入了解这些基本的理论，才能更好地理解商业模式。

1.2.1 企业战略管理相关理论

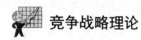 **竞争战略理论**

哈佛大学教授迈克尔·波特在其著作《竞争战略》中指出，公司战略的本质就是要认识和应对竞争，并提出了企业竞争的 5 种力量，即经典的竞争五力模型，如图 1-2 所示。

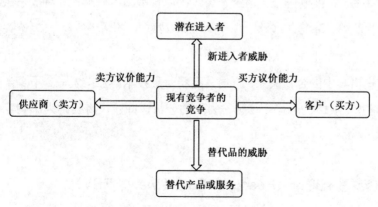

图 1-2 迈克尔·波特的五力模型

现有竞争对手的竞争：现有竞争对手采取价格竞争、广告战、产品引进、增加顾客服务或保修业务等竞争手段。

客户（买方）的议价能力：客户通过压低价格、要求较高的产品质量或更多服务，并且从供应者的竞争状态中获利，从而压低产业利润。

供应商（卖方）的议价能力：供应商通过提价、降低产品或服务的质量，向产业中的企业施加压力，从而降低产业利润。

潜在进入者的威胁：进入者引进新的业务能力，导致价格被压低或现有企业成本上升，利润率下降，进入者威胁的大小取决于进入壁垒的高低和可能遇到现有企业的反抗程度。

替代产品或服务的威胁：替代产品提供的价格、性能选择机会设置了产业谋取利润的定价空间，限制了产业的潜在收益。

这 5 种力量扩大了传统的企业只关注现有的市场竞争者的影响，扩大了竞争范围。这 5 种力量共同决定了产业竞争强度及产业利润率，其强弱和特点决定了一个行业的结构，而任何一个行业的竞争格局和盈利能力都是靠行业结构推动的。在此基础上，相对于传统的降价战略，提出了 3 种竞争战略：总成本领先战略、差异化战略、集中化战略（或专一化战略）。该理论关注如何增加企业的竞争地位，从而在竞争中获得主动权，但在对竞争关系分析的同时并没有提出其中的合作关系。同时，随着信息技术产业的发展，不少学者认为"五力模型"中缺乏对互补品这一力量的分析，并建议将其列为影响竞争的第 6 种力量。

资源基础理论（Resource-Based View，RBV）

Penrose（1959）首先提出企业是一系列具有生产力的资源集合体。沃纳菲尔特（Wernerfelt）在 1984 年的《战略管理》杂志上提出了"企业资源基础观"

（Resource-based View of the Firm），开启了资源基础理论的研究，随着后续学者的不断完善，形成了企业战略分析的一个重要理论学派，并相继发展演进出企业核心能力观、企业知识观和动态能力观等相关理论。该理论认为，企业拥有的异质性资源决定了企业竞争力的差异。主要观点是企业拥有特殊的异质资源成为企业竞争优势的源泉，企业特殊资源需要具备 3 个条件，一是有价值、不能完全被仿制、具有持续性且可自我发展；二是特殊资源能够给企业带来经济租金，资源的不可模仿性会为企业带来持续的竞争优势；三是通过组织学习、知识管理和建立外部网络等获取与管理特殊资源。

以上两个理论分别从企业内部和产业领域对企业的战略管理和竞争能力进行了分析，各有侧重点。事实上，无论是企业的内部资源能力，还是企业所在行业的特性及其拥有的竞争地位，都是一个企业持续获利发展的重要条件。将它们结合起来更能充分分析企业的战略管理。商业模式相应地比这两个理论更为全面，综合了各自的分析框架和优点。

1.2.2 价值链和价值网络理论

价值链（**Value Chain**）是由哈佛大学教授迈克尔·波特（Michael Porter）1985 年在其著作《竞争优势》中提出的。他认为，企业的经营和价值创造是通过一系列活动构成的，可将这些活动划分为主要活动和辅助支持活动（见图 1-3）。

主要活动（Primary Activities）指企业的核心生产与销售程序，包括进货物流、制造营运、出货物流、市场营销、售后服务，这些活动是企业直接产生价值的环节。辅助支持活动（Support Activities）指支持核心营运活动的其他活动，包括企业基础设施和组织建设、人力资源管理、技术研发、采购，这些活动有利于资产评估，为辅助性增值环节。这些活动及其各自的价值创造和价值传递形成了企业的价值链。波特指出，通过解构和重构企业的价值链，能够为其商品及服务创造更高的附加价值，创造并保持企业独特的竞争优势。波特将价值链理论从单个企业分析视角向企业外部扩展和延伸，形成了包括供应商价值链、企业价值链、渠道价值链和消费者价值链在内的整个价值系统。此后的学者根据波特的价值链基础理论发展出产业价值链、全球产业价值链等理论，使得价值链分析成为研究产业经济的一个重要工具和方法。

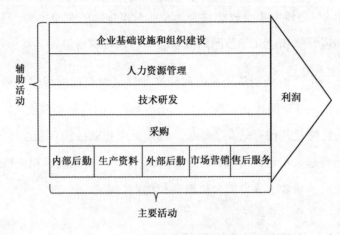

图 1-3　迈克尔·波特的价值链模型

虚拟价值链（Virtual Value Chain）理论是由 Jefferey F. Rayport 和 John J. Sviokla 于 1995 年提出的。他们认为，信息技术和信息经济的发展，对应于传统物质价值链，还存在一条由信息构成的虚拟价值链。通过虚拟价值链上的收集、组织、选择、合成和分配信息 5 项活动，可以使信息增值。在信息经济时代，企业将实物价值链上的每个环节结合到它的虚拟价值链上，能够创造更大的价值和形成更强的竞争力。

价值网（Value Net）的概念是由 Slywotzky（1998）首先提出的。他认为，随着信息技术尤其是全球互联网的发展，为应对激烈的市场竞争和顾客需求的变化，企业需要将传统的供应链转变为价值网，以更好地创造价值、满足顾

客的需求。其后，大卫·波维特（2000）提出了价值网的定义，他认为，价值
网是一种新的业务模式，它通过信息技术和网络，将客户日益苛刻的需求灵活
地与高效、低成本的制造能力相连接，与网络成员一起向客户交付定制的解决
方案，这种网络型产业组织架构能够更好地适应当前全球技术和经济的快速
变化。价值网理论将线性、顺序的价值创造链条模型拓展为动态的网状模型，
以客户需求为中心，连接所有商业参与者，形成一个动态、交互式的价值创造
和利益共享网络，信息技术是构建价值网的关键技术支撑。价值网强调各网络
成员核心资源和能力的整合和优化，注重成员间的协同合作，以最有效地实现
客户价值。

典型的价值网模型如图 1-4 所示，该模型包含了价值创造的 3 个核心概
念，即优越的客户价值、成员的核心能力和成员间相互关系，描述了 3 个核心
概念之间的相互作用和联系。

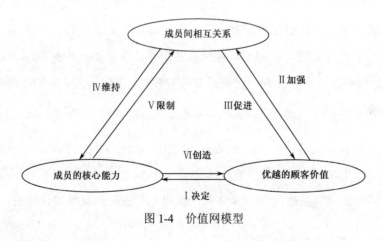

图 1-4　价值网模型

资料来源：张燕（2002）。

1.2.3　商业生态系统

商业生态系统的理论由詹姆斯·穆尔于 1993 年提出，他借用生物学中生

态系统的理念研究企业组织战略，逐步形成了商业生态系统理论，将其定义为"由相互支持的组织构成的扩展的系统，是消费者、生产者、供应商、其他的风险承担者、金融机构、贸易团体、工会、政府及类似政府的组织等相关利益共同体的集合（Moore，1993）。这些集群通过利益共享、自组织，以及某种偶然的形式聚集到一起"。其中，生产者是商业生态系统的"关键物种"，推动整个商业生态系统的协同进化。商业系统具有自组织、涌现性、协同进化、适应性等基本特性。商业生态系统可以分为核心生态系统、竞争系统、支持系统、社会及自然环境系统 4 个子系统。

根据在各自商业网络中扮演的角色及其发挥的功能的差异，企业可分为网络核心型、支配主宰型、坐收其利型和缝隙型 4 种类型。

网络核心型企业具备组织庞大且分散的商业网络的能力，并且通过为其他企业提供可利用的"平台"，促进整个生态系统的进化；支配主宰型企业通过纵向或横向一体化占据和控制生态系统大部分节点；坐收其利型企业不直接控制整个生态系统，但利用自身独有的资源从生态系统中抽取尽可能多的价值；缝隙型企业拥有并利用自身具有的专业化、关键资源，集中在某些环节展开经营。

商业生态系统理论，强调的是企业应把自己定位为一个商业生态系统中的成员，通过与生态系统中其他群体之间的合作、竞争和利益共享，实现与整个生态系统的"共同进化"，并努力在商业生态系统中取得领导地位。

1.2.4 交易费用理论

"交易费用"的概念最初是由罗纳德·科斯于 1937 年提出的，在 20 世纪 80 年代由威廉姆森等学者逐步完善成为一个完整的理论体系，并由此建立了交易成本经济学和新制度经济学，拓展了传统经济学研究的范围。罗纳德·科斯教授在其经典论文《企业的性质》中认为，交易费用实际上是市场价格机制运行的成本，交易费用是企业产生和决定企业规模的原因。交易费用包括获取信息的成本，以及在交易过程中的谈判、签订契约和履行合同的成本。由于市场的价格机制运行是有成本的，通过企业这一组织形式能够用内部管理替代市场交易，以降低交易成本，企业管理成本和市场交易成本的均衡点（企业内部组织某项交易的成本等于在市场上实现该交易的成本）决定了企业的规模，企业是价格机制的替代物，企业与市场是两种可以相互替代的资源配置和经济组织方式（Coase，1937）。

交易费用理论的发展者威廉姆森（Williamson，1985）认为，交易费用在经济中的作用类似于物理学中的摩擦力，交易费用分为两部分：一是合同签订之前的交易费用，即为草拟合同、就合同内容进行谈判，以及确保合同得以履行所付出的费用；二是签订合同之后的交易费用，包括不适应费用、讨价还价费用、启动及运转费用和保证费用。威廉姆森将交易费用的产生归结为 3 个原因：一是人的有限理性和机会主义行为，二是环境的不确定性和信息的复杂性，三是资产专用性等交易特征。区分交易和决定交易成本的 3 个主要因素是资产专用性、交易的不确定性及其发生的频率。资产专用性是最重要的因素，资产专用性越强，交易费用就越高。为节约交易费用，企业会采取一体化策略，将市场的交易费用内部化，从而决定了企业的边界。由于交易过程中人的有限理性和机会主义行为倾向，签订的交易契约是不完整的，因此事后契约关系治理，即某种制度的安排非常重要，从而开辟了以契约和产权理论为基础的新制度经济学（汪戎、朱翠萍，2007）。

1.2.5 产业组织理论

产业组织理论主要是为了研究和解决"马歇尔冲突"——规模经济与垄断

之间的冲突，即企业的规模经济效应与产业的竞争活力的冲突。产业组织理论研究市场在不完全竞争条件下的企业行为和市场结构与绩效，是微观经济学中的一个重要分支。其中，代表性的理论学派是哈佛学派和芝加哥学派（杨公仆，夏大慰等，2008）。

哈佛学派的 SCP 理论。1938 年，哈佛大学的梅森教授及其弟子贝恩教授等人对市场和厂商的垄断和竞争行为进行了持续研究，在于 1959 年贝恩教授出版的《产业组织理论》一书中，完整地提出了市场结构（Structure）—市场行为（Conduct）—市场绩效（Performance）的理论分析框架。该理论认为，市场结构决定企业的市场行为，在一个给定的市场结构下，市场行为又决定了市场绩效。市场结构指涉及影响竞争过程的市场特征，主要强调集中度、进入壁垒等条件，包括厂商的规模及分布、产品差异化程度、厂商的成本结构及政府管制程度。市场行为指厂商采取的竞争行为，包括产品定价和非价格行为。哈佛学派的 SCP 模式奠定了产业组织理论体系的基础，之后各派产业组织理论的发展都建立在对 SCP 模式的继承或批判的基础之上。

芝加哥学派的批判。20 世纪 60 年代到 70 年代，芝加哥学派批判了 SCP 范式的局限性及哈佛学派的"集中度、进入壁垒与盈利性假说"，认为产业的进入壁垒不是决定市场结构和市场绩效的关键因素，企业自身的效率才是决定市场机构和市场绩效的基本因素，施蒂格勒、德姆塞兹等人进一步开创了研究政府对产业进行规制的规制经济学。

1.2.6　创新理论

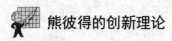 **熊彼得的创新理论**

著名的美籍奥地利经济学家约瑟夫·熊彼得（1934）在其经典著作《经济

发展理论》中首先较为系统地提出了创新理论。创新是一种生产的新组合，这种新组合的方式具体又可分为 5 种情况：

（1）引进或生产新产品（或一种产品的一种新特性）。

（2）采用新的生产方法，即采用新技术。

（3）开辟一个新的市场。

（4）控制或掌握原材料或半制成品的新的供应来源。

（5）实现企业新的组织（如创造或打破一种垄断地位）。

创新是创造利润的唯一来源。按照其观点，创新是由经济发展内在驱动的，也正是不断地创新推动了经济发展。这一创新理论后来被称为"熊彼得式创新"或"创造性破坏"，由创新获得的超额利润也被称为"熊彼得利润"或"熊彼得租金"。从熊彼得提出的 5 种新组合中可以看出，创新包括了技术创新、产品创新、市场创新和组织管理创新，已经基本涵盖了创新的各种方式，从而揭开了创新理论研究的序幕。

熊彼得还认为，创新的实施者是企业家，企业家通过创新带来了利润，并据此首次提出企业家精神，其核心理论和观点包括：

（1）创新是由经济发展内在驱动的，创新是创造利润的来源。

（2）企业家是推动经济发展的主体，企业家的本质是创新。

（3）创新的主动力来自企业家的精神。

（4）成功的创新取决于企业家的素质。

（5）信用制度是企业家实现创新的经济条件。

破坏性创新理论

哈佛大学教授克雷顿·克里斯滕森（2001）于 1997 年首次提出了"破坏性创新"（Disruptive Innovation）理论。他将创新分为破坏性创新和维持性创新。维持性创新对现有主流市场上产品的性能进行改进，而破坏性创新不是立足当前主流市场和产品的，而是面向一些低端市场或新市场提供产品和服务的创新。随着技术的进步，以及产品性能的提高，新产品逐渐侵蚀现有市场，甚至颠覆和取代现有产品或产业。因此，破坏性创新分为低端破坏及新市场破坏。克里斯滕森从目标产品或服务的性能、目标顾客或市场应用、对要求的商业模式的影响 3 个维度研究了维持性创新、低端市场的破坏性创新，以及新市场的破坏性创新三者之间的区别。克里斯滕森还分析了破坏性创新与传统的突破性创新（Radical Innovation）的区别，认为破坏性创新是与维持性创新相对应的概念，主要是从市场视角出发进行分析的；而传统的突破性创新是与渐进性创新相对应的概念，主要是从技术创新的视角研究的。

在现实的商业实践中，一般传统行业的大企业多采取持续改进型的创新，而从事破坏性创新的企业往往是创新型小企业和新兴产业的企业，因此，破坏性创新传统行业或行业的领导企业往往具有颠覆性、毁灭性的影响。由于大企业和传统行业资源分配程序的设计和完善能更好地支持维持性创新，因而在面对破坏性创新时，存在市场营销、资源分配、组织管理、观念意识，以及企业文化方面的障碍。

开放式创新理论

开放式创新的概念由哈佛大学学者 Henry Chesbrough 于 2003 年首次提出，并由技术的开放式创新发展到商业模式的开放式创新（Chesbrough，2003a，2003b，2007a，2007b，2007c）。他认为，过去封闭的创新认为成功的创新需要控制，公司必须自己研发技术，并开发和销售产品，将其市场化，即从技术研发到最终实现商业化的整个流程都是通过企业内部严密的管控过程实现的。但随着全球经济发展和商业环境的变化，以及知识创新和传播方式的变化，这种创新方式已经不适用于企业面临的激烈竞争的新商业环境。开放式创新有目的地利用知识的流入和流出来加速内部创新，并且通过内部和外部渠道市场化来实现创新的价值。开放式创新理论实际上是对合作创新、战略联盟、创新网络、虚拟网络等理论进行了整合和发展后，提出的一种较为系统的理论。开放式创新要求企业必须与外界建立广泛的联系，促进知识和技术的跨边界流动，以充分利用其价值，通过知识和技术的创新与共享实现优势互补，以降低技术创新的成本和风险，更快地响应市场和消费者需求的变化。信息技术的发展对开放式创新具有重要的推动作用，开放式创新的研究最初源于信息技术产业。开放式源代码、开放标准和开放生态等行业实践的成功也对开放式创新思想的传播起到了重要作用。

▋▋ 1.3　透视互联网商业模式：11 条信息经济规律

学术界和商业界对商业模式创新的关注和研究主要源于 20 世纪末的信息技术产业，尤其是互联网的爆发式发展。可以说，信息技术产业发展是促进商业模式创新的主要原因之一，其深刻而广泛地影响和颠覆了传统的企业经营和商业系统运行的规则和方式。信息产品和信息产业本身有其特殊的技术经济规律，在学术界和商业界经过不断研究、实践和完善，从而形成信息经济学、信息规则（卡尔·夏皮罗，2000）或网络经济学等基础理论，这些理论和规则也是商业模式创新的基础理论依据。许多成功有效的商业模式创新就是因为深刻地把握了信息产品的经济规律而获得成功的。本节总结了对信息技术产业商业模式创新有深刻影响的 11 条信息经济规律。

1.3.1　通用目的技术理论

通用目的技术（General Purpose Technology，GPT）理论认为，GPT 是推动整个技术进步和经济增长的重要因素。GPT 存在以下几个特征：

- 普遍深入性，广泛适用于多个产业。

- 技术进步的内在潜力，能推动应用部门技术的持续进步。

- 创新互补性，GPT 的应用使得 GPT 部门与其应用部门的创新和生产率相互促进，即应用反过来也能促进 GPT 自身的创新和进步。

由于 GPT 的一般通用性，GPT 具备准公共物品性质，技术部门和各应用部门会存在"搭便车"现象，导致创新效率降低。因此，GPT 的创新需要技术和应用部门合作，促进 GPT 部门与应用部门之间合作的制度设计将会产生更高的经济效益。新 GPT 的应用需要一个过程，存在转换效应与进入效应，一个经济体或应用部门已有的知识存量越低，过渡到新经济的速度就越快，在过渡状态，扩散是逐渐加速的（潘维军，2012）。例如，移动电话在美国的普及速度远没有在中国的普及速度快，就是由于美国有很好的固定电话设施，而中国在该方面的积累较少，从而替代固定电话的移动电话应用速度更快。

信息技术与历史上的蒸汽机、铁路和发电技术一样，是一种典型的 GPT。信息技术的创新和应用对各个应用部门和整个经济增长有很强的正外部性，能够有力促进经济增长（乔根森，2012；荆林波，2010）。因此，世界各国都大力推进信息技术产业的创新发展和在经济社会各领域的应用。如美国于 20 世纪 90 年代由克林顿政府提出的"国家信息基础设施计划"（也称为信息高速公路计划）、欧盟提出的"欧盟信息社会"系列计划、日本提出的"i-Japan""e-Japan""u-Japan"系列计划，都旨在推动本国的信息技术创新和产业发展，加速信息技术的应用，发挥信息技术发展的渗透性和对经济增长的促进作用。中国自 1993 年启动实施以"金关""金税""金卡"为首的"三金"工程，推动信息技术在海关、税务和银行领域的应用以来，全面开启了中国信息化建设和信息技术产业发展的新阶段，先后启动实施了 17 个"金"字系列工程。近些年又相继制定和实施了关于信息化、信息产业、云计算、大数据、互联网+、人工智能等一系列战略规划，有力带动了中国信息技术产业的发展，也大力推进了相关应用行业的发展、国民经济增长和社会管理发展。

信息技术是典型的通用目的技术，与各行业都有紧密的互动、融合发展关系，不仅带来信息技术产业自身的商业模式创新，还会出现许多与其他产业融合的商业模式创新，如电子商务和互联网金融等。

1.3.2　技术周期律——摩尔定律和吉尔德定律

摩尔定律由英特尔公司创始人之一戈登·摩尔提出。他预言随着集成电路技术的发展，每 18 个月集成电路上可容纳的晶体管数目会增加 1 倍，相应的 CPU 计算性能也会提升 1 倍，而价格会下降一半。该预言已经被 40 年来集成电路技术的发展所验证。吉尔德定律是由乔治·吉尔德提出的，他预言，互联网的骨干网带宽每 6 个月翻一番，并预言上网费用会快速下降直至免费，该预言也基本被 20 多年来网络技术的发展逐步验证。1998 年图灵奖获得者 Jim Gray 提出全球数据量增长"新摩尔定律"，即"每 18 个月全球新增信息量是计算机有史以来全部信息量的总和"，也就是每 18 个月数据量翻番。

1.3.3　互补产品理论

信息、软件及硬件构成了信息产业中的基础设施和信息服务，但这三者是不可分割的，只有按照一定的技术标准和规范组合成系统，才具备使用价值，完成特定的功能，满足用户需求。信息、软件和硬件是关联性非常强的互补产品，不同的信息、软件和硬件本身也是很强的互补产品，如操作系统和应用软件、计算机的处理器和主板及其他附件、计算机与网络通信设备等。这一规律意味着信息技术企业竞争，大多是依据技术和标准形成的系统性竞争，也使得共同的技术标准和规范对产业发展尤为重要，它要求信息产品的生产企业间不仅要重视竞争对手，还必须重视合作伙伴并进行有效的协同合作，组成联盟、扶持伙伴和保证兼容（或不兼容）是关键的商业决策（卡尔·夏皮罗，2000）。

1.3.4　信息产品的成本构成特征

信息是一种特殊的商品，在消费上不具有传统物质商品的独占性和排他性，同一产品/服务可同时被许多用户消费。软件和信息等信息产品的生产成本构成的特点是高固定成本、低边际成本，即生产第一份信息产品的成本非常高，但复制、传播和销售（如互联网下载）更多产品的成本极低，甚至可以忽略不计。软件、报纸、音乐、电影、互联网信息都具有这种属性。这种成本结构导致信息产品的定价不完全根据生产成本，而更多地根据用户价值，因此信息产品具有较为独特的定价策略和市场推广策略，甚至可以采取免费模式，同时也突出了规模经济的重要性。这种现象产生的根本原因是信息是一种特殊的商品，在消费上不具有传统物质商品的独占性和排他性，正是信息消费的这一特征使得同样的信息产品可同时被许多用户消费。此外，在互联网时代，信息本身的传播和销售渠道费用很低，通过互联网下载等方式的销售渠道成本基本为零。这也是许多互联网企业能够采取低价、免费甚至补贴的服务模式背后的经济理论基础。

1.3.5 网络效应及梅特卡夫法则

当某种信息产品或服务对于单个用户的价值和效用取决于使用该产品的用户数量时，这种现象在经济学中被称为网络效应。通信网络、互联网等都具有网络效应的特征。经济的外部性指市场参与者的活动影响了其他人却未做出经济补偿的一种现象，外部性分为正外部性和负外部性。网络效应和外部性形成的网络外部性会带来需求方规模经济和网络价值的正反馈，以太网的发明者鲍勃·梅特卡夫指出，如果一个网络中有 N 个人，那么网络对每个人的价值与网络中其他人的数量成正比，且网络对所有人的总价值与人数的平方成正比，这就是梅特卡夫法则，即网络价值以用户数量的平方的速度增长（卡尔·夏皮罗，2000）。网络外部性分两种：直接外部性，即一个消费者所拥有的产品价值随着另一个消费者对一个与之兼容的产品的购买而增加；间接外部性，即互补产品之间产生的网络外部性（剧锦文，阎坤，2003）。因此吸引和聚集用户数量或扩大市场规模成为信息技术企业经营的一个重要战略。在网络效应的作用下，产业容易产生高度集中甚至垄断（自然垄断）的现象，互联网服务和互联网平台就是这种典型的强网络效应的产业，而且由此产生 7：2：1 法则，即某领域排名第一的公司占据 70% 的市场份额，排名第二的公司占据20%的市场份额，剩余10%的市场份额由其他小公司占据。

1.3.6　边际收益递增特征

经济学中的边际收益递增规律指在技术水平不变的条件下，连续等量地增加某种生产要素投入，而其他生产要素不变，当这种投入要素小于某个定值时，增加该要素投入带来的边际产出是递增的。在大多数行业中，当投入要素超过该定值时，将表现出边际收益递减特征。信息经济和网络经济与传统经济相反，在信息网络成本递减和信息累计增值效应的共同作用下，会呈现明显的边际效益递增特征，边际收益递增规律实际上是信息产品的成本规律和网络效应共同作用的结果，即在信息成本几乎没有增加的情况下，信息使用规模的不断扩大可以不断带来收益的增加，呈现边际收益递增的趋势。

1.3.7　锁定效应和转移成本

由于信息产品的互补性，用户一旦选择了特定的技术或格式处理信息，并不断向该信息技术系统投入各种互补产品和资产时，就会产生锁定，转移到新的或不兼容的系统的成本非常高，在用户决策中往往会选择继续依赖原来的系统。典型的如全球用户对微软的操作系统的依赖，以及锁定在某个企业的产品中，也有可能锁定在一个有多个供应商的技术标准中，如光盘的存储格式标准。

1.3.8　注意力经济学

诺贝尔经济学奖获得者赫伯特·西蒙指出，"信息的丰富产生注意力的贫乏"，随着互联网的发展，信息可以迅速、方便地生产和获得，导致对于消费者来说不是信息的缺乏，而是信息严重超载。因此，信息提供者的核心价值体现在其对消费者所需信息的准确定位、过滤和送达，如搜索引擎。同时，销售消费者的注意力就成了一种有效的商业盈利模式，如网络广告的定向投送、网络信息流的入口等。

1.3.9　长尾理论

长尾理论（The Long Tail）是美国《连线》杂志主编克里斯·安德森在《长尾理论》一书（克里斯·安德森，2006）中通过总结和分析如亚马逊和 Netflix 之类的网站的商业和经济模式而提出的理论。长尾理论认为，信息网络技术的应用导致信息生产的大众化、网络分销渠道的大众化、供求双方的搜索和交易成本下降，以前需求量极低的商品也能够找到其消费者，大量销量不高的商品获得的销售收入会与主流商品的销售收入持平甚至更多，而数量众多的销量不高的产品及其收益形成了长尾。长尾市场也称为"利基（Niche）市场"，即未被很好服务和满足的缝隙型小市场。克里斯·安德森认为，"长尾理论"的 3 个重要特征是：由热卖品向利基产品的转变，富足经济，许多小市场聚合成一个大市场。长尾理论产生的背景与 IT 尤其是互联网技术的发展紧密相关，这些技术打破了传统商业的库存和市场的物理限制，使得小需求能够大范围聚集，让原来无法满足的分散的小需求"聚沙成塔"形成规模化的、有经济效益的大需求。该理论在信息产品、电子商务和互联网领域表现得尤为突出，典型的如亚马逊的图书销售和苹果 iTunes 的音乐销售，亚马逊网络书店的图书销售收入的 1/4 来自销售量排在 10 万名以后的图书。该理论提出，在当今富足经济时代，个性化的利基市场可以形成规模经济，通过提供个性化需求，不放弃长尾的尾部的需求，实现小市场与大市场的兼顾，能够获得更多的利润，也可以解决传统经济模式无法实现的个性化需求与经济规模化之间的矛盾。

1.3.10 维基经济学

维基经济学是"数字经济之父"新经济学家唐·泰普斯科特在研究《维基百科全书》成功模式的基础上提出的。维基经济学（唐·泰普斯科特，2007）强调和揭示了 4 个新的商业组织法则——开放（Openness）、对等（Peering）、分享（Sharing）、全球运作（Acting Globally）。这种法则正在取代一些传统的商业规则和组织方式，不少全球知名企业，尤其是 IT 企业是该法则的实践者并从中受益，Google、亚马逊、英特尔、Youtube、MySpace 等，都已经从维基经济中获得巨大的成功。大规模协作是这种商业模式的特点，大规模对等协作生产产品和提供服务的方式，是当前颠覆性的技术和商业组织方式，也颠覆了人们对于传统知识创造的认知。

维基经济学产生的基础是现代 IT 技术和互联网技术的发展，每个人可以十分方便、低成本地通过网络分享知识、资源和创意，创造任何人可以参与创造和使用的免费、开放的产品和服务。这是一种新的商业（或社会）组织方式，通过大规模对等的协作，改变企业（或社会）利用知识和能力进行创新和价值创造的组织方式，可以与公司的员工、客户及合作伙伴共同协作、共同创新，更高效、低成本地创造更丰富、更贴近用户需求的产品和服务。

1.3.11 共享经济

共享经济最早是在 1979 年由美国社会学教授马科斯·费尔逊（Marcus Felson）和琼·斯潘（Joe L. Spaeth）在"群落结构和协同消费"一文中提出来的，阐述了闲时分享汽车的模式。但当时因为互联网并不普及，这一商业模式未能大规模推广普及，也并未引起关注。2015 年，罗宾·蔡斯作为一位共享经济领域的创新企业家，在总结联合创立汽车共享公司 Zipcar、无线网络连接公司 Veniam、点对点汽车租赁公司 Buzzcar，以及拼车网站 GoLoco 的实际经验的基础上，出版了著作《共享经济：重构未来商业新模式》，系统阐述了互联网的发展对共享经济发展的重要性，认为共享经济活动的共同基础是"产能过剩+ 共享平台+ 人人参与"。

共享经济是利用互联网平台，聚合大量分散化的闲置资源和用户的多样化需求，实现供需双方的资源分享和交易的一种新的经济形态，是 IT 和互联网产业发展到一定阶段的产物。高速发展并快速普及的移动通信、互联网（包括移动互联网、物联网）、大数据、电子支付、位置服务等信息技术为闲置资源和需求的定位、发现、搜索、匹配和交易等全链条提供了技术支持和保障，这也是共享经济近年来爆发的原因。共享经济也与当前大量资源的闲置和产能过剩，人们尤其是年轻人"但为所用不求所有"的消费理念的兴起直接相关。所有经济活动和消费所需要的资源，包括产品、服务、知识技能、劳务、资金及企业的生产和服务能力都可以成为分享交易的对象。尤其自 2015 年以来，国内外围绕共享经济的汽车、房屋、知识、劳务、资金的分享领域的创业创新异常火爆，也得到资本市场的高度关注。人人参与和创造、网络平台支撑、优化资源配置利用、节约总体社会资源是共享经济的特征，这种信息技术发展催生的新经济形态对于激发人类创新、节约自然资源，以及实现人类未来的可持续发展具有重要的意义。

商业模式创新之所以在 IT 和互联网产业发展后兴起和备受关注，主要原因是信息经济领域相对于传统经济领域有许多独特的、新的经济规律。本节所提到的任何两条或多条经济规律的组合都会产生不同的商业模式和盈利模式，如将眼球经济和成本构成规律结合，就产生了信息产业的一个典型商业模式，免费提供信息产品吸引消费者，然后通过向消费者定向投送广告来盈利，也就是所谓的互联网行业"羊毛出在猪身上"的服务收益模式，这改变了传统的谁受益谁付费的基本价值规律，也演化出互联网行业典型的平台经济模式，在平台上的多方参与者之间的获益和付费的灵活组合。技术和产业的特殊性决定了信息技术产业必将有许多特殊的技术和经济规律，必将在企业的创新和战略管理乃至产业发展上具备自己独特的方式。

第 **2** 章

商业模式创新及设计

如何设计商业模式？商业模式创新与技术创新、管理创新是什么关系？

本章详细分解商业模式的要素和分析框架，据此构造了一般商业模式设计的方法流程和关注点，同时也介绍了商业模式创新与技术创新、管理创新之间的关系，在企业的战略和管理实践中，商业模式不是完全孤立的。

▌2.1　商业模式创新的定义及内涵

2.1.1　商业模式创新的定义

商业模式是企业定位其价值主张，并通过其内部核心资源或整合外部生产要素，实现价值创新和创造，从而为企业带来更多盈利、获得竞争优势的商业运作系统。从某种意义上讲，它是传统价值链理论、价值网理论，以及商业生态系统理论进一步发展而形成的一个综合性的理论和分析框架。从理论渊源上分析，商业模式综合了企业战略和部分产业经济学理论，是一种采取系统化思维和全视角分析的方法，全面分析企业面对的客户需求、内部资源和优势、外部合作网络和环境而系统设计和创新公司的运营和战略，获得持续的盈利能力和竞争力的一种商业策略分析框架。

商业模式创新是指企业通过商业模式的各相关部分或整体进行重新设计或改进优化，从而定位新的需求和市场、改变或再造商业流程、创造新的价值，为企业在激烈的竞争中赢得持续的发展和盈利能力。相对于技术创新、产品创新和管理创新等传统的创新，商业模式的创新更具有综合性。其核心特征是以客户为中心，提出客户的价值主张，通过创新的资源组织和整合能力提供产品和服务、实现价值主张，并通过创新的收入方式获得盈利，即一个系统性的、涉及企业内部和外部环境、全经营流程的改造和创新设计。

2.1.2　商业模式创新的动因

商业模式创新的动因主要有 3 个方面：全球经济和商业环境的变化、信息产业技术和产业格局的变化、企业追求利润和企业家精神的动力。事实上，在当前的商业经济环境中，无论是主动创新还是被动创新，企业都必须应对这 3个方面的环境变化和竞争压力。

全球经济和商业环境的变化

全球化、信息化导致全球资源的流动，市场的多元化及知识和技术扩散和传播方式的加快，企业之间的竞争更为激烈，创新变革的速度更快，传统的商业模式和生产组织方式面临的低增长，只有通过更为多样、灵活的商业模式创新才能创造新价值，重获增长。在这种新的全球经济和商业环境下，来自竞争压力的推动因素、市场需求的拉动因素，以及环境的支撑因素都成为商业模式创新的促进因素和动力。企业间的竞争压力迫使企业必须采取更为灵活的商业模式，不断创新商业模式才能建立和巩固竞争优势，获得更好的盈利能力；客户价值的变化催生新的市场需求，能够为企业发展提供新的市场空间，摆脱成熟市场的产品化、低价竞争，开辟发展竞争的蓝海。环境支撑因素方面，商业环境和基础设施也为企业商业模式创新创造了更好的条件，允许企业快速定位客户需求、整合企业内外部资源甚至全球资源，快速创造并传递价值。

信息产业技术和产业格局的变化

信息产业的商业模式创新主要是由于信息技术产业的快速发展和其作为一种通用目的技术，应用日益广泛。20 世纪 90 年代以来，技术创新加快、产业的投资体系日益发达，促使新技术、新产品和新服务的商业化进程加速，信息技术应用向经济社会各行业渗透和普及的速度加快。伴随着技术创新和与其他行业的融合发展，商业模式创新的速度更快、方式更为灵活多样、创新空间日益加大。此外，信息技术的日益消费化，不仅与传统的生产服务相结合，更多地与生活服务结合，个人化、消费化的需求更多，也使得传统的经营方式和商业模式难以满足这些新需求，促成了信息产业的商业模式创新，也为创新提供了巨大的空间，这是近年来信息技术产业商业模式创新频繁并广受商业和学术界关注的原因。

 企业追求利润和企业家精神的动力

追求利润是企业的基本价值，而通过创新追求熊彼得租金，即创新带来的超额利润是企业商业模式创新的一个重要因素。同时，企业家精神也是重要原因之一，企业家自身具有追求创新和自我实现的动力，因此会采取包括技术创新和商业模式创新等多种创新方式，以追求企业的创新发展和更大盈利。

理论上，商业模式创新的动因有宏观经济商业环境、中观产业技术和格局变革，以及微观企业和企业家追求利润3个层面。在商业实践中，往往是各种因素的结合，促成了一个企业的商业模式创新。信息技术产业的商业模式创新的思维比较多，而传统行业商业模式创新偏少，但随着信息技术与传统产业的日益融合，产业融合环境下的商业模式创新正成为全球新兴的现象。

2.1.3 商业模式创新理论与传统经济管理理论的区别

本书1.2节较为全面地分析了与商业模式相关的经典经济管理理论。实际上，商业模式的理论并不完全是一个全新的基础理论体系，而是在综合和发展以上相关经济管理理论的基础上构建的，商业模式更为突出地体现出以下几个特征：一是更加以客户为中心，体现在以客户利益为出发点和为客户创造价值；二是更加注重价值创造，要创造出新的价值，包括客户的价值，并通过价值网络与商业合作伙伴共同分享价值；三是更加注重外部合作关系，不仅限于传统的供应链关系和战略联盟等关系，更加注重在商业参与者乃至竞争者之间建立和维护伙伴关系、价值网和生态系统；四是更加注重将企业内外部资源和能力整合，且整合方式更为多样化；五是收入和盈利方式更为多元化和创新化，远远超出了传统的产品销售和服务交付等收入方式；六是更为综合性地考虑企业整个商业流程，传统企业管理理论重点关注企业经营管理的某个环节，商业模式创新理论比企业战略理论、价值链、生态系统等理论更为全面地关注企业的系统化商业逻辑，因此比一般企业管理理论更为全面和宏观。

▌▌ 2.2 商业模式的构造模块及分析框架

商业模式是一个系统性概念，其内涵和外延都很广泛，因此，分析商业模式创新首先要研究商业模式的构造模块，通过对商业模式整体结构和各构造模块的研究和分析，才能构建商业模式的基本分析框架，为商业模式创新构建设计模型和方法。以前大多数研究者将商业模式构造模块分解为 3~9 个不等的部分，如果分解过少难以完整细致地描述商业模式，在设计创新过程中难以将基于部分要素的创新商业模式进行很好的分析，如果分解过多又使商业模式分析过于复杂，不利于抓住商业模式的关键，从而陷入细节，增加了商业模式创新分析的复杂性。本书采取折中的方式，把商业模式的构造模块分为 4 个，并以此为分析框架，详细介绍各模块及其在商业模式创新设计中的具体应用和选择。这 4 个构造模块分别是：客户价值主张、核心资源和关键业务、合作伙伴及生态系统、收入模式及盈利能力，并据此构建商业模式结构图。

2.2.1 商业模式结构图

根据以上 4 个构造模块进行分析，可以进一步细化每个构造模块的内部组成要素。

客户价值主张需要回答向谁、提供什么样的价值、通过何种方式，即 Who、What、How 3 个问题。因此，客户价值主要包括客户的需求、市场定位或细分市场、为客户创造的独到价值、向客户传递价值的渠道和方式、客户关系的维护 5 个方面。

核心资源和关键业务是如何创造出客户价值主张的产品或服务的，即围绕创造客户价值所需要的核心生产要素和资源，以及企业需要组织开展的关键业务和流程。核心资源包括技术、人才、资金、信息等，关键业务包括获取资源、组织、生产、销售、服务等环节的业务和商业流程。

合作伙伴及生态系统重点是明确与企业外部的其他商业参与主体之间的合作伙伴关系，主要涉及产业链定位、寻找合作伙伴、维持和控制伙伴关系、价值链结构和利益分成。

收入模式和盈利能力需要明确收入来源、收入方式、成本结构、盈利方式、利润率、公司价值等。

这 4 个构造要素的核心是客户价值主张，这也是商业模式的核心。围绕价值实现、价值分享和价值回收等，可以将这 4 个模块之间的关系构造成如图 2-1 所示的商业模式结构图。其核心是客户价值主张，围绕客户价值主张的是价值实现、合作伙伴构建的价值网络，最终一起实现客户的价值，并为企业自身形成盈利能力，从而在为客户创造价值的同时实现企业的发展和增长。

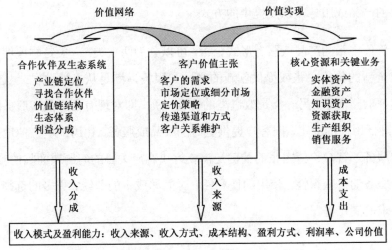

图 2-1　商业模式结构图

2.2.2 客户价值主张

客户价值主张是指向客户或最终用户创造新的价值，提出与竞争对手或其他厂商不同的价值主张，包括定位客户的细分群体、解决特定客户的难题或满足客户的需求、为客户创造新的价值和体验。企业生存和发展的基础是向客户提供相应的产品和服务，从经济学的角度讲，是向用户提供一种价值或使用价值，只有客户接受这种价值并相应地为这种使用价值向企业支付费用，才能形成商业经济的循环发展。客户价值主张是商业模式中最为关键的因素，也体现了其价值创造的理念。这与现代企业战略理论中强调以客户为中心是一致的。在现代商业经济环境下，由于生产和供应体系日益发达甚至过剩，客户选择变得越来越主动，只有满足了客户的特定需求，为客户创造出新的价值，客户才会接受和购买企业的产品和服务，这是企业生存发展的前提。而不同客户的需求是不同的，这就需要企业在提出价值主张时，要先定位客户群体和细分市场，在这方面与企业的市场定位、客户细分等基础理论是相同的。需要分析企业面向用户的群体并深入把握其需求，越能满足客户需求的价值主张越能得到用户的认可和接受，也就越能成功。客户价值主张的最终表现是企业向客户提供的产品或服务，以及提供的方式。

从价值主张的产品或服务形式分析，可以分为两大类：一类是颠覆性的，即提出全新的价值主张或提供创新的产品和服务，满足从未被发现或从未被满足客户的新需求；另一类是改进型的价值主张，即对现有的产品和服务的提升，如降低用户的成本、向客户提供更好的产品或服务、让用户更方便地获得产品或服务。客户价值主张的关键是需要解决客户关心的问题或面临的难题，如产品服务的可获得性、使用的便利性、时间和成本的节约、更多的选择、个性化需求的满足等。

2.2.3　核心资源和关键业务

核心资源和关键业务是为创造和实现客户价值主张，向用户提供产品和服务需要具备的核心资源，以及依托这些核心资源构建的关键业务。有研究者将核心资源和关键业务划分为两个不同构成要素，这有一定的道理。但这两个构成要素之间的关系非常密切，一个是关键资源，一个是关键业务，而关键资源是支持企业开展关键业务的基础，二者在大多数情况下难以区分。因此，本书将二者作为一个构成要素加以研究。

所谓的核心资源就是指若缺乏该资源，则无法实现客户价值主张。核心资源可以是企业生产经营的各类要素，包括实体资产、金融资产、人力资本、知识资产等。在当今全球化开放竞争的形式下，核心资源不一定要求企业自身拥有这些资源的所有权，而更为关注的是拥有该资源的使用权，即企业可以自己拥有核心资源，也可以通过向商业合作伙伴租用、购买或获得使用许可权等方式获得，还可以通过并购拥有该资源的企业获得。在信息技术领域的知识产权许可，以企业投资并购等方式获得关键资源的方式非常普遍。例如，当前兴起的云计算模式，就是允许企业通过按需租用的方式获得计算、存储、网络等基础的信息基础设施资源，从而让企业专注于自身的核心业务。

关键业务指实现价值主张的企业需要从事的关键活动和关键流程，只有通过这些活动和流程，才能生产出相应的产品或服务并送达用户。与关键资源类似，在开放的商业环境中，企业可以不直接开展关键业务，而通过服务外包的方式委托合作伙伴从事该项活动或业务。在信息技术产业中，服务外包非常盛行，其中，不仅包括生产制造外包，还包括服务流程、编程甚至研发设计外包。

虽然在开放的商业环境中，企业可以通过自己拥有核心资源或亲自开展关键业务，也可以通过商业合作伙伴或其他外部环境获得核心资源，甚至可以外包关键业务，但这种开放也带来企业的经营风险，因此，合理控制核心资源和关键业务是企业需要评估和权衡的，也与企业自身的综合实力和竞争力，以及企业所处的不同发展阶段有直接关系，这些因素决定了企业可以采取不同的选择或组合。在此形势下，对外部资源和业务的掌控和管理已经成为一项决定企业成败的关键业务。

2.2.4　合作伙伴及生态系统

合作伙伴及生态系统是指企业经营发展及实现其客户价值主张所需的外部合作伙伴，以及维护伙伴关系，构建有利于企业生存发展的价值网和商业生态系统。早在 1776 年，亚当·斯密在《国富论》中就系统研究和提出了劳动分工理论，强调通过专业化分工能够大幅改良劳动生产力，提高生产效率（亚当·斯密，1776）。自此，随着技术创新及商业环境的日益复杂，完全依靠一个企业的力量完成整个商业环节的情况基本不存在。随着商业经济的发展，企业之间的伙伴关系也由最初的基于合同供货层面的供应–采购式供应链关系，发展到现在的基于资本层面的合资合作关系，以及基于非竞争者之间战略层面的战略联盟关系，甚至竞争者之间基于合作博弈的竞争合作关系。在信息技术产业企业之间，合作伙伴关系更为多样化，新的合作关系也不断出现。例如，标准和技术联盟越来越多，基于资本层面的投资合资关系日益复杂，而竞争者之间往往也会为推行同一共性的基础技术和标准而达成博弈型的竞争合作，如通信和互联网领域的设备生产企业，在产品市场方面是直接竞争关系，但往往又需要就共同的技术和标准进行合作，这主要是由于信息技术的互补性、信息内容的格式和网络通信的协议等方面需要达成一致。

成功的商业模式不仅要建立一个伙伴关系，还要维护伙伴关系，关键是如何让合作伙伴获得利益，形成一个利益共同体，这与价值网和生态系统等经济管理理论一致，要形成一个合作共赢的价值网和持续进化的生态体系，其中的伙伴关系也是动态调整的。由此可以看到，商业模式中的伙伴关系已经超越传统的基于价值链分工带来的专业化高效率和规模化带来的规模经济效益，它同时还有降低企业创新和发展过程中的风险，获取特定的核心资源和关键业务等作用，形成了全新的合作创新、风险分担、资源共享、利益分享的商业合作模式和经济发展模式。

2.2.5　收入模式及盈利能力

企业存在的目标就是取得收入和获得利润，获得利润是企业的本质。因此，商业模式的最终目标也是使企业从多渠道获得收入并实现盈利。传统企业的盈利模式主要是向客户提供产品和服务，由客户向其支付费用。但随着商业模式的创新和信息技术的发展，尤其是在互联网环境下，企业的收入模式和盈利模式都出现重大的变革并日益多元化，其中，收入来源、成本结构、定价策略等都是商业模式设计和创新的关键因素。

在信息技术产业中，发展出很多新的收入模式和盈利模式，由于信息产品的成本构成特性，也有更多创新的定价策略。例如，向客户免费提供服务，通过广告和客户流量变现，在平台型企业中，向一方免费，向另一方收费，产品免费但服务收费，基础服务免费但增值服务收费等多种收入模式。信息技术产业尤其是软件和互联网等信息服务类企业，往往更为注重企业的价值，即市值或估值。信息技术企业尤其是互联网服务业企业，在发展初期的主要目标是培养和吸引用户，通过低价、免费甚至补贴的方式吸引并锁定用户，当拥有并锁定了庞大的用户群体后，再推出相关服务使用户规模或访问流量通过特定的商业模式如广告等实现价值变现。在这种技术经济和产业特征下，信息技术企业尤其是互联网服务企业的价值或市值可能是比当前利润更为重要的指标。事实上，企业并不是不重视利润，而是更为重视未来的收入增长能力和盈利能力。

▌▌2.3　商业模式的创新设计

2.3.1　商业模式创新的方式和过程

商业模式创新的方式，按照企业发展的不同阶段和不同的外部环境可以分为很多种，但总体可以分为两大类，即完全重新开始的颠覆式创新，以及在现有商业模式基础上的改进式创新。这两种创新方式的划分，从单个企业和整个行业层面是不同的，企业的颠覆式创新和行业的颠覆式创新不同，对于企业原有的商业模式来说可能是一个完全创新的商业模式，但在行业内来说有可能仅是模仿或改造其他企业已有的商业模式。商业模式创新可以分别从企业和产业两个不同的层面分析，真正颠覆企业又能颠覆行业的商业模式的创新相对较少，基于行业的商业模式创新更多以价值链分析和案例研究为主，单个企业层面商业模式创新的方式和内容十分丰富，对商业模式的设计和实施也有具体的指导意义。

对于全新的商业模式创新，按照企业自身的发展阶段，又可以分为创业企业的商业模式设计，以及现有企业开创与原来商业模式不同的商业模式，这种方式基本上可以认为是企业的第二次创业。改进式商业模式创新主要是现有企业结合新的价值主张和企业的资源业务优势提出商业模式的改进和优化。初创公司或市场的新进入者往往采取颠覆式的商业模式创新，识别并提出新的或差异化的价值主张，发现未被开发的市场用户或未能得到满足的用户需求，从而避开现有市场主导企业或主流产品和服务的竞争，改变原来的商业和游戏规则，开辟增长的蓝海。改进式商业模式创新是大企业通常会采取的方式，即在评估自己的竞争对手、自身的资源能力、合作伙伴的关系的基础上寻找和发现用户价值主张，为客户创造更好的价值，其目的主要是应对新进入者的挑战，适应外部产业环境的变化，或者巩固自身竞争优势。

在商业模式创新设计过程中，需要考虑企业内部及外部的环境。奥斯瓦尔德（2012）对此有较为全面的分析，他认为企业的商业模式创新设计应考虑外部的 4 个方面的影响因素。

行业影响因素，主要结合迈克尔·波特的关于竞争优势的五力模型，关注供应商和其他价值链成员、利益相关者、现有竞争对手、潜在或新进入者、替代性产品和服务等行业因素。

市场影响因素，主要包括细分市场、市场需求、市场问题、转换成本和收入吸引力。

重要趋势，包括技术趋势、监管法规趋势、社会文化趋势、社会经济趋势等。

宏观经济影响因素，包括全球市场情况、商品和其他资源、资本市场及经济基础设施等。

此外，他在提出商业模式设计画布的基础之上，结合经典的 SWOT 分析模型和蓝海战略分析模型，综合企业外部环境和影响因素对商业模式创新设计进行了分析。这种方式对企业实践操作层面很有指导意义，但其本身导致商业模式创新设计过程过于复杂。本书主要提出商业模式创新设计的主要方法和流程，而任何流程设计和实施的细节实现，可以借鉴和参考传统的市场分析、战略规划、竞争力分析等经济管理方法和工具，这也体现了商业模式创新设计是分析设计企业整个商业逻辑的系统方法，具体操作上可以整合或借鉴现有的分析工具。

　　商业模式创新是商业模式设计与实施的动态过程，其创新设计需要与企业的经营实施紧密结合，同时需要与企业内部及外部环境的变化相适应，并需要在商业实践过程中不断改进和优化，商业模式创新的过程如图 2-2 所示。

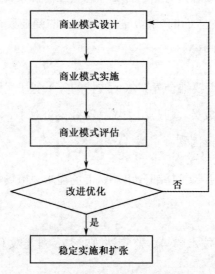

图 2-2　商业模式创新的过程

　　商业模式设计完成后，开始在企业商业实践中小规模地实施，经过一段时间的实施验证，对新商业模式的效果和绩效进行评估，在此基础上决定是否需要进一步改进和优化，若需要改进，则再次进入商业模式设计环节进行改进和优化，通过商业实践的实证最后稳定固化商业模式，并将成功的商业模式进行长期的实施和扩张。

　　在商业模式创新过程中，最重要的环节是商业模式创新的设计，这是分析提出价值主张、创新商业模式的关键部分，后续部分主要是商业模式在企业经营策略中的实施问题，已经回到传统的战略管理或企业管理的范围，本章重点讲述其实施过程中需要注意的问题。本书研究认为，价值主张的提出是商业模式创新的源头和驱动力，但对于现有企业，拥有的核心资源和关键业务优势是其考虑进行商业模式创新的基础和出发点。

2.3.2　商业模式创新设计及流程

商业模式创新，首先需要分析客户的价值需求，提出价值主张，再考虑业务范围，组织生产和服务。作为创业型企业或产业的新进入者应该设计全新的商业模式，因为初创企业往往缺乏雄厚的核心资源和关键业务等竞争优势，但这也是其不受现有条件和商业模式的路径依赖，可以完全创新设计商业模式的机会。一个新的商业模式设计的基本过程为：识别客户和市场需求—提出价值主张—分析需要的关键资源和能力—寻找合作伙伴和外部关键资源—价值链定位和关键业务定位—确定价值传递的渠道和服务方式—确定收入盈利模式和构建价值网络，具体如图 2-3 所示。

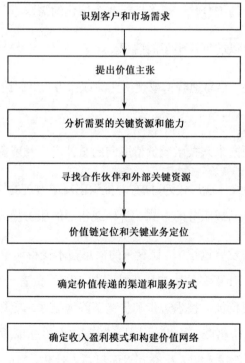

图 2-3　完全创新商业模式设计流程

识别客户和市场需求，提出价值主张

商业模式设计以客户为中心，其核心是识别和发现客户和市场的需求，这种需求不是现有需求，关键是要识别潜在的客户需求或新的市场需求，以面向客户需求、解决客户关注的问题为出发点提出价值主张。一个好的价值主张应该体现以下几个方面。

向现有客户提供更好的产品或服务。

满足原来因经济或技术原因无法获得的产品或服务的客户需求，即提供更为经济适用的产品或服务，或服务原有竞争者怠慢或忽视的用户群体。

满足特定用户的细分化、更多选择或个性化的需求。

帮助客户解决以前解决不了的问题。

让客户更方便、容易地获得或使用产品或服务，更便捷、简单地完成试图完成的工作。

向用户提供面向未来技术或价值取向的新技术产品或服务。

价值主张的最终体现形式为，向客户提供创新或改进的技术、产品或服务；创新向用户提供产品或服务的方式、价格或售后的服务模式等。

在信息技术的发展过程中，让复杂的信息技术变得简单易用、让昂贵的技术产品日益廉价、让更多的用户成为信息技术的消费者一直是产业技术和商业模式发展的重要特征。技术进步和价格下降遵循摩尔定律，即每 18 个月技术性能提升一倍，价格降低一半。此外，随着技术的进步，尤其是制造技术的兼容和规模化、软件技术和人机交互界面日益人性化，当前几乎所有人都成为计算机、智能手机等信息产品和服务的消费者。例如，微软的 Windows 操作系统的图形化操作界面、鼠标操作，苹果手机的用户操作界面、触控技术、语音交互技术等，向用户屏蔽了复杂的信息技术，提供了简单、易用、友好的人机交互界面，大大降低了使用信息技术产品的技术门槛，通过这些创新价值主张的提出和实现，企业自身得到了持续快速增长，也推进了整个信息技术产业的发展和全球信息化进程。

 ## 分析需要的关键资源和能力

识别和定位需求，在提出价值主张之后，应分析实现价值主张需要企业具备哪些关键的资源和能力。围绕价值主张提出的新产品或服务及其他客户价值，企业需要组织相应的资源或生产要素来实现价值主张，这些资源包括需要的实物资源、资本、人力、知识、信息等，以及生产、销售、服务等相关的能力。资源和能力分析围绕的中心是价值主张，而不是企业自身拥有的资源和能力。如何获取这些资源和具备这些能力，就是企业经营发展或商业模式实施过程中需要解决的关键问题。

关键资源一般都存在一定的稀缺性，甚至企业自身不具备。因此，需要通过市场化渠道从企业外部获取，只要这些资源可以为企业所用即可。在开放式的商业环境下，可以采取开放式的商业模式，通过与企业外部的相关市场参与者建立合作关系，快速获得或借用外部资源来实现价值主张。例如，在信息技术产业，对于创业型企业，关键资源是技术和资金，多数企业因拥有某项核心技术，因此通过资本市场寻求风险投资者的投资，以解决资金缺失的问题，同时，也在一定程度上获得风险投资机构相应的创业指导和产业资源支持。

 ## 寻找合作伙伴和外部关键资源

寻找合作伙伴并获得缺失的外部关键资源和能力，开放相应的商业流程和环节，是商业模式中的重要环节。尤其是在开放式的商业模式创新中，需要更多地组织和整合市场现有的资源和能力，快速满足客户和市场需求，实现价值创造。企业外部合作伙伴关系的建立，主要是快速获取缺失的资源和能力，或者通过外部合作获得比企业自身提供该资源和能力更为经济的成本。建立并维持合作伙伴关系，需要通过合同契约关系等方式，甚至应加强对合作伙伴在一定程度上的控制。形式上可以采取传统的供应链关系，也可以按需要采取租赁、委托加工、服务外包、战略合作，甚至通过合资合作等方式建立伙伴关系。

形式上还可以将价值链上或企业内部部分业务和流程通过合作伙伴的合作网络来实现，从而减少企业因拥有更多资产和自身繁杂的业务流程而增加资产的专用性带来的交易成本和内部管理成本。在信息技术领域的软件和互联网企业，大多采取轻资产的经营模式，企业自身主要掌控技术、知识和人才等核心资源，将其他的相关资源或业务通过合作伙伴网络实现，如委托生产硬件产品，通过租用信息技术设施降低IT投资，外包部分IT服务业务，通过嵌入其他大型平台型企业的生态体系，快速获得用户资源和营销渠道等。

价值链定位和关键业务定位

在分析实现价值主张所需的关键资源和能力，以及通过合作伙伴能够获得的资源和业务能力的基础上，确定企业自身在价值链中的定位，以及企业需要自己从事和掌控的关键业务环节。商业模式创新在一定程度上就是价值链的解构和重构，企业通过价值链的整合和重构，掌握关键的、高价值的环节，而价值低的非核心业务和环节通过合作伙伴网络获取，最终充分利用产业链分工和现有的产业资源甚至经济基础设施，专注于自身的优势和专业，构建自己的竞争优势。价值链定位的基本原则如下。

在企业擅长的领域发挥竞争优势，掌控自身具备优势的环节。

补全市场上没有或无法高质量提供的环节，以保证商业模式的顺利实施和价值主张的实现。

掌控价值链中高价值、高利润的环节，以获得更好的盈利能力。

控制价值创造和实现中最具独特性和差异化的核心环节，避免商业模式轻易被其他竞争对手模仿。在此原则之外的其他环节，最大限度地通过合作伙伴网络或市场交易获得。

例如，在全球制造业中，其价值链遵循"微笑"曲线，前端的研发、设计环节及后续的营销、品牌环节价值高，中间的制造环节价值低。虽然中国目前是全球最大的制造国，但由于未掌握产业链两端的高附加值环节，只是从事中间的简单、规模化制造，陷入商品化陷阱，一直处于全球产业链的低端环节，工业利润偏低。因此，在商业模式创新过程中不仅要创新市场定位，还要创新价值链定位，通过占据价值链中的关键环节，创造更大的价值，获得更强的盈利能力，同时据此建立企业的竞争优势，并防止商业模式被模仿和复制。

确定价值传递的渠道和服务方式

向客户传递价值的渠道方式，也是最终向市场提供产品、服务及售后服务、客户反馈的方式。渠道方式本身也属于价值主张的一部分，但在现实商业经济环境下，随着信息技术产业和现代物流服务业的发展，销售渠道和方式环节能够为商业模式创新设计提供更多的选择和创新空间。此外，价值传递的渠道或产品服务的提供方式直接与企业的品牌、营销、售后服务等经营环节相关，还是沟通客户、维护客户关系、获得用户反馈、了解和把握市场需求变化的渠道。因此，在商业模式创新设计中需要进行专门的研究和分析。

　　该环节需要从传递价值主张、节约渠道成本、更贴近用户等视角进行研究分析，以更为经济、快捷、贴近用户的渠道方式提供产品和服务，同时为用户提供可供选择的个性化的服务渠道。另外，通过渠道的创新，调整企业的营销、品牌及售后服务方式，在为用户创造价值的同时，降低成本并提升企业的市场营销和品牌建设等竞争优势。

　　通过与互联网相结合的电子商务方式或在线提供方式，已经成为当前商业模式创新中的重要部分。通过互联网，不仅可以快速传递价值、凝聚和扩大用户关注，以及降低库存、物流、中间批发零售等传统销售渠道的成本，为客户及企业节约成本或创造价值，还能通过实时在线沟通及时了解客户的个性化需求和意见反馈，从而采取个性化定制、用户参与创造、及时改进产品和服务等策略。改变先生产后销售的传统商业模式，可以更好地解决生产与销售之间的矛盾。电子商务的发展使传统的商品销售和流通模式发生了巨大的变化；O2O（线上线下结合）销售方式的产生，让传统服务业的营销和服务方式发生变革，基于互联网的 P2P、众筹、网络信贷等互联网金融的发展也带来了金融服务的商业模式创新。

 ## 确定收入盈利模式和构建价值网络

　　在提出价值主张、实现和传递价值等流程创新设计之后，作为商业模式设计的最后一个环节，需要确定企业最终的盈利模式。这个过程是与前面的环节紧密相关的，在前期的相关环节中就需要有所考虑。例如，市场定位和价值链定位，基本上确定了企业的收入和盈利的主要环节。在该部分，需要对其进行整体的设计和评估，并通过调节这些经济指标和利益机制，最终评估该商业模式的可行性，以及决定如何维持企业内部和外部的经济平衡，构建互利共赢的价值网络，以确保商业模式的可行性和持续性。

该环节的主要任务是确定哪个环节收费、向谁收费、如何收费、收费的标准、与合作伙伴的利益分成和共享机制等，需要评估和预测商业模式运行的成本结构，并在此基础上最终确定盈利方式和盈利能力。在当前的互联网经济环境下，尤其是信息技术产业，逐步将收费后移，即由向产品收费转为向服务收费，由向基础服务收费转为向增值服务收费，由销售时一次性收费转为后续持续性服务收费，由向消费者收费转为向消费者后端的广告服务商或其他生态系统参与者收费等。在商业模式创新初期，还需要评估商业模式的近期盈利和企业长期价值之间的平衡关系。一是考虑在财务能力支撑的情况下尽快盈利或获得高利润；二是考虑前期以低价甚至免费的方式吸引和扩大用户和商业生态系统，在此基础上逐步发展收费的产品和服务或采取其他价值变现方式，以此获得长远的盈利。这种方式需要以公司价值指标来衡量和评估，投资者的持续投资及其对公司价值评估是最直接的评估指标。

▌▌2.4 商业模式创新、技术创新和管理创新

2.4.1 商业模式创新、技术创新和管理创新的区别

熊彼得最早提出的创新理论认为，创新是一种生产的新组合，具体包括5 种方式：引进或生产新产品、采用新的生产方法、开辟一个新的市场、控制或掌握原材料或半制成品的新的供应来源、实现企业新的组织。从熊彼得提出的 5 种新组合中可以看出，前两种与现在的技术创新基本吻合，后三种主要是管理和组织创新，其中也部分包含了商业模式创新的思想。一般关于创新理论的研究，大多没有对商业模式创新、技术创新、管理创新三者之间进行明确的界限划分，往往将技术创新的范畴延伸到管理创新、将管理创新和商业模式创新区分模糊。事实上，在将三者放到一起比较时，应对三者之间的界限和关系进行区分。

技术创新是指在技术领域或技术意义上的创新，主要通过新技术、新工艺、新产品的构想、设计、研究、开发及生产等过程，也就是通过引入新技术的研发和应用改进产品和服务的过程。管理创新是指企业在经营过程中对企业的战略、体制、组织、结构及营销创新等内部经营管理范围内的管理和组织方式的创新。商业模式创新是企业整个内部和外部、合作伙伴和客户等结合为一体的商业逻辑的改进或重新设计。从企业的视角分析，商业模式创新、管理创新和技术创新分别处于宏观、中观和微观 3 个层次，这三者之间的关系如表 2-1所示。本书研究的重点是商业模式创新，因此主要分析商业模式创新、技术创新和管理创新之间的关系。

表 2-1　商业模式创新、技术创新和管理创新之间的关系

	层　级	内　容	关注重点
技术创新	微观层面的技术产品开发	新技术和新产品的构想、设计、研发和生产	研发或引进新技术、新工艺生产新产品或改善现有产品和服务的性能、功能和质量
管理创新	中观层面的企业组织管理	企业的战略、体制、组织、结构及营销等运营组织方式	通过企业内部组织结构、管理制度、生产服务流程的内部创新和优化，提高经营效率
商业模式创新	宏观层面的整个商业运营逻辑	客户价值、企业内部的资源和能力、企业外部的合作伙伴网络、企业的收入和盈利	通过对客户、商业合作伙伴及企业自身的价值资源和业务的重新架构和整合，创造新价值

2.4.2　商业模式创新与技术创新的关系

 技术创新驱动和支撑商业模式创新

1）技术创新驱动商业模式创新

早期的创新理论更多研究的是技术创新，技术创新能够大幅提升产品的性能、功能、质量及生产的效率，也能带来商业的变革。因此，技术创新能够带来新的产品、生产服务方式并创造新的市场。这些新技术、新产品和新服务往往难以用传统的商业模式或需要更为创新的商业模式才能将其商业化，因此，新技术往往可以驱动商业模式的创新。很多商业模式创新都是围绕技术创新产生的。信息技术尤其是互联网技术的不断发展和广泛应用，催生了诸多围绕信息产品（软件、数字内容）和服务的商业模式创新，同时，这些技术本身也衍生为各种商业模式。技术创新和技术进步能够创造新的需求、促进市场需求的变化，为商业模式创新提出了新的客户价值主张和市场需求。为了将技术

创新及时地商业化以适应和满足不断变化的市场需求，就需要适时推出新的商业模式。

2）技术创新支撑商业模式创新

技术创新给商业模式创新的每个环节都提供了有力的支撑，创新或应用先进的技术可以更好地服务客户需求、更为高效地组织产品制造和服务，提供更为高效的营销渠道，从而为客户及企业自身创造价值。

技术创新能够为客户带来新的技术、产品、服务及体验，或者降低客户获取某种产品或服务的成本，从而满足客户以前未能被满足的需求。在三次工业革命中，技术的变革分别满足了人们对交通、动力及信息等方面的需求。

技术创新能够提供更新、成本更低的价值传递方式，并降低和用户交流沟通、维护客户关系的成本。典型的如信息技术方便了企业与用户的沟通交流。

技术创新能够方便重构价值链、知识和信息的共享，建立商业生态系统，维护伙伴关系，创新企业传统的技术研发、产品制造、服务提供的运作方式。

3）信息技术发展和应用推动全球商业模式的巨大变革和创新

通用目的技术的创新和发展对商业模式创新有巨大的基础支撑作用。信息技术尤其是互联网技术自 20 世纪 90 年代以来不断发展，得到了深入、广泛的应用，不仅加速了经济全球化的发展进程，也在各个领域深刻地改变着企业的生产经营方式和产业格局；不仅引发和支撑了信息基础产业的商业模式创新，也为各行业的商业模式创新提供了基础支撑和创新平台，同时不断形成新的商业竞争模式乃至新的业态。

信息技术为商业模式创新提供的支撑主要体现在 4 个方面。

（1）可用不同于传统公司的新方式来服务客户，尤其是为原来无法服务或经济上不可行的客户提供服务。

（2）对相同的产品或服务以更为经济的方式提供不同的价值定位，在不增加额外成本的条件下增加产品或服务功能。

（3）可以创新价值传递到客户的方式，以更经济的方式将价值创造传达到客户。

（4）能够促使公司快速地发展和变革，防止竞争对手的模仿和攻击。

信息技术在企业的研发设计、生产、管理、流通和交易各环节都有广泛的应用和普及，这是商业模式创新能够实现并大有作为的关键。信息技术为企业在设计方法、生产过程、业务模式和售后服务模式等多方面进行创新，为全面提升市场竞争力提供了充分的支撑。信息技术服务外包、维基商业模式、电子商务、互联网金融等新的商业模式均是以信息技术和互联网技术为基础的。电子商务企业更是如此，甚至由此促成亚马逊、阿里巴巴等企业成为全球最先进的信息技术企业。互联网构成的现代化的信息基础设施，打破了传统的时空限制，具备跨越时空的链接服务能力，不仅为 IT 和互联网产业本身，也为传统行业的商业模式创新和变革提供了支撑，或者说为其他行业赋能。

 商业模式创新加速技术商业化

由于技术商业化的困难，导致技术的领先创新者往往并非该项技术的最大受益者，甚至不能收回技术创新投入的研发成本。技术创新往往意味着创造出新的技术、产品，或者需求和市场，能够开辟新的增长空间。但新技术或新产品进入市场初期，也伴随着更高的成本、更高的价格、稀缺的配套资源、低下的市场认同度和更大的商业风险。技术创新需要承担前期大量的研发成本、市场认同风险，以及商业化初期的规模不大带来的缺乏成本优势和竞争力等问题。通过商业模式创新，能够更精准地定位客户价值主张和市场需求，更高效地整合企业内外部各种要素和资源，尽快实现技术的商业化。Chesbrough和Rosenbloom（2002）研究认为，技术创新理论上能够为企业创造新的市场、利润和竞争力，但如果没有一个好的商业模式，往往难以实现技术创新的经济价值。他们认为，商业模式是技术和经济产出的中介，一个好的技术创新需要一个与之匹配的商业模式，才能快速商业化并取得商业成功（见图2-4）。

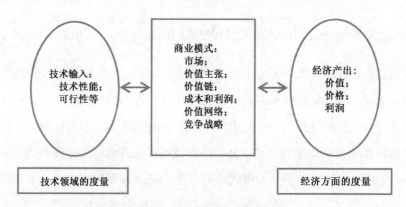

图2-4　商业模式是技术和经济产出之间的中介

资料来源：Chesbrough & Rosenbloom（2002）。

　　商业模式为技术找到价值实现的渠道、价值的定价、价值的获取等。在技术的商业化过程中，通过商业模式的创新创造市场需求进而推广技术创新成果，为技术创新开辟新的市场空间。商业模式创新能使技术创新更加贴近客户需求，客户需要的是便捷易用的产品和服务，并非高深的技术本身。例如，苹果公司的成功是将技术创新的成果进行集成最终通过市场的设计和良好的用户体验展现在客户面前。此外，商业模式创新能够更开放地获取新技术，或者将创新技术通过技术和知识产权交易或授权等方式让其他企业实现商业化，加速技术的扩散、传播及商业化进程。

　　在通过商业模式创新实现新技术商业化方面，有许多典型案例。成功的案例是施乐公司创新设计了新型复印机租赁的商业模式，解决了成本高、价格高等因素带来的新技术推广难的问题。施乐公司通过采取向客户租赁的商业模式，让客户只需要付出较少的费用就能获得高速、高质量的复印服务（Chesbrough & Rosenbloom，2002），从而让新型复印技术成功商业化。

拥有好的技术却因为未找到好的商业模式进行商业化而导致失败的典型是柯达公司由兴盛走向衰落的例子。柯达公司曾经是传统胶卷行业的巨头，通过以较低的价格出售胶卷，再通过胶卷的冲洗成像服务获得高额的利润，这一成功的商业模式使柯达在胶卷行业占据了绝对优势。柯达在数字成像技术方面持续创新并积累了大量先进的技术。1976 年，柯达公司制造出全球首部数字相机，并拥有了 1 000 余项数字成像专利技术。但从 2000 年起，全球数码相机市场持续高速增长，并有一大批数码企业借此进入相机市场，对柯达公司的传统照相服务业务构成了强烈冲击。柯达公司虽然拥有众多数字成像核心技术，却一直没有进行相应的商业模式创新使技术商业化，错过了数码成像技术发展的关键时机，业务随之下滑，市场逐渐萎缩。最终，这家拥有 131 年历史的著名影像产品巨头于 2012 年 1 月申请破产保护。

商业模式创新和技术创新互动构建企业持续竞争优势

将商业模式创新和技术创新进行有效结合，使其相互促进，能够使企业获得竞争对手和潜在竞争者难以模仿和超越的竞争优势。而单一的技术创新或商业模式创新，都存在容易被模仿甚至被超越的可能，难以保证企业获得持续的竞争优势。商业模式创新通过与技术创新的集成，同时为技术创新的模仿和商业模式创新的模仿设置了新的"门槛"，构筑了可持续竞争力。

技术创新能够为商业模式的模仿设置障碍。商业模式主要是一种商业运作的逻辑，在实施过程中，从企业的市场经营策略和外在表现，可以分析其商业模式的独特之处，从而进行模仿。掌握核心的创新技术资源或技术成果，可以形成其他模仿者难以跨越的技术资源障碍，通过技术创新开发和提供创新的产品或服务，实现独特的价值主张。此外，现有的知识产权保护法律和制度能够为创新技术提供比较有效的保护，阻止技术的简单模仿和抄袭。因此，技术创新是具有竞争力且可持续的商业模式设计应考虑的重要因素。

商业模式的创新能够为技术创新的模仿设置竞争壁垒。随着互联网技术的发展和经济全球化的不断深入，人才、技术和资本等生产要素和资源在全球范围内加速流动，新技术、新知识的传播和溢出速度不断加快，传统的技术创新主导的企业的持续盈利模式难以长时间保持。将商业模式创新与技术创新相结合，能够在技术创新的基础上设计独特的客户价值主张，形成独特的资源和业务运行方式，以及价值网络或商业生态体系，使得简单的基于技术的模仿难以实现，从而将企业间简单的技术竞争、产品竞争延伸到商业模式乃至产业生态体系的竞争，大大提升了简单技术模仿的难度，使技术创新者保持技术优势并因此获得商业利益。

技术和商业模式融合互动创新，加快技术进步和商业规则变革

随着技术创新和商业模式等创新方式的融合互动，从传统的企业聚焦于技术、产品的竞争，逐步发展为围绕客户和市场需求的新的商业规则和产业生态体系的竞争。典型的是传统的传媒行业受到互联网技术及基于此的网络出版、社交媒体、新媒体等商业模式的冲击，报纸、杂志等传统纸质媒介，以及电视广播等传统的广播式被动接受的电子媒体行业的竞争规则被打破，形成了全新的媒体行业竞争规则。新兴媒体企业大量涌现并冲击传统传媒的广告等主要业务收入，传统传媒业被迫寻求新技术和新的商业模式，按照新的行业竞争规则参与市场竞争。例如，传统的电视、电影传媒发展互联网电视、电影、视频播放及直播业务，传统的图书销售企业借助网络电子商务销售图书或提

供电子图书服务，传统的报纸期刊推出网络电子版和移动 App 等新的传播方式，等等。

2.4.3　商业模式创新与管理创新的关系

管理创新是企业为了更加充分地组织和利用各种生产要素和资源，更加高效地运行生产经营系统，更加充分有效地发挥生产、服务能力，对发展战略、管理理念、管理制度、组织结构、运作方式等具体管理方法进行的改进和变革。管理创新具体包括市场创新、战略创新、组织创新、体制创新等，以及生产、组织、财务、人力资源、市场营销等管理方面的调整和创新。商业模式创新与管理创新之间的关系如图 2-5 所示。

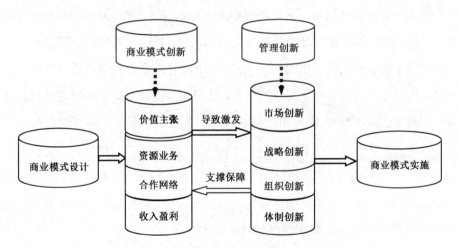

图 2-5　商业模式创新与管理创新之间的关系

必要的管理创新是商业模式创新成功实施的保障

一个商业模式更多的是描述企业经营的商业逻辑，以及其实现的思路和框架。要获得成功，还需要企业经营管理的实施来保障。新的商业模式需要企业内部的管理包括组织、财务、生产、运营等环节都做出相应的适应性调整和创新，使得企业的管理和运营体系能够适应新的商业模式，只有这样商业模式创新才能最终在企业的管理中落地，才能通过企业的经营管理实现商业模式创新带来的价值。同时，在商业模式创新的过程中，也需要评估企业的文化、组织管理等多方面的因素，评估其组织实施新的商业模式的管理风险，从而在创新设计中与管理组织衔接互动。好的商业模式创新和适应性的管理体系调整创新能够为企业发展带来全新的竞争力和发展空间，但好的商业模式与管理体系的冲突和矛盾也会导致失败。

商业模式创新激发管理的创新

当前，商业模式创新频繁的环境要求企业在管理思想、管理方法、管理体制、管理流程、组织模式等方面进行变革与创新，以适应新的商业模式和产业竞争规则。商业模式以客户的价值主张为导向，要求企业的管理需要以客户为中心，注重市场调研、客户关系的维护，从组织架构和绩效考核等方面进行加强。商业模式中的收入模式和盈利模式的创新需要企业财务管理进行相应调整，以重新评估企业的盈利及价值。互联网领域的免费商业模式，甚至前期亏损补贴用户从而迅速占领用户和市场的策略，都需要财务考核指标的评估，以进行适应性调整。在美国的纳斯达克股票交易市场，拥有良好的商业模式和未来增长预期的企业不需要实现盈利就允许上市。

第3章

开放式商业模式创新

为什么开放？如何开放？怎样在开放中实现控制？

信息技术及产品间的互补性、网络正效应等技术经济特征，决定了开放式的创新和发展成为信息技术产业商业模式创新的重要特点，信息技术的应用也促使全球产业进一步走向开放和合作，开放式商业模式成为信息技术产业最重要的商业模式。

▌▌ 3.1 开放式商业模式

3.1.1 开放式商业模式简介

开放式商业模式是充分利用企业自身资源和外部资源向客户提供并实现其价值主张的商业模式。与其对应的是封闭式商业模式。封闭式商业模式一般完全依靠企业自身的技术、设备、人才、信息、渠道和资本等要素进行技术研发、产品生产和服务提供，即研发、制造、营销、流通、售后服务等环节均依靠企业完全掌控和拥有的内部资源。在企业商业实践中，一般没有完全封闭的商业模式，也没有完全开放的商业模式，但都是面向不同商业参与者、从不同角度及在不同环节开放商业资源和业务流程的。相对于传统的产业分工合作，开放式商业模式创新的 3 个判断要素为：企业经营资源的开放共享，生产服务的紧密协作，价值利益的合理分配和共享。

3.1.2 企业经营资源的开放共享

企业与其他商业参与方能够将各自的技术、人力资源、生产和服务系统、信息、渠道和资本等关键资源实现一定程度的开放共享，可能利用外部的资源，也可能将企业的内部资源向其他商业参与方开放，从而共同实现特定的客户价值主张，并获得收益。

3.1.3 生产服务的紧密协作

在生产产品或提供服务的过程中，不是企业自身完成特定的产品和服务，实现向客户的交付，而是通过其他商业参与方的生产服务共同向客户提供最终产品和服务。在此过程中，建立紧密的协作关系，而不仅是传统的供应商之间的基于供货协议和合同的产品供给关系，甚至在此过程中，还接受客户的定制或吸引客户共同参与到产品和服务的设计生产和创新之中。

3.1.4 价值利益的合理分配和共享

将产品和服务获得的收益与其他商业参与方共同分享，建立稳定、持续的营收分享和分成机制，甚至在关键时刻能够补贴其他商业参与方。这与传统的基于供应链的产品供销合同和交易的收支账款关系，以及传统的依靠向产业上下游的成本转移提升企业自身盈利能力的企业竞争发展模式不同。

▊ 3.2 开放的原因

开放式商业模式出现并广受关注与全球商业经济发展的大背景紧密相关，尤其是在经济全球化和以信息技术为代表的新技术创新的促使下，传统封闭的发展模式受到挑战，企业必须采取开放式创新和发展的理念来重新获得增长。

琳达（2008）在《开放式成长——商业大趋势》一书中提出企业开放式成长的理念，认为在放松管制、经济全球化和互联网等技术驱动商品化发展的环境下，企业面临持续的成本缩减、价格侵蚀及激烈的全球竞争，这使得现代商业处于零增长时期的最后阶段。21 世纪的经济核心价值是创新，企业的创新主要是推动客户和自身利益的增长，企业必须采取开放式成长策略，通过商业模式创新进行重组，创造新的价值，从而再度获得增长。开放式成长理念的关键是企业与客户、合作伙伴和供应商建立合作共赢的价值网络。

Chesbrough（2003，2005）从技术创新研究开放式创新，认为开放式技术创新的原因主要是 20 世纪晚期企业技术人才的加快流动、学术机构研究能力和质量的提高、风险投资的蓬勃发展；另外，经济的全球化发展、产品生命周期的缩短和知识产权保护的国际化等因素，使得封闭式技术创新模式受到了严重挑战，企业更应该顺应新的形式开展开放式创新。开放式创新可以跨越企业的边界，通过企业外部获得创新技术，也可以将企业拥有的技术通过企业外部的力量实现商业化，改变了传统的从技术创新到商业化整个流程在企业内部实现的商业模式（见图 3-1）。

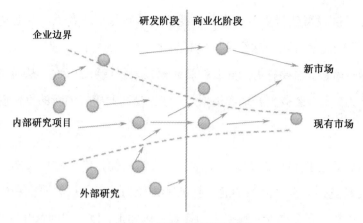

图 3-1　开放式创新示意图

资料来源：The era of open innovation（Chesbrough H., 2003b）。

下面从当前全球经济和商业环境、信息技术产业自身的发展和特点两方面解析开放式商业模式创新的动因。

3.2.1　应对全球经济和商业环境的变化

全球经济和商业活动发展到现阶段，进入各种经济要素流动更加自由、商业竞争更加激烈、用户需求更加多变的全球商业环境，需要企业采取更为开放的商业模式，以应对外部环境的变化、创造价值并实现增长，主要体现在以下几个方面。

全球经济增长使消费需求大量增加并日益多元化，尤其是发展中国家的经济崛起及其中产阶级的大规模兴起，使得全球的产品、服务需求和市场多样化、多元化发展，企业需要面临更为复杂的市场和客户需求，需要更快、更精准地把握客户需求，适应市场变化，因此必须采取更为开放的策略，及时掌握市场和客户需求的变化和商业环境的变化，以便及时调整商业战略和商业模式。

全球经济发展使得更多的企业和经济主体参与全球竞争，企业竞争更为激烈，激烈的竞争导致全球经济加快商品化，产品的生命周期日益缩短，陷入利润低增长阶段，需要有更为开放的商业模式来创造新的价值，从而获得更好的盈利能力，支持企业更好地实现增长，这也是商业模式创新的价值创造的重要属性。

全球教育进步和知识资源的丰富使人类进入知识经济时代，知识和技术等创新要素更为丰富且流动加速，打破了传统的大企业拥有研究和创新人才和资源的现象，更多个人和科研机构拥有大量知识、技术和创意开发能力。同时，技术创新人才的流动性加强、技术外溢和知识传播速度加快，使得企业可以通过外部知识和人才获得技术创新的成果和创意，而不仅是关注内部研发和创新，从技术和知识创新的角度需要企业更为开放。

经济全球化、贸易自由化、信息通信技术的发展和普及，使得技术、人才、资金、信息等资源在全球加速流动，并被更多企业和主体拥有，单个企业拥有这些资源的机会成本和内部控制管理的成本日益增加。

全球商业、贸易和法律环境日益成熟和标准化，全球产业分工体系及价值链更加精细化，知识产权保护体系及产业联盟、标准联盟等中间产业组织形式日益完善，使得通过企业外部获得资源的交易成本如信息收集、签署和监督合同实施的成本降低，更加有利于企业之间的开放合作。全球的商业基础设施和经济管理理论与实践也为企业之间的开放合作和松散耦合式的市场架构提供了有力的支持。

3.2.2　遵循信息技术产业发展的规律

再从信息技术产业的发展和特点看，信息技术产业是一个较为新兴的行业，有其独特的技术和产业规律，不能完全照搬传统的经济管理理论，需要遵循其自身的发展规律，主要有以下因素。

信息技术产业创新更为迅速、信息技术和产品日益消费化也导致市场需求变化加快，客户需求日益个性化，这都导致信息技术产业发展变化快、竞争日益激烈，驱动着信息技术产业发展由原来单一的技术驱动发展到技术驱动和需求拉动的双轮驱动模式，需要更加关注市场和客户的个性化需求。

信息技术产品的互补性，以及信息系统的日益复杂，导致单个企业越来越难以依靠自身的技术和能力来满足最终的客户需求，必须与互补品厂商及产业上下游建立开放的合作关系，企业的竞争也由单项技术、单个产品、单个企业的竞争转变为围绕基础技术和平台的产业生态体系的竞争。

信息资源使用的非独占性，使企业开放后能够获得更多的收入和利润。信息技术作为通用目的技术（GPT），广泛深入应用到其他各行业，需要与各行业应用和知识需求相结合，并与其他行业的技术创新和需求相互促进，也要求信息技术产业本身更具开放性，需要面向行业需求，建立与应用行业互动的开放式商业模式。

信息技术的标准化、组件化和网络化，以及近年来信息技术、产品和服务的日益模块化，由传统的硬件的模块化到软件的构件化到服务的组件化等技术和理念的日益成熟，使得企业可以基于统一标准和标准化组件接口方便地实施开放化的生产服务和商业模式创新。

在信息技术的创新方面，早期主要由大企业自主、封闭式地进行技术创新，典型的如贝尔实验室、IBM、施乐公司等。这些大型企业基于其拥有的强大的技术研发能力、高科技人才队伍、持续大规模的研发投入，建立自己的基础研究能力，通过这种方式创新和发明了大量信息技术领域的基础性技术，从而大大促进了信息技术和应用的突破。这些企业在早期也因此引领了整个信息技术产业的发展，但也有一些先进的技术并没有取得商业化的成功，反而被其他后发的竞争者应用，甚至利用这些技术实现了赶超。20 世纪 80 年代以后，随着信息技术发展和应用的日益普及，更多的企业、社会资源参与到信息技术创新之中，创新的资源和能力不再只集中在大型企业之中，更为开放的技术创新组织方式也开始出现并被更多企业采用。全球大型 IT 企业在注重自主控制研发和技术创新的同时，充分利用企业外部的资源进行创新，或者更多地采用外部技术创新成果实现企业的发展，这些开放合作的创新组织方式包括产学研合作研发、技术或标准联盟等策略联盟、投资并购、内部创新团队孵化、研发和服务外包、知识产权转移和许可等。通过这些更灵活、高效的技术创新组织方式，一些企业打破传统信息技术巨头的垄断地位，凭借技术创新和快速地将新技术商业化取得商业成功。随着信息基础设施的完善和互联网的发展，这些信息技术巨头已经具备了在全球范围内整合资源进行创新的能力，以更低成本、高效率、低风险的组织方式利用全球的科学和工程技术人员，面向全球市场组织创新，也形成了全球性的垄断。这种格局的出现与信息技术产业的知识密集、网络效应和系统兼容性有关，也直接与信息技术产业日益开放的创新组织体系直接相关。

随着产业的发展，IT 和互联网产业的创新主体也发生了巨大变化，由原来的大企业内部研发创新，更多地向新创立的专业化公司转移。大企业不仅能通过专利和技术授权等方式加速技术的商业化，也更多地通过兼并收购获得创新公司的创新技术。平台化的大企业与专业化、特色化的小企业通过开放合作构造新的商业生态和商业环境。

3.3 开放的形式和类型

本节主要讲述开放式商业模式的维度和分类，为企业在开放式商业模式创新设计时提供设计创新的定位点和出发点。任何企业的开放式商业模式创新都遵循以下的基本开放规则，但往往并非其中一种形式，大多融合了多种维度的开放方式和开放规则，通过不同开放规则的灵活组合和运用，设计和创新自己独特的开放式商业模式。下面分别从开放的对象、方向、资源和流程几个视角分析开放式商业模式，具体分类如图 3-2 所示。

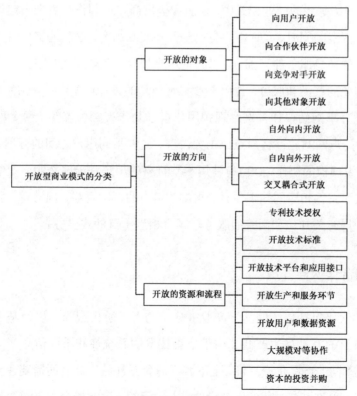

图 3-2　开放式商业模式具体分类

3.3.1　向谁开放？——开放的对象

企业的经营环境所面对的外部主体，包括客户、上下游合作伙伴、供应商、竞争对手，以及其他商业参与者（包括非相关企业、大学、研究机构、中介机构、投资机构和政府等）。不同的开放式商业模式创新因立足的商业参与者不同而形成面向不同对象的开放式商业模式。

向用户开放

向最终产品和服务的客户开放企业的相关业务流程，让客户参与产品和服务的创意设计、生产或自助式服务。尤其是在 Web 2.0 时代出现的博客、微博、社交网络等新的商业模式中，在服务提供商自己制作和生产一定量的高质量的信息内容的同时，允许客户自己制作和发布内容，这些内容也成为服务提供商提供的信息服务的一部分，供其他用户使用。许多互联网服务允许客户定制自己需要的产品和服务，让用户参与到产品的设计和生产中。例如，全球知名的视频分享网站，让其网络视频用户自己制作视频内容并上传到网络服务器，网络门户网站允许客户点评相关内容、允许不同用户之间的互动；维基百科，通过大规模的协作，让所有使用维基百科的用户都能够按照一定的程序编撰、修改和完善相应的知识条目。再如，国内的百度百科、问答等，就是让用户之间开展有关知识和问答的服务，客户相当于自助式服务。

向合作伙伴开放

合作伙伴包括传统的基于产业链分工的上下游供应商，以及基于信息技术产品特有的互补品生产商。由于信息技术的系统性和不同信息产品之间的互补性，不同的产品生产厂商、上下游厂商和互补品厂商之间需要建立开放的商业模式，允许共享技术、生产设施、人力资源，以及资金和渠道等企业的资源和生产要素，从而为最终用户提供良好的产品服务和用户体验。典型的如英特尔与微软结成的技术联盟，开放共享软件和硬件的底层技术，苹果、微软、谷歌等操作系统厂商与应用软件开发商之间在技术和商业上资源开发的贡献。甚至让合作方参与产品的研发设计、互补品的开发、信息系统总体性能优化等。

 向竞争对手开放

企业拥有的核心资源和要素是企业建立自身竞争力的关键，在传统意义上是无法向竞争手开放的，但在信息技术领域，技术、标准及知识产权等技术性的知识资产，却可以在一定程度上向竞争对手无偿开放或有偿许可开放。其核心原因是通过核心技术的标准和知识产权的授权，企业自身不需要开展产品化和商业化经营就能够获得可观的收益，通过对开放范围的限定和开放授权的定价策略也能控制竞争对手的发展。如果包括竞争对手在内的厂商共同使用相关的技术标准和知识产权，就能够利用企业自身的力量加速标准和技术的应用和推广，帮助企业建立在该技术或标准领域的主导地位。如英特尔将其 X86 CPU 架构授权给 AMD 等其他 CPU 厂商，既能让自身的技术进一步垄断市场，也能从授权中获取收益，还能控制 AMD 的发展。在手机领域，各个厂商之间就无线通信和手机设计制造的相关技术和专利相互授权开放的模式也成为手机制造领域的普遍现象。

开放式商业模式所开放的对象往往并不固定，企业应根据商业模式发展的需要采取多元化或综合化的开放策略，可以同时向不同的对象开放。例如，在互联网信息用户和资源的开放方面，通过广告联盟、流量和入口引导、基于社交网络信息推送和分享等多种开放方式，同时向用户、合作伙伴甚至同类的竞争对手开放用户和信息资源，最大程度地使互联网企业掌控的用户和信息资源实现商业利益最大化。

3.3.2　向哪里开放？——开放的方向

　自外向内开放

吸收、购买和整合客户、供应商等企业外部资源或业务流程，以丰富企业自身的技术创新、知识积累和业务发展，或者将原本企业内部自己做的事情通过外部商业参与者来实现，利用市场化的外部资源和业务流程来满足客户需求、实现客户价值主张和谋求企业发展。其形式包括：

- 通过购买或获得知识产权授权的方式获得技术资源。

- 与高校或科研机构联合研发，获得技术和知识产权。

- 通过客户、供应商或其他社会化方式开展技术研发和创意设计。

- 通过投资并购的方式获得其他企业的技术和商业资源。

- 委托生产或服务外包。

- 通过授权加盟等方式扩大商业规模。

　自内向外开放

将企业自身的资源和业务流程向企业外部开放，通过授权、出售和租用等方式，将自身闲置或利用不充分的研发设计、生产制造、渠道和服务等资源和能力提供给其他商业参与者使用，通过企业外部的市场主体的商业运营获取更大的经济效益。其形式包括：

- 知识产权授权或出售。

- 技术转移或授权出售。

- OEM 制造。

- 承接服务外包。

- 开放服务接口、平台能力和数据资源。

- 接受投资或并购等。

其形式与自外向内的方式有一定的对应关系，因为在市场中，对一方来说是自外向内获得某种资源和能力，对另一方来说则是自内向外开放某种资源和能力。

 交叉耦合式开放

通过技术标准联盟、产业联盟、产学研合作等方式，与伙伴、联盟、合作者、合资企业等共同创造、实现客户价值主张，这种交叉耦合过程实际上是为综合和连接自外向内过程和自内向外过程而开发的开放式商业模式。

在一般商业实践中，由于每个企业拥有的资源和能力是不同的或异质的，企业满足市场需求、生产经营所需要的资源和能力也是不同的，因此在多数情况下，并不是单纯的某种开放方式，而是多种开放方式相结合，根据不同的资源、能力和业务需求在不同方面或不同环节选择不同的开放模式。

3.3.3　如何开放？——基于资源和流程的七大开放模式

 基于专利技术授权的开放模式

早期的知识产权管理主要是保护企业自身的商业利益，限制竞争对手抄袭或模仿自己的技术，从而保护自己的技术创新能够得到回报甚至在专利保护期获得超额利润。在开放式商业模式下，知识产权管理的目标是实现利益的最大化，既可以通过将自己的专利技术商业化获得收益，也可以通过向其他企业甚至竞争对手授权专利技术的使用而获得收益。企业自身可以开展技术商业化，也可以完全不从事具体技术产品的研发和商业化，而只向其他企业授权自身的专利技术而获得收益。典型的模式在芯片技术领域较为多见，如高通向全球企业授权 CDMA 等通信技术的专利，从而获得巨大的收益；ARM 公司通过向全球芯片开发和制造企业授权其芯片技术的知识产权、设计成果和基础架构而获得收益（亨利·伽斯柏，2008），同时使 ARM 芯片在移动智能设备领域迅速赶超英特尔的芯片，不仅获得更高的收益，而且通过开放让更多的企业参与其主导的技术架构的商业生态。事实上，两家公司基本上除了专注于核心专利技术的研发及授权，很少自己开发产品，以避免与被授权的企业在市场上直接竞争，从而营造一个更好、更开放的产业生态体系。在此开放模式中，专利的授权方和专利的受让方都是该开放式商业模式的参与方。

基于技术标准的开放模式

通过将信息技术领域关键的共性技术标准向产业外开放，可以吸引其他企业和互补品厂商围绕该标准，构造商业生态体系。在信息技术领域，不同产品间的互补关系使得产品之间遵守同样的技术标准（包括信息的编码、格式、通信交互的协议等）并实现兼容显得尤为重要，往往在这些环节形成标准的竞争。企业通过将自己的技术形成标准或与其他企业一起形成标准联盟，同时将标准向产业上下游开放或向其他互补品厂商开放，让更多人快速使用该标准，形成标准和技术联盟，迅速壮大产业的生态，从而形成由该项标准主导的技术、产品和服务体系。最典型的是互联网的开放标准，让全球计算机、通信和软件厂商免费开放标准协议，厂商遵照这一协议进行技术实现并开发自己的产品，所有的产品能够给予相同的信息格式或交互协议实现互联互通，从而形成了全球性的互联网，并且快速普及，成为全球最大的基础设施网络。IBM 早期取得龙头地位也是因为开放了基于 ISA 架构的计算机总线标准，使得计算机的各个硬件零部件能够按照统一的总线标准，实现与主机系统之间的兼容和适配，改变了传统的计算机生产商基本依靠自己制造和提供所有零部件的模式，同时也为用户提供了模块化选择或更换部件的可能。这一开放策略让计算机硬件制造业能够有统一的总线技术，产线有了不同零部件的分工变得专业化，大大促进了计算机技术的发展和计算机产业的繁荣。英特尔也开放了 PCI、AGP、USB、EFI/BIOS 的技术标准，而且大多是免费开放的，加快了整个产业的创新发展，为用户提供了统一的可供选择的产品和服务，从而使企业成为该标准的主导者，并依靠核心产品获得巨大的利益。

 ## 基于技术平台和应用接口的开放模式

通过标准化的接口或协议，提供开放的交互界面和技术调用界面，其特点是开放式、使用简单、不需要使用者了解其内部的具体技术细节；可以免费提供，也可以不免费提供。例如，微软、亚马逊均开放相关的技术接口，允许互补品或服务的开发提供者基于其操作系统和云计算技术平台开发软件程序和服务，调用其平台提供的基本技术功能。微软的开发工具是付费的，亚马逊的开发工具是免费的。微软依靠其操作系统的技术平台，提供开发工具和开放的 API 程序接口，并为开发者提供技术服务支持。这些第三方开发者和服务商的发展也进一步强化了平台的领导能力、壮大了平台的生态体系。开放标准和开放技术是不同的，开放标准不包含技术的实现，开放技术不仅包括技术思路，有可能还包括技术的实现。

 ## 基于生产和服务环节的开放模式

基于生产和服务环节的开放模式是基于传统企业产业链的合作和对外协

作发展而来的。在信息技术领域，不仅指硬件制造领域的 OEM、ODM 等模式，更为重要的是，它驱动了一种新的商业模式即服务外包。这种开放主要基于企业商业流程的开放，向外部的合作伙伴提供产品的设计、生产和服务，关键是形成可靠的商业合作关系，比传统的供应商关系更进了一步。苹果、戴尔等全球计算机或手机等硬件制造商基本都授权给富士康科技集团制造，中国台湾地区的台积电也开创了集成电路设计和制造的开放模式，联发科创造了手机设计生产的 Turn-key 模式，印度企业承接美国信息技术企业的软件和服务外包等。这些开放方式，实际上是基于信息技术标准化和模块化的产业链细化分工，从而能够在某个环节形成巨大的规模经济效益。

基于用户和数据资源的开放模式

在互联网领域，用户资源及其与用户相关的数据和信息是核心资源，一个企业拥有越多的用户和数据资源，其竞争力也越强，但是这种用户和数据资源并不能直接给企业带来收益，往往需要商业模式的创新，通过将这些资源开放给第三方，从而实现价值的变现，为企业带来收益。典型的如互联网广告将自己的用户资源出售给广告商获得盈利，还有流量出售，通过用户访问流量引导用户到不同的目的网站，从而向被导入的网站收取费用；用户在网络上的行为记录、消费行为、消费倾向和爱好等资源也为其他企业更为精准地提供数据和服务提供了巨大的商业价值，因此，开放用户数据或企业拥有的其他信息内容，往往能够获得更大的商业价值。开放数据和内容的典型是阿里巴巴的聚石塔数据开放平台。该平台允许第三方厂商分析其电子商务平台的商品、用户及消费记录等数据，为其他卖家的营销和产品策略提供决策支持，也为用户提供更为个性化、贴心的购物体验。

大规模对等协作的开放模式

大规模对等协作的开放模式更多的是强调一种组织模式，其中开放的内容更为广泛，即把整个研发生产或服务的过程向更广范围开放，包括客户及社会上所有相关的个人或团体，形成一个庞大的大规模协作网络，这种协作网络的核心是其中大多数成员之间是对等或平等的关系，属于一种自治性的社会化组织网络。这种形式既有公益性的社会化生产尤其是知识资产的组织方式，如开源软件、维基百科等，也有商业化的如 Youtube 的用户提供视频内容，以及微博等新兴的自媒体、网络文学等。前者往往依靠公益性的基金会来维持，其核心是一个协作的信息平台和自治性质的组织管理体系；后者由商业化的公司来组织，公司除了提供协作平台，还要创新收入模式，通过合理的商业模式来维持组织运营并获得利润。这种商业模式也被称为"众包"。

 基于资本的投资并购的开放模式

传统的投资并购一般是为了实现财务目标，但基于资源整合的投资并购开放式商业模式，其目标是通过投资并购获得专利、技术、生产服务能力、关键业务、市场或用户等战略资源，从而快速获得和控制企业发展和扩张所需的各种资源，其中包括投资成立合资企业和并购。在信息技术产业尤其是信息服务和互联网领域，这是一种常见的模式，并购后的资源和业务与企业原来的业务紧密相关。这种方式也更有利于产业的创新，让更多的创新企业和风险投资有除 IPO 之外的退出渠道，激发更多的投资，也有利于信息技术创新成果的集聚和集成商业化应用，加快技术商业化的进程。

在现实的商业实践中，企业的开放策略是多个开放模式的混合，例如，腾讯、百度、阿里巴巴等企业近年提出的开放平台，就包含了技术开放、用户和数据开放等多种开放策略和模式。各类开放式商业模式及其典型案例如表 3-1 所示。

表 3-1　各类开放式商业模式及其典型案例

开放模式	典型案例简介
基于专利技术授权的开放模式	（1）高通公司向全球通信设备和终端制造商授权通信技术专利。 （2）ARM 公司向全球 CPU 芯片设计公司授权 ARM 架构及指令集及其核心技术
基于技术标准的开放模式	（1）IBM 免费开放其兼容机及其 ISA 总线技术标准，带动整个计算机产业的快速发展，也成就了 IBM 在个人计算机市场的竞争力。 （2）1991 年英特尔公司推出 PCI（Peripheral Component Interconnect）总线标准并免费开放，进一步提高其 CPU 和计算机主板与其他外部设备组件间的数据交换能力和速度，从而大大提升 CPU 的性能和市场
基于技术平台和应用接口的开放模式	（1）微软公司向应用程序开发商和开发者开放其操作系统的程序接口，并提供相应的程序开发工具，使其操作系统之上的开发者和应用程序数量迅速增长，并奠定了其在计算机操作系统领域的长期垄断地位。 （2）苹果公司向应用程序开发者开放其操作系统接口，开发应用程序，并通过应用商店统一向用户销售和分发应用程序，迅速占领移动终端市场
基于生产和服务流程的开放模式	（1）全球许多计算机和手机制造企业将生产制造委托给中国台湾地区的企业，形成专业化、大规模的全球制造能力，同时节省了生产制造的固定成本。 （2）全球许多集成电路设计企业将集成电路制造业务委托给台积电、中芯国际等专业集成电路制造企业，节省了集成电路制造巨大的设备投资，形成了专业化、大规模的集成电路制造能力。 （3）美国信息技术和软件公司将软件编程等业务通过服务外包的形式外包给印度塔塔、Infosys 等软件公司，大大降低了美国企业的开发成本，也成就了印度软件业的繁荣
基于用户和数据资源的开放模式	（1）国内的腾讯、百度等大型互联网企业均推出开放平台，不仅提供技术开发接口，还提供其掌握的庞大的用户资源、流量入口和积累的数据资源，使应用程序或游戏开发者能够快速开发应用服务，迅速向大规模用户分发和推送应用和服务。 （2）阿里巴巴基于电子商务平台建立数据开放平台"聚石塔"，让更多的第三方服务企业能够挖掘和分析其拥有的海量数据，更好地服务用户和卖家

开放模式	典型案例简介
大规模对等协作的开放模式	（1）以 Linux 为代表的开源软件通过全球开发者的协作，形成对抗高价格的商业软件，加速了信息技术的扩散并降低用户的成本。 （2）维基百科通过全球百科知识的编辑者的开放、对等的协作，形成全球最大的百科全书，开创了人类知识创造、传播和分享的新模式。 （3）美国 Youtube 通过广大用户制作和上传视频，国内盛大文学（2014 年 12 月被腾讯收购）通过广大文学爱好者创作文学作品等方式生产其核心竞争力的信息内容
基于资本的投资并购开放模式	（1）全球最大的数据通信设备制造商思科公司通过持续并购不断完善自身的产品体系，并以此策略提前并购替代性的技术和潜在的竞争对手。 （2）全球信息技术产业尤其是软件和互联网领域的并购日益频繁，金额日益庞大。2014 年 2 月，全球最大社交网络服务网站 Facebook 以 190 亿美元并购全球最大的移动即时通信应用 Whats App

▌▌ 3.4　开放与控制的平衡

3.4.1　开放的风险

开放式商业模式主张向其他商业参与主体开放企业的资源、能力和商业流程，或者利用其他合作伙伴的资源、能力和商业流程。这种开放方式与传统封闭的商业模式中核心资源、能力和商业流程全部由企业自身通过内部的管理实施有效控制大不相同，已经由基于企业内部管理制度的强内部控制发展为通过合同交易和价值网络的弱外部控制。这种市场化弱外部控制的风险将大于企业内部强控制的风险。

一是企业的自身商业模式乃至核心资源、能力和商业流程容易被外部获得，有被合作伙伴或竞争对手转移，或者被其超越的风险。

二是开放式商业模式往往更容易让其他参与方得到企业商业模式和经营方式的细节及商业秘密，容易被其他企业模仿甚至超越。

三是企业利用大量的外部资源、能力和商业流程，在一定程度上面临资源不可控的风险。

3.4.2　开放过程中的控制和主导

针对开放中的风险，企业需要采取合理的控制策略，加强对商业模式运行中各个环节的控制和主导。企业需要构建策略来保护商业模式和利润，避免商业模式被模仿、对关键资源失去控制，或者因开放而侵蚀利润等风险的发生，在开放竞争中维护和巩固自身的竞争优势。

 对核心技术和专利的控制和运用

对核心技术和专利的控制和运用，可采取的策略有技术领先策略和技术壁垒策略。技术领先策略指通过不断的技术创新或持续的更迭，保持技术领先地位，让竞争对手难以模仿和超越，只能采取技术跟随策略。例如，在信息技术的许多核心技术领域，技术主导型的公司依靠其强大的研发和技术创新能力，持续创新和快速迭代其技术，在技术完全扩散或被竞争对手模仿之前推出新的技术或提升技术性能，再次与跟随、模仿者拉开距离。技术壁垒策略分两种，一种是通过将核心技术进行技术知识产权保护，对合作伙伴及竞争对手采取差异化的授权许可策略，使得竞争者无法抄袭或模仿自己的核心技术，即使被模仿也可以通过知识产权诉讼或采取高于自身成本的专利授权策略，降低竞争者的获利空间和竞争优势。另一种是推动核心技术成为行业标准或市场上的事实标准，从而采取与其他竞争者技术或替代性技术不兼容的方式，制约其他技术的市场发展。知识产权和技术标准是构建信息技术产业竞争的技术壁垒的重要策略，不仅成为企业之间竞争的策略，而且成为不同国家的技术竞争策略。

 创新和控制客户的价值主张

创新和控制客户的价值主张，主要是作为最终产品或服务提供商所采取的控制策略。通过对用户需求和市场需求的深刻理解，掌握用户选择的渠道或市场渠道，从而加强对商业模式的控制。一是建立良好的客户关系，通过价值主张和独特的产品或服务，增加用户的黏度和锁定效应，或者提升用户转移的成本，构建用户向其他竞争对手转移的壁垒。二是控制用户的入口和渠道环节，在软件领域，操作系统成为用户进入计算机和各类软件和服务的入口，互联网领域也有许多流量导入和用户连接的入口，开发贴近用户需求的产品和服务以聚集互联网的入口，从而控制用户的选择和导向，建立自己的竞争优势。

核心资源和业务流程的封装和控制

对企业的核心资源的开放设置一定的规则，确定开放的对象和差异化开放策略，如只对合作伙伴开放而不对竞争对手开放，对外部开放的程度不能高于对内部开放的程度等，以提高企业对核心资源开放过程中的掌控能力。既能通过开放核心资源获得利润，又不至于让合作伙伴或竞争对手利用核心资源建立比自己更大的竞争优势。这种方式将企业业务流程组件化和模块化分解，让任何一个合作伙伴只能参与其中一个或多个模块和环节，自身掌控整个业务流程和组件的最终集成，制定整个业务流程的规范，并且将核心的业务流程掌握在企业内部，对组件提供商提出相应的规范要求。如英特尔、微软等公司虽然开放了计算机硬件和软件的接口，鼓励其他厂商生产其他模块和互补品，但核心的 CPU、操作系统的体系架构始终掌控在自己手中。即使为了扩大商业生态体系，其大多也采取技术接口、标准规范等方式，即采取开放但不公开的策略，以实现开放和控制之间的平衡。

建立并维持价值网络中的核心地位和商业生态系统中的主导地位

开放式商业模式的关键是向上下游合作伙伴开放，形成共赢的价值网络，扩大商业生态系统，通过强大的商业生态系统提高竞争对手进入该技术或市场的壁垒。然而，这需要建立在商业价值网络和商业生态中的主导地位，让价值网络和商业生态的参与者在企业自身主导的核心技术、商业规则和价值体系下参与和发展，成为商业规则的制定者和维护者，同时要及时对破坏生态系统发展的参与者进行制裁。例如，谷歌对安卓（Andriod）智能终端操作系统采取高度开放的策略，不仅开放一定的源代码，而且免费向各厂商提供，同时还允许其他厂商在不破坏其操作系统完整性的基础上进行定制、改进和优化。当阿里云操作系统基于安卓操作系统兼容其应用生态，并且将其操作系统的核心功能模块 Dalivk 虚拟机替换成全新开发的虚拟机，并着力构建自己的生态系统时，谷歌采取了坚决的制裁措施，要求宏基等终端制造商在参与其开放联盟的同时不允许与阿里云 OS 合作。这就是在开放共建和扩大产业生态系统的同时，控制和主导生态体系的发展，不允许参与者破坏其控制、重建技术架构或重建新的商业生态系统。

 构建品牌、利润、企业文化等其他竞争优势

除了商业模式的各个关键环节提升对开放过程的控制能力，企业在实践中也需要形成自己独特的品牌、利润和企业文化等企业经营管理层面的独特优势，以避免商业模式被简单模仿导致用户和市场的流失。对利润的控制和分配权，也是控制整个商业模式和开放的生态体系的关键要素，这样可以限制竞争者的发展，提高企业自身的竞争优势。

3.4.3　开放与控制成败的商业案例

 英特尔的开放与控制平衡策略主导计算机体系架构发展

英特尔在 CPU 处理器领域一直存在不少竞争对手（如 AMD、Cyrix、SPARC、PowerPC、Apple、Motorola），能够快速超越竞争对手并成为行业的垄断者，主要是采取了开放可控的创新策略。英特尔在开放创新方面的主要策略有（刘长勇，2003）：①采用开放式创新策略，虽自 20 世纪 90 年代开始大量投入研发，但也大量运用外部研发成果，加强产学研合作，与大学、研究机构建立专业研究中心，与半导体制造厂商和研发联盟广泛合作，仅在2000年就委托了300多项研究计划给大学研究机构，金额高达1亿美元，同时在中国、俄罗斯、以色列等多个国家设立研发中心。②通过开放技术标准、建立策略联盟、风险投资支持、举办技术论坛和培训、提供技术接口（API）和开发工具包（SDK）等多种方式，支持计算机软硬件部件厂商基于其系统架构开发软硬件部件和系统，围绕其CPU和体系架构形成商业生态体系，扩大和巩固产业盟主的地位。③注重利用外部的技术资源和生产资源，例如，Itanium 64位处理器架构技术源自惠普公司，并且运用DEC公司的半导体制造技术生产。④设立风险投资部门，从事战略性投资以获取外部技术和资源，通过投资扩大和提升英特尔的产品、技术和市场的竞争力。主要投资三大领域，供应链（材料、制造设备、工业等创新公司）、价值网络（使用其CPU的厂商，包括软件、应用产品和系统开发）和新技术领域（微处理器之外的新科技发展机会，包括内部创业的种子投入）。

英特尔在开放的同时，更为注重对核心技术及产业主导地位的控制：①主导CPU核心技术、计算机体系架构技术和半导体生产工艺技术的创新和发展，按照摩尔定律采取技术领先策略，让竞争对手难以跟随和超越。②将自身的技术采取开放而不公开的策略，让更多的计算机部件生产商基于其开放的技术架构和技术规范开发互补性产品。开放而不公开是指开放技术标准和接口规范，但不公开技术实现的细节，既保证了技术的开放性，吸引更多厂商共同打造商业生态体系，又使得自身对核心技术不失去掌控能力。③采取免费而对等优惠授权的知识产权策略，在计算机PCI总线、图形接口（AGP）、通用串行接口USB等核心技术方面采取免费开放的知识产权策略，但也需要使用其免费知识产权的厂商也免费开放相应的知识产权，这就形成了一个开放的知识产权联盟，利于技术的扩散和传播，同时也避免其他厂商利用知识产权形成竞争优势。④推动自身核心技术成为行业标准，在计算机PCI总线、图形接口

（AGP）、通用串行接口 USB 等核心技术发展的过程中，通过制定行业标准、扩大厂商联盟、免费开放技术等方式，使得其主导的技术快速战胜其他竞争技术，成为行业标准，从而巩固自身技术的主导地位。

雅虎开放失控而失去搜索引擎发展机遇

在信息爆炸的互联网时代，注意力经济或眼球经济成为重要的信息经济规律。诺贝尔经济学奖获得者赫伯特·西蒙曾指出"信息的丰富产生注意力的贫乏"，因此，搜索引擎就成为让用户从纷繁复杂的互联网信息中找到自己需要的信息的重要技术和信息入口，是互联网时代最核心的技术和业务之一。雅虎在初创时期即发现了这一商机，并于 1994 年推出了全球第一个搜索引擎，通过嵌入网景的浏览器和自身的门户网站迅速积累了大量用户；2000 年雅虎的营业收入达 10 亿美元，其中，互联网广告收入占 90%，在当时门户广告业务的高利润，以及没有找到适合搜索引擎的商业模式的情况下，雅虎将搜索引擎业务外包给新兴的谷歌公司，每年向谷歌支付 720 万美元。2001 年，谷歌陷入财务危机，雅虎提出拟以 30 亿美元收购谷歌公司，但因价格未能与谷歌达成共识而放弃。谷歌利用搜索引擎技术成功地创造了通过搜索关键词相关的广告业务盈利的商业模式并迅速成长。2002 年，谷歌的利润超过雅虎成为全球最大的搜索引擎公司。虽然雅虎意识到放弃搜索引擎技术的失误，并于 2003 年和 2004 年分别以 2.35 亿美元收购 Inktomi 和 16.3 亿美元收购 Overture，重新发布自主搜索引擎，试图抢回失去的搜索市场，但已经难以撼动谷歌的龙头地位。随着谷歌的日益壮大和微软推出 Bing 搜索服务的竞争压力下，2009 年 7 月，雅虎再次放弃自己的搜索引擎技术，采用微软的 Bing 搜索引擎技术，雅虎仅负责搜索的广告销售业务。2011 年，雅虎关闭搜索引擎 AllTheWeb，至此雅虎完全退出搜索引擎技术领域，并放弃搜索引擎业务。这是开放和外包核心技术而被承接外包的合作伙伴抢占竞争优势的典型案例。

▌▌3.5 开放式商业模式对产业和企业发展的影响

3.5.1 对企业创新发展的影响

在当前全球化激烈竞争的商业经济环境下，采取开放式的商业模式，对企业的发展和增长具有以下重要影响。

企业可以更快地把握和响应市场变化和客户需求，保持与市场和产业的紧密联系，从而快速、准确地提出创新的客户价值主张，改变企业的商业模式和经营策略。

开放式商业模式不仅能够降低企业内部开发和经营的成本，而且通过授权和出售技术和知识产权，向其他企业有偿开放自身的资源和业务流程，能够更充分地将自身的资源和优势实现价值转化，将自身闲置的资源和能力转化为新的收入，增加了企业创新的利润来源。

企业的资源获取和经营有更多的选择性，开放式商业模式是更具有选择性的经济发展模式。企业的资源、成本结构、合作关系和规模都更具选择性，可以更好地获取生产要素和资源，不拘泥于仅利用企业自身的资源和能力来实现发展和增长。

企业可以降低创新和经营的风险。面对快速变化的市场和激烈的竞争，企业面临着技术研发目标实现、技术商业化，以及市场需求等不确定性带来的风险，开放式商业模式可以与合作者共同承担风险，降低企业自身的风险。

开放式商业模式需要企业构建或进入开放式商业生态系统，建立和参与价值网络，也与商业生态系统中的各方共担风险、共享收益，从而获得持续的发展。

松散型的基于价值网络的组织结构更有利于企业战略的调整，适应激烈的市场竞争。大企业可以避免转型的艰难和对市场变化、产业变革反应的迟钝；创业企业融入一个开放的商业模式营造的商业生态中，也能够借助其他企业的资源，实现快速发展。

3.5.2　对产业发展的影响

信息技术和产品间的高度互补性及产业自身的网络效应，决定了技术产业兼容开放的特点和发展趋势。开放式商业模式正是顺应了这一特点和趋势，对促进技术创新、优化产业组织、促进产业发展等都具有重要的作用。

 对创新技术的影响：加速技术扩散和外溢

通过知识共享、专利授权、开放技术标准、开放技术平台和接口等方式，让技术创新的成果迅速在产业内扩散和传播，加速技术创新的外溢效应，从而加速产业技术进步和创新技术的商业化和应用。信息技术作为通用目的的技术，其技术、知识和信息资源快速流动和扩散，也会促进全球的技术进步和经济发展。但这种影响也有负面效应，容易导致技术创新的"搭便车"现象，更多的企业回避基础技术创新的风险和投入，有可能导致基础技术研究的匮乏，这就需要国家加大基础技术研发的投入，发挥大学和研究机构的作用。

对产业链发展的影响：行业分工专业化和精细化

开放式商业模式倡导更多地利用企业外部的技术、资源、能力和商业流程来创造价值，这就促使信息技术的产业链的分工进一步专业化和细化，促使更多专注于某项核心技术创新、某个部件产品的研发和某个商业流程环节改进的微创新活动日益增多。由于信息技术的互补性和系统性，这些局部环节的创新和发展都会加快整个技术体系的创新发展。这也是近年来信息技术产业创新和创业不断增多、技术产品不断更新的原动力。

 对产业组织结构的影响：促进产业协同合作和企业兼并重组

开放式商业模式并非无序地开放，事实上，它是以同一标准、同一技术平台，以及以龙头大企业为中心，形成的全产业链协同和产业内企业的深度合作。基于标准、技术和平台的开放竞争，也会加速企业间的兼并重组，建立需求方规模效应，形成产业资源的集聚，使产业集中度提高，建立松散耦合的产业组织形式，促使产业部分环节的创新和整个产业的进步相结合，从而提升整个产业创新发展的活力。

 对产业绩效的影响：竞争与垄断的博弈

开放式商业模式能够更快地形成产业集聚和规模经济，信息技术产业的发展实践也证实了在某项技术、产品或服务的细分领域占据市场第一位置的企业会获得最高的利润回报，占据市场第二位置及以后的企业一般只能维持基本的生存发展。一方面，开放带来的产业激烈竞争、技术快速发展，以及企业发展和整合，加速了大企业的发展并形成垄断。另一方面，即使是垄断性的大企业，也存在开放的资源和环节，通过技术创新或对这些环节的变革都能颠覆现有垄断企业的垄断地位，形成开放竞争环境下的竞争与垄断的博弈，从而通过市场机制，较好地解决信息技术产业的"马歇尔冲突"问题。

| 第 **4** 章 |

平台型商业模式与平台经济

什么是平台？如何构建、运营和发展平台？

双边市场（Two-Sided Market）与平台（Platform）理论是近年来产业经济学领域关注和研究的热点。IT 和互联网行业由于其产品的互补性和网络效应，成为平台经济发展最活跃、形式最多元化的产业。理解平台经济的基本规律、平台的不同类型和特征、平台发展的关键要素，根据发展的不同阶段采取相应的平台运营和发展策略是平台型企业的成功之道。

▌▌ 4.1　平台及平台经济

4.1.1　平台及平台型商业模式

关于双边市场和平台的研究源于 2000 年左右对银行卡的反垄断研究。学者们首先研究了连接双边交易的双边交易市场，并进一步扩展到多边市场，从而逐步形成平台的概念。国内学者徐晋、张祥建在总结双边市场和平台的国外研究成果的基础上，将平台定义为"一种现实或虚拟的空间，该空间可以导致或促成多方客户之间的交易"。平台经济的参与方包括卖方、买方和第三方（平台），平台在某种意义上是一种具备网络外部性特征的经济组织，基于平台上互动的双方或多方之间存在显著的网络效应。刘启、李明志认为，双边市场以平台为核心，是通过促成双方和多方客户之间的接触和交易而获取盈利的一种商业组织形式。

平台

平台是通过连接不同的商业活动参与方，为双方或多方提供相互交流、促成交易的中间产品或服务的一种经济活动形式。平台上的多个活动参与方，可以是存在买卖或供需关系的买方和卖方，或者需求方和供应方，如典型的商品交易市场连接商品买卖的双方，金融服务市场连接资金需求方和供应方。在某些情况下，平台也可以提供同类主体之间的相互交流和交易服务，如电信网络上的各个电话用户间的交流，以及即时通信、互联网论坛（BBS）上网民之间的交流和服务。由此可以看出，平台一般具备两大功能：一是交易中介；二是信息交流的中介，这与一般的研究者只关注平台连接买卖双方的交易中介的特性是不同的。另外，从定义看，无论是信息交流还是交易中介，平台都具有典型的中间业务或中介性，其自身也是一个独立的产品和服务，并对多边客户之间的交易有重要的影响，甚至能够主导和影响双边的生产和需求，在商业经济中起着重要的作用。

平台型商业模式

平台型商业模式是指以信息交流和交易中介为核心业务，通过向多方参与者提供产品和服务获得收入和盈利的一种商业模式。信息技术产业具有技术产品的兼容互补性和网络效应，因此信息技术产业平台型商业模式相对更多。同时，信息技术产业的平台不仅能够促进信息技术产业自身的发展，而且由于信息交流和提供交易方面独特的技术和经济特性，能够促进其他产业的商业模式创新，影响整个经济的发展。这使得研究信息技术产业平台型商业模式具有重要的意义。

平台的参与方

在平台型商业模式下，相关参与方按照角色和功能的区别，可以分为平台运营者、用户（或称平台的买方/需求方）、平台的卖方/供应方。平台的运营者是指建设、运营和维护平台的企业，其职责是协调和促成平台上的多边参与者完成交易，吸引用户和维持平台的商业生态系统，协调和平衡企业自身和平台的利益，以及平台与互补品开发商、用户和整个行业之间的利益。用户是指通过平台直接获得产品或服务的买方或需求方，也是平台运营者追求的客户价值主张的来源。平台的卖方/供应方通过平台向用户提供产品或服务，或者是开发平台互补品的厂商，是平台运营者的合作伙伴和商业生态系统参与者。

平台型企业的类型

平台型企业按照其发展阶段和对技术市场控制力的大小，可以分为平台引领者、平台竞争者、平台追求者和平台依附者。

平台引领者运用平台型商业模式并引领和主导平台参与方共同发展，成为商业生态系统的主导企业。这种企业往往掌握着核心技术体系架构，控制着平台的技术和业务发展，并激励平台的互补品开发商共同创新发展，它们往往也是推动产业创新发展的主导企业。平台引领者根据自身的市场控制力和市场份额，对技术和市场进行控制，当其控制力达到一定程度时，就成为平台的垄断者，如英特尔、微软、谷歌、亚马逊等企业。平台引领者往往还积极参与标准制定、从事风险投资和收购活动，以维持领导地位。

平台竞争者也是平台型商业模式的实践者，但相对于平台的引领者，其在整个产业中的主导作用和对市场的主导作用较弱，是能够向现有的平台垄断者或引领者发起竞争和挑战的企业。

平台追求者是通过技术、产品或服务创新，希望基于自身的技术、产品和核心业务，采取平台型商业模式和发展策略，努力形成新的平台的企业。

平台依附者是指将自身的产品和业务发展依附于某个或多个平台，利用平台聚集的用户资源、技术和商业生态系统的资源谋求发展的企业，一般为平台上的卖方或为平台提供互补性产品和服务的企业。但是，这种企业的技术、产品或服务有可能在依附现有平台的基础上发展出新的平台，或者成为所依附平台的替代者，如网景公司依附于微软 Windows 平台之上的浏览器，微信等超级应用依附于 iOS 和 Android 操作系统之上，它们都发展成了依附性平台。

4.1.2 平台经济及其研究内容

研究平台的经济规律的理论体系可称为"平台经济学",研究内容包括平台的分类、平台的多属性、平台的网络效应、双边用户的召集、平台的定价策略和收入模式,以及平台的运营和控制等。

平台的分类

Evans(2003a,2003b)根据平台的功能,将其分为 3 类:①市场制造者,促成不同市场方的成员实现交易;②观众制造者,主要匹配广告商和观众;③需求协调者,制造能产生间接网络效应的商品和服务,如软件平台、支付系统和移动通信服务等。刘启、李明志(2008)将双边市场和平台分为 4 类:①交易中介,即促成买卖双方达成交易的平台,如电子商务平台、房地产经纪等;②媒体,即通过内容来吸引读者或观众,通过读者或观众来吸引广告商的平台,如报纸、杂志、门户网站等;③支付工具,即完成消费者和商户之间的支付中介的平台,如银行卡和网络支付;④软件平台,即实现软件用户和软件开发者遵循共同规则的软件平台,如操作系统、电子游戏机平台等。沈拓将信息技术领域的平台分为:流量黏着平台(入口)、数字消费平台、交易中介平台、社交关系平台、基础能力平台、供应制造平台。徐晋将平台按照开放程度分为开放平台、封闭平台和垄断平台;依据连接的性质,可分成横向平台、纵向平台和观众平台。横向平台促成不同成员间的相互交流和组合,纵向平台促成卖家和买家完成交易,观众平台通过免费服务吸引客户,通过商家的赞助或广告等形成盈利。综上所述,分析研究者对平台的分类是研究平台的重要方法,通过对不同类型平台的特性和功能进行分类和研究,也是平台经济研究的重要领域。

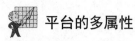 **平台的多属性**

平台的多属性（也称多重注册，Multi-Homing）是指由于平台的可替代性或平台之间的不相容，导致平台的某个参与方或多个参与方同时参与一个以上的平台的现象。平台的多属性的核心是参与多个平台的同时性而不是选择性。理论上，平台的参与方可以选择不同的平台，但往往因为平台的锁定效应、转换成本、定价策略等因素的影响，参与方并不同时选择所有的平台。

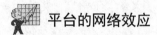 **平台的网络效应**

平台具有典型的网络正外部效应的经济特征，平台的参与方内部及参与方之间都存在网络效应。平台的某个参与方的用户规模越大，单个用户所承担的成本或拥有的效益就越高，这是平台的直接网络效应。典型的如电信服务网络，加入某个电信网络的用户越多，平台的规模效应越大，单个用户所需要的成本越低，随着能够通话的用户越多，每个用户的电话网络的使用效益也越高。在平台经济中，这种网络效应的基本经济学是供应方规模经济和需求方规模经济的结合，导致这种规模经济效益的正反馈作用加大。需求方和供应方中的任一方的规模扩大都会降低另一方的成本、提升另一方的价值。因此，信息技术产业的平台经济的发展和毁灭速度都比传统工业快。平台某个参与方的增多给另一个参与方带来的效用为间接外部效应。如某操作系统的用户越多，在该操作系统平台上开发软件的厂商的效益也越高，能够通过服务更多的用户获得更多的收益；在操作系统平台上的软件开发商越多，使用该操作系统的用户能够得到更多、更好的软件和应用的支持，其操作系统的使用价值和效用也就越大。

双边用户的召集

由于平台存在不同参与方之间的间接外部效应,在平台发展的初期,平台一方的用户规模成为吸引另一方用户加入平台的重要因素,如何召集双边和多边用户就成了一个"鸡生蛋"和"蛋生鸡"的问题。因此,平台往往需要重点发展一方用户或对一方用户进行补贴,快速增加某一方的用户规模,从而吸引另一方用户的加入或对另一方用户进行收费,以维持平台的运行,甚至同时补贴和吸引双边用户。在召集和发展双边用户的过程中,平台的投资和定价策略非常重要。

"羊毛出在猪身上"——平台的定价策略和收入模式

由于平台同时连接和服务于两个以上的市场参与方,平台的定价策略相对于一般企业的产品或服务的定价策略存在巨大的差异。按照收费的方式可分为两种,固定的注册费或会员费,以及平台的使用费或交易中介费。前者是平台的固定收费,后者是平台的可变收费。按照收费的对象,有同时向双边市场参与方收费,也有向一方免费向另一方收费的一方补贴另一方的定价策略。按照服务的级别进行产业化定价,基础服务免费而增值服务收费,或者面向不同服务需求的参与方定制不同的定价策略。定价策略取决于双边用户的需求及其弹性、双边相对市场影响力、平台一方创造的收益、平台的成本、平台发展的阶段(如初期吸引用户一般采取低价策略)、平台间的竞争、多属性和捆绑等因素。

"羊毛出在猪身上"是商业界和公众对互联网的免费甚至补贴的定价策略及商业模式的形象描述,这也是互联网平台独特的模式。免费模式和补贴模式的核心是平台运营方对平台上的多方交易和利益主体之间进行价值分配的一种多元化策略,是对传统的交易双方必须有直接的资金和费用往来的模式的一种颠覆，但其本身并没有违背基本的经济学规律。免费和补贴的商业模式让人眼花缭乱，但其本质是平台型商业模式。

在免费或补贴的定价策略中，对双边用户进行补贴的极端方式也存在，如国内 2013 年年底至 2014 年年初阿里巴巴和腾讯两大互联网公司幕后支持的"快的打车"和"滴滴打车"两大打车软件平台以同时对出租车和乘客双方进行补贴的极端竞争方式，迅速扩大了用户规模。这种策略一般在平台发展初期或平台之间竞争时使用，但不会长期使用，因为平台无法获得收益，也无法长期投入。

 平台的运营和控制

平台的运营和控制是平台管理的关键。平台上一般有多方市场参与主体，如何协调各方的利益，规范各方的行为，调节各方之间的纠纷，促进多方的交流和交易成为平台运营的关键。由于平台参与方的多属性，对如何控制平台参与方的转移行为、控制和发展平台的规模、防止平台互补品发展成为其替代品也是平台控制的关键。

4.2 六大平台类型及其特点

信息技术产业的平台型商业模式创新的形式很多，也成为平台经济最活跃的产业，由于信息技术产业自身的技术和经济特性，使得不同平台的特征和经济规律也不相同。根据平台的经济特征和功能可将 IT 和互联网产业的平台分为 6 种类型。

- 技术标准平台。

- 技术产品平台。

- 交易中介平台。

- 信息内容聚合和分发平台。

- 信息基础设施平台。

- 社交网络平台。

4.2.1 技术标准平台

信息技术处理的对象是各类信息，而信息的格式是信息交流和互通的基础，因此信息及信息处理和传输的格式标准就尤为重要。这也是信息技术产品之间存在很强的互补性和网络效应的原因。尤其是信息的标识、存储、处理、传输等格式和协议成为技术标准的平台，平台的一方是最终的信息产品和服务的用户，另一方是信息产品和设备的制造商，以及信息内容的生产和提供商，技术标准平台一边协调各种产品和服务之间的兼容性，一边为用户提供信息沟通交流的价值主张。典型的技术标准平台有机器指令格式、编程语言及指令、文本/图片/音频/视频格式、通信传输协议、互联网协议等。

技术标准平台的拥有者和控制者可以是某个企业，也可以是某个技术标准联盟和标准化组织。企业将自身的技术推广为一种技术标准，就能够形成技术标准平台型的商业模式，从而通过主导和控制技术标准的应用和发展，一方面获得广大的用户群体，另一方面基于技术标准的产品和服务提供商，形成一个巨大的产业生态体系。企业不仅可以通过提供关键的技术产品获得收益，还可以通过技术标准中关键技术的知识产权授权等方式获得收益。

在某个细分或新兴技术领域的发展初期会出现多个技术标准，但在产业发展过程中需要统一标准，这往往导致信息技术产业围绕技术标准平台的竞争十分激烈。不仅企业之间，不同的技术标准联盟之间，甚至国家之间也会为了利益展开技术标准平台的竞争。标准的兼容与不兼容成为标准平台竞争的重要策略，一般弱势标准会采取兼容强势标准的策略，但强势标准不仅通过拒绝兼容弱势标准，还会通过知识产权保护等策略阻止弱势标准向其兼容，以通过强用户锁定效应和高昂的专业成本，阻止用户和厂商向弱势标准迁移。

但对于某个产品，可以同时采用或兼容一个以上的标准。兼容的标准越多成本也越高，因此同一个技术往往兼容的标准不会太多。此外，也会出现将不同技术标准进行转换的中间产品和企业，从而有利于维护多个技术标准平台之间的竞争，支持技术标准平台多元化发展。

4.2.2 技术产品平台

由于信息技术产品之间具有高度互补性，因此单个产品往往无法实现用户最终的需求，需要各种互补品形成一个完整的信息系统，才能供用户最终使用。形成系统的各种互补品之间的主导作用是不同的，在系统中发挥基础和关键作用的技术产品能够形成连接或支撑其他互补品的技术产品平台。技术产品平台一边是最终客户，一边是基于技术产品平台之上的各类互补品的开发者和提供商。平台的作用是基于共同的技术架构和技术体系协调生产方和用户的供应和需求，平台需要向用户进行统一的产品营销，吸引更多的用户，同时也向平台互补品的生产者提供技术相关信息和必要的技术实现接口，以便开发者基于平台的技术体系快速开发产品。例如，操作系统和 CPU 是信息技术领域两大重要的技术产品平台，平台的一边是广大的信息产品和系统用户，一边是计算机软件开发商、硬件制造商等软/硬件信息产品和服务的提供商。这类平台具有很强的锁定效应和路径依赖。

由于技术产品平台拥有和控制的技术往往是基础性技术，它们的存在从客观上减少了开发者和用户的多属性带来的系统不兼容及更高的使用或开发成本的问题，形成了巨大的规模效应和用户锁定效应，用户使用习惯、数据资源的迁移和开发者的技术转移需要较大的成本。因此，这种平台往往具备一定的自然垄断性，在商业实践中也容易形成技术产品平台的垄断。新兴的基于互联网的开放式开发平台是随着移动互联网发展而出现的新兴技术产品平台，往往基于统一的操作系统、编程接口及编程工具，通过在线的方式让应用开发者快速地开发应用程序，并帮助开发者通过网络渠道发布或在线部署运行自己的应用程序，提供与用户实现交易并获得商业利益的完整的技术和交易服务，部分功能与后文将提到的交易中介平台类似。

技术产品平台与技术标准平台的差别是，技术产品平台以某个平台型的产品为载体，而技术标准平台主要是技术的标准和规则，不一定以一个产品的形式存在的，可以有实现这种技术标准的多个产品存在。另外，技术产品平台的拥有者或控制者是企业，也可能以技术产品的市场优势而形成事实上的技术标准；技术标准平台可以是一个产业组织、企业或企业联盟。

4.2.3　交易中介平台

信息技术领域的交易中介平台是以信息和网络技术为支撑的，基于网络在线的虚拟交易中介平台。交易中介平台一边是产品的需求方和消费者，一边是产品的供应方或销售商，平台主要向平台双方的用户提供产品供需对接、在线查询、在线交易服务。相对于前文的技术标准平台和技术产品平台，交易中介平台并不以技术为核心，其关键资源和业务是向双方用户提供便捷、安全、诚信的在线交易环境。交易中介平台能够突破传统经济交易的时间、地理空间等限制，把大量分散的需求方和供应方聚合到一个平台，充分发挥交易中介平台的规模效应，同时能够整合更多的商品或服务，也进一步提高交易市场的范围经济。通过交易中的市场信息和市场渠道的整合，促进销售、流通和生产环节实现更大的规模效应和范围经济效应，提升整个经济运行的效率。

典型的交易中介平台是电子商务平台（包括团购网站等），如亚马逊、阿里巴巴、eBay 等。这类平台是供需对接和交易撮合平台，类似于传统的商业贸易平台。平台对消费者或需求方提供大量、可供选择的商品或服务，同时提供比传统商业渠道更为低价的产品，为供应方或销售商提供直接面对大量用户的渠道。平台的收入主要来源于双边用户的注册或会员费、交易额提成，以及为销售方提供广告而获得的收益。平台需要维护双边用户交易的合法性、诚信、产品质量、便捷的资金支付和物流配送渠道。

此外，还有两类特殊的交易中介平台值得关注。第三方网络金融支付平台也是一种典型的交易中介平台，但其交易的对象是一种特殊的商品——货币资金，为货币资金的交易提供在线、实时、安全、便捷的撮合、交易和支付方式，为传统的商品和服务交易提供更便捷的资金支付方式。第三方网络金融支付平台提高了传统金融支付的效率，也间接提高了整个商品、服务销售及全社会资金周转的效率，降低了资金流动和交易的成本。软件应用商店是近年来移动互联网出现后的一种新的交易中介平台，其中交易的是各类应用软件、工具和游戏软件，由于软件具备典型的信息商品的特性，还存在大量的免费软件等，改变了传统的商业软件的销售模式，使得移动应用的发展速度远远高于传统的基于计算机的应用软件发展的速度，丰富了应用生态，促进了移动互联网的发展。

4.2.4　信息内容聚合和分发平台

信息本身具有特殊性，如相对于物质产品的虚拟性等，信息在信息技术尤其是互联网技术的支撑下能够快速制作、传播，这也会形成信息的爆炸和信息质量的问题。信息内容聚合和分发平台是生产、收集和整合各类信息，从而向最终用户提供各种综合类或专业类的信息的平台。平台的一方是信息的需求者，另一方是信息的生产者和提供者。对于需求者主要按照用户需求提供各类经过搜索、分类和聚合的信息；对于信息的生产者和提供者要为其提供信息快速传播的渠道，使信息快速面向广大用户。这种平台与传统意义上的信息中介和媒体平台类似，但其传播和展现的载体不同，主要是基于计算机和互联网的数字化信息。随着信息基础设施水平日益提高，这类信息平台的成本往往比传统的平台更低，信息传播的速度更快且广度更大，信息内容更为丰富，单位信息的成本大幅下降。

信息内容聚合和分发平台的收入主要来自需求者的信息订阅费、信息服务费，以及广告收入。在互联网在线模式下，广告费用是平台收入的主要来源，根据信息的时效性、质量（如图片、音视频的清晰度和压缩比等）进行收费。这类平台关键的资源是各类高质量的信息，关键业务是将各类信息按照用户的需求进行定制和分发，提高信息的实效性和背后广告投送的精准性。典型的信息内容聚合和分发平台是门户网站、搜索引擎、视频网站、互联网广告联盟和广告聚合投放平台（如 Google AdSense）等。该类平台的信息来源一般有 3 个渠道，一是平台自身制作和收集的信息；二是第三方专业的信息制作者制作的信息；三是吸引用户方参与制作的信息。随着该类平台的发展和商业模式的创新，会更多地利用第二个和第三个渠道来完善信息。为了保证平台的竞争优势和与其他平台的差异性，信息内容的质量十分关键，因此平台会组织生产一些优质的信息，也会从传统的媒体获得授权从而得到高质量的信息。

4.2.5　信息基础设施平台

信息基础设施平台将信息技术及应用的关键软硬件作为基础设施，同时向信息系统的开发者和应用者开放，在一定意义上是技术产品平台的进一步发展。技术产品平台一般是基于单项技术或单个产品形成的产品平台，而信息基础设施平台集成了多种信息技术和产品，形成了具备多种功能的信息系统。电信运营商在互联网接入和传输服务上提供的网络连接服务是最基本、最典型的信息基础设施平台。随着近些年硬件、软件等平台的日益成熟和模块化，云计算技术和模式的出现，集成多种信息技术和产品构建的信息基础设施平台的商业模式快速发展。根据提供的服务可以分为 IaaS：Infrastructure-as-a-Service（基础设施即服务）、PaaS：Platform-as-a-Service（平台即服务）、SaaS：Software-as-a-Service（软件即服务）。这类平台一方面向广大用户提供各类多元化的信息系统和服务，另一方面构建自身强大的信息基础设施平台，使更多的应用开发者和服务提供者在不需要自己投资信息技术软硬件的情况下，开发和部署自己面向互联网的应用和服务。这种平台型商业模式为应用服务的开发者提供了独到的价值主张，允许其按照需求采取租用的方式利用信息基础设施，降低应用服务开发和互联网服务提供的成本和门槛，更有利于促进信息服务的繁荣和发展。平台提供基础的硬件、软件、开发工具、存储、计算和通信带宽等资源，同时利用平台的影响力，凝聚大量的企业和个人用户，成为平台的另一方。平台的收入和盈利模式是向平台资源的使用者收取租金或提供相关的工具和服务的分成等。平台的核心资源是拥有强大的信息基础设施建设和服务能力。目前，这种平台型商业模式的提供者主要是大型互联网公司，其在发展自己的业务的同时，利用闲散的设施资源提供第三方服务。这种模式将信息技术的软硬件不以产品的形式出售，而是以服务的方式向用户出售或出租。

4.2.6　社交网络平台

社交网络平台是通过信息技术和互联网，为互联网用户提供在线的虚拟社交平台，以广大互联网用户为中心是这类平台有别于其他平台的重要特征。平台的一方是用户，用户通过该平台与自己的亲友及其他社交对象建立沟通联系渠道，分享彼此的信息、兴趣和共同关注的话题等，用户与用户之间通过平台形成了一个对等的虚拟社交关系。这种社交比现实社会中的社交更为方便、低成本，能够发现和联系更多自己感兴趣的社交对象，打破了传统社交时空的限制。该类平台的另一方早期主要是广告商，平台通过向用户推送广告盈利。但最新的社交平台已经不限于典型的社交沟通，还能够嵌入电子商务、电子支付、虚拟礼物、游戏娱乐、应用和游戏分发、在线消费平台等。以人为中心，社交网络平台开始由传统的信息交流走向面向个人的服务和消费的整合。因此，社交网络平台另一方加入的范围已经越来越广，同时也为用户提供了更为丰富的应用和服务。基于人与人之间关系的新消费模式开始繁荣，消费的点评、分享和推荐已经成为各类商品和服务营销的新模式。平台一般是免费注册，免费提供基本服务的，通过开发部分增值服务向用户收费，同时向基于该平台上提供虚拟的信息消费和线下的实体消费的商家收取交易的中介费和广告费。

社交网络平台的发展日益多元化、丰富化和消费化，也为社交网络平台开创了更多的收入和盈利模式，随着平台功能的丰富，用户的黏性也日益增加，成为重要的新兴商业模式创新的方向。将大众消费和社交相结合是其商业模式创新的主要方向。

4.2.7　各类平台的特征及其典型案例

不同的平台有其各自的特征，在商业实践中也都有许多知名的典型案例。表4-1 中逐一汇总分析。

表 4-1　各类平台及其典型案例

平台类型	平台的特征	典型案例及说明
技术标准平台	以技术标准为平台，解决信息之间的互通和格式的一致性	高通的 CDMA 通信标准平台、ARM 的 CPU 指令及体系架构标准平台。 微软的 Windows Midia、Real Newworks 的 Real System 及苹果的 Quick time 系列音视频编解码的标准平台。 互联网相关的技术标准平台（TCP/IP、Http、FTP 等传输和应用标准和协议）。 通信领域的技术标准平台（2G: GMS、CDMA；3G: W-CDMA、CDMA2000、TD-SCDMA；4G: TD-LTE 和 FDD-LTE）
技术产品平台	利用信息系统中的基础性、通用性的关键产品构建平台，为信息技术产品的消费者和生产者构建统一产品平台	英特尔的 CPU。 微软 Windows、苹果 iOS、谷歌 Andriod 操作系统平台。 微软 Xbox、索尼 PS2、任天堂的电子游戏机。 苹果、腾讯、百度等互联网开放技术开发平台

续表

平台类型	平台的特征	典型案例及说明
交易中介平台	通过互联网建立虚拟的商品或服务交易中介平台，在线完成供需对接和交易撮合	亚马逊、阿里巴巴的电子商务平台。 Groupon、美团等团购及O2O平台。 Visa、MasterCard、银联等第三方电子支付及Paypal、支付宝等第三方网络支付平台（促成资金这一特殊产品的交易）。 苹果App Store、Google Play等应用商店
信息聚合和分发平台	通过互联网聚合各类信息并按用户需求广播式或定向分发，解决信息的生产、传播和需求的平台	雅虎、新浪、搜狐、网易等门户网站。 谷歌、百度等信息搜索平台。 Youtube、抖音、阅文（文学阅读）等专业信息平台
信息基础设施平台	通过整合多种信息技术和软硬件产品，构建信息基础设施，通过按需租用方式向用户及信息服务提供者开放	中国移动、中国联通等电信运营商。 Salesforce CRM、Microsoft Azure、Amazon AWS。 阿里云、腾讯开放平台、百度开放平台
社交网络平台	以人为中心构建虚拟的社交圈和网络，形成信息交流和个人消费服务的分享型消费经济平台	Facebook、人人网等社交网站。 Twiiter、微博等社交平台。 微信、Facebook等即时通信社交平台

　　当前基于互联网的平台型商业模式也由单一类平台逐步发展，形成多类平台共同发展的局面，或者多种平台相互融合的平台整体发展局面。如国内的阿里巴巴，拥有交易中介平台淘宝、天猫、支付宝等，还有阿里云操作系统的技术产品平台，同时也发展阿里云这一信息基础设施平台。

▌▌ 4.3 平台发展的关键要素

平台的发展和成功涉及多方面的因素，影响平台发展的关键要素体现在 4 个方面：召集和凝聚海量的用户群体、独特且强大的核心资源和服务能力、创新的收入和盈利方式，以及开放共赢的商业生态系统。

4.3.1 召集和凝聚海量的用户群体

用户是平台的重要参与者，也是平台价值实现的基础，拥有海量的用户群体才能创造大规模的需求，吸引平台的卖方、供应方，汇聚更大的双边市场资源，从而提高平台的活跃度和竞争力。在平台发展初期，召集和吸引大量用户是关键，通过免费吸引用户是常用的策略，甚至存在补贴用户的策略。通过免费服务吸引和聚集大量用户，再通过免费服务或对消费者给予报酬等方式，尽快达到消费者市场的边界数量，跨越发展门槛，然后通过广告、增值服务等其他渠道将用户的注意力和访问流量转化为收入。同时，大规模的用户也能为平台聚集大量的基于用户行为和喜好的数据资源，产生大量的特色用户需求，为面向用户的技术和服务创新提出新的价值主张，促进平台的创新和发展。

在平台发展阶段，培育用户的忠诚度，增加用户对平台的依赖性，降低用户的多属行为和向其他竞争性平台的转移是平台运营的关键。在此过程中，需要持续改善和创新用户体验，为用户提供更多的服务，创造更多的价值，随着用户对平台的依赖性增加，或者长期使用平台导致锁定效应增强和转移成本升高，用户的流失和转移的可能性就会降低。此外，还需要关注竞争对手或替代性平台采取的用户召集策略，采取策略性的措施以应对其他平台对用户资源的争夺。近年来，国内 O2O 领域同类平台采用"价格战"甚至大量补贴的方式争夺用户，通过其他关联平台的流量和入口引导用户，建立统一的用户账号体系及不同平台的用户账号互通、同类平台的合并/并购等，都是常见的争夺用户的竞争策略。

4.3.2 独特且强大的核心资源和服务能力

核心资源和服务能力是商业模式的关键要素之一，也是商业模式成功的要素，以及竞争者或潜在竞争者短期内难以模仿的一种关键能力。采取平台型商业模式的企业需要集中优势资源，专注于核心资源和业务领域，培育和不断壮大核心资源能力，并以此构建平台的竞争优势，打造平台的商业生态系统，并通过价值的创新寻找企业收入和盈利的来源。

多边用户数量是所有平台的共同的核心资源，聚集在平台上的双边或多边用户数量决定着平台的核心竞争力。但在其他方面，不同的平台核心的资源和能力也不相同。如技术标准平台和技术产品平台需要平台掌握先进的关键核心技术及知识产权，拥有大规模的研发创新人员、高强度持续的研发投入；交易中介平台、信息基础设施平台及社交网络平台等均需要强大的信息系统支撑其高效、用户体验好的自动化商业流程。如微软、英特尔的技术产品平台，核心资源是掌握全球先进的技术、高强度持续的研发投入，以及拥有全球规模最大的顶尖的信息技术科学家和工程师团队；谷歌、百度的搜索引擎平台，核心资源是拥有全球领先的搜索引擎技术、各类信息资源库，以及满足大量用户并发和大量信息存储的信息系统。阿里巴巴电子商务平台的成功关键在于拥有高效、可信、安全的交易，以及支付宝等电子支付核心能力，强大的信息系统和物流网络支撑能力，这些都成为构建安全、诚信、高效和对用户极具吸引力的电子商务平台的关键要素。

4.3.3　创新收入和盈利模式

获得收入和盈利是企业生存发展的基本目标，也是市场机制有效运行的基本前提。如果不能获得稳定持续的收入，平台的创新发展将缺乏资金来源，长期可持续发展面临挑战。传统产业长期以来主要基于向用户销售产品和服务的方式获得收益。在互联网时代，人们开创了更多的收费和盈利模式。对整个产业价值链的重新解构和定位是收入和盈利模式创新的关键。平台企业的价值链更为复杂，市场的参与方更多，因此其收入和盈利模式的创新也更为多元化。

平台企业在不同的发展阶段采取的收入和盈利策略也不相同，初创期更多地采用免费或低价策略吸引用户，发展阶段由于平台的网络效应和自身的价值增加，平台可以向多边用户收费以支持平台的运营和获利。平台的收入来源主要有多边市场参与者的注册费、平台产品和服务的收费、交易中介或交易分成费、平台提供的各种增值服务收费，以及平台的广告费。平台收费的对象存在多种选择，如在评估多边市场用户的基础上，采取对一方或多方收费，对不同等级的用户采取不同的收费策略等。平台企业需要综合考虑平台的发展阶段、平台用户的特征、平台服务的成本和价值、整个平台的价值、平台企业自身的价值链定位及竞争对手的策略等因素，创新收入和盈利模式，在保障平台各方利益均衡的前提下最大化平台自身的利益。

4.3.4　开放共赢的商业生态系统

平台的生态系统比传统的基于价值链的生态系统更为复杂，平台的参与方包括平台企业、平台的多边市场用户、平台的互补品提供者及第三方平台服务商。平台上的多边用户是平台商业生态系统的核心，平台需要保持生态的活跃性和竞争性，维护平台生态的进化，因此平台不仅需要发展新用户，还要制定相应的规则淘汰不合格用户。平台需要向互补品提供商开放平台拥有的用户、技术、数据、接口等资源,并为合作伙伴提供一定的技术支持、培训支持、商业支持甚至资本支持。平台需要建立开放可控的商业规则,以及合作伙伴利益分享、风险共担的机制。

平台的开放性是平台商业生态系统良性发展的关键,平台向多边市场的参与方保持开放,不仅包括开放进入渠道,还要开放平台的资源、服务和支持,为参与方提供价值。平台还需要通过开放相应的资源和业务流程,让更多第三方服务商丰富和完善平台的服务能力,允许更多的合作伙伴共同参与平台的发展和运营,提升平台的服务能力和竞争力。平台型商业模式的关键要素的描述和比较如表 4-2 所示。

表 4-2　平台型商业模式的关键要素的描述和比较

平　台	要　素			
	核心资源能力	盈利模式	用户群体	开放商业生态 (生态参与者及提供的支持)
技术标准平台	先进的核心技术、高强度持续研发投入、大规模研发人才	标准的使用许可、知识产权的授权许可	使用、遵循同一标准的产品和服务的最终用户	遵循同一标准的各类部件、产品、软件和系统的开发企业,向其提供标准共享和技术授权
技术产品平台	先进的核心技术、高强度持续研发投入、大规模和研发人才、技术产品的持续升级和服务支持	核心技术产品的销售、互补品的授权和销售	使用平台产品及互补品的最终用户	各类互补性技术、产品和服务的开发者和服务提供者。提供技术信息、人员培训等技术支持,提供开放技术接口和开发工具包(API 和 SDK)、专利许可、风险投资等,或收购互补品厂商

续表

平　台	要　素			
	核心资源能力	盈利模式	用户群体	开放商业生态 （生态参与者及提供的支持）
交易中介平台	诚信、安全、便捷、高效的商业流程和控制；搜索、支付、交流、安全、物流等关键服务；强大的信息系统支撑能力	交易中介费用；平台的注册或会员费；第三方服务收入分享；广告费	交易平台上的买方用户	交易平台上的卖方、服务交易的相关服务商；广告投放商
信息聚合和分发平台	高质量的信息资源；版权管控技术和管理流程；良好的在线服务体验；便捷的下载购买流程支持	广告，信息内容的订阅、购买、交易中介费用	关注和消费信息内容的最终用户	信息、内容的制作者和生产者；广告投放商；提供平台的存储、展示、传播和分发及价值实现等服务
信息基础设施平台	先进的技术集成能力；强大的信息系统和网络服务体系	信息基础设施的租用费用	信息系统的租用者、托管者	信息基础设施的共建者、平台服务的开发者和提供者
社交网络平台	良好的用户体验；丰富的社交娱乐产品和服务；强大的信息系统支持	面向用户的增值和付费服务、第三方服务收入分成、广告、O2O消费	使用社交服务的个人用户	社交平台上的产品服务提供商、广告投放商、电子商务的卖方及其他通过社交平台向用户提供信息、产品和服务的厂商。对合作伙伴开放用户资源、用户信息、技术和服务运营平台，共享广告等收益

4.4 平台的运营和发展

4.4.1 平台的功能和角色

国内学者徐晋、张祥建（2006）从分析平台的管控能力出发，认为平台企业的主要功能是平台价格管制者、许可授权者（决定让谁进入平台）、竞争策划者。美国学者琳达·S. 桑福德和戴夫·泰勒（2008）在研究企业平台化发展策略时指出，一个商业平台需具备三大要素。①管理规则和管理角色：平台的功能是推动不同的商业组件的协调和合作，成功的平台需要强硬的管理规则，以及权力和利益的分配准则。②蓝图和界面的标准：组件之间连接的深度、广度及合作程度都依赖于标准化的技术、业内的管理和活动界面的作用。③整合能力：平台协调着许多参与方，要在客户和合作伙伴间建立良好的关系，平台的角色和提供的服务应具备端到端的质量和可信度。从分析中可以看出，可将平台的功能划分为三大类：平台的管理、平台的协调和资源整合。安娜贝拉·加威尔和迈克尔·麦诺（2007）在研究现代高科技企业平台时指出，平台是多个相互依赖的部件组成的不断发展的系统，构成平台的每个部件都可能被独自创新，这种平台有两个基本现象：①产品和服务的相互依赖性日益增长，②更多企业的创新能力日益增加。这就导致了平台企业面临着 3 个截然不同却又相互关联的问题，即保持平台的协调性、平台的发展、平台环境中的市场领导问题。

平台的本质是连接交易多方形成的一个经济组织形态，平台企业是平台的建设、发展和运营者；平台上各方行为的管理者；平台交易多方利益的协调者；产业资源的整合者；生态系统的维护者，对于技术平台，平台企业同时还是技术创新的引领者，其功能和角色如图 4-1 所示。

图 4-1 平台企业的功能和角色

4.4.2 平台型商业模式的特点

平台型商业模式是一种特殊的商业模式，其特殊性也表现在商业模式的四大构成要素之中，本节主要分析平台型商业模式的特性和差异性。

 多元化的价值主张

平台上的双边甚至多边参与方，都是平台的客户，即与传统的商业模式中企业的客户只有一方不同，平台型商业模式的客户价值主张也更为复杂，并且往往多边市场参与者的利益是存在一定冲突的。因此，平台型商业模式的价值主张需要关注平台多方用户的需求和特点，提出的价值主张需要同时考虑多方用户的多元化需求。

 独特的关键资源和服务能力

平台是交易中介或协调者的角色，与一般商业模式中企业是直接的产品和服务产品提供者不同，平台企业需要拥有的核心资源和关键业务能力也不同。其核心资源是为多边用户提供服务的平台服务资源和能力，以及拥有海量的用户资源，核心的业务是进行平台的管理、运营和发展，其关键能力体现在召集多边用户、平衡多方利益、规范多方行为上。

 更为复杂的伙伴关系和价值网络

平台上的卖方本身就是平台的合作伙伴，对于平台的发展和业务的丰富有关键的作用，平台的卖方数量及其多样化也是平台生态系统发展的关键。平台的卖方借助平台销售产品或提供服务，而卖方之间既有互补又有竞争关系，平台需要制定中立的管理和竞争规则，以维持平台生态系统的稳定和发展。

 多样化的收入和盈利模式

平台型商业模式的收入和盈利模式更为多样化、更具灵活性，其收入来源的对象可以是所有平台的参与方，收费方式可以采取单向收费、双向收费，买卖方收费，补贴一方向另一方高价收费等多种策略。平台的收费对象、收费方式和定价策略，对平台的发展和生态系统的发展具有重要的作用，也是调节平台自身与用户，以及不同市场参与方利益的杠杆。平台的用户规模对平台的发展和竞争力具有决定性作用，为了迅速扩大用户规模，平台在发展初期大多采取低价、免费甚至补贴的定价策略吸引和发展平台参与方，因此，会在较长时间处于微利甚至亏损的经营状态，但是一旦突破用户数量门槛或具备平台的领导力，由于平台的多边规模效应和网络效应，其收入和盈利能力也会快速增长。典型的电子商务平台如亚马逊、阿里巴巴等的盈利时间和能力也符合该规则。

4.4.3　平台的发展阶段

平台具有强大的竞争力、规模效应和网络效应。平台的发展是一个逐步发展壮大的过程，按照平台发展经营过程中的特点及其关键战略的不同，可将平台的发展分为 5 个阶段：初创阶段、发展阶段、扩张阶段、垄断阶段、衰落阶段，如图 4-2 所示。

图 4-2　平台的发展阶段

初创阶段：该阶段是平台定位其发展战略，确定客户价值主张，并召集双边用户，构建平台的产品和业务服务体系的阶段。该阶段的主要任务是定位客户价值主张，确定平台提供的产品和服务，确定平台上双边用户的对象。在平台初创期一般需要持续投入大量资金，包括平台资源的建设、平台的营销，在平台多方用户召集过程中采取低价、免费或补贴策略等也需要大量、持续的资金投入。平台初创阶段主要是投入阶段，短期内难以盈利，这也是大部分基于互联网的平台企业发展初期的一致状况，凝聚以平台为中心的用户资源是该阶段的重点工作。

发展阶段：该阶段平台的多边用户日益增多，不断形成网络效应，以及用户之间互动产生的间接和直接网络正反馈，在突破一定的用户启动规模数量临界点后，平台的用户规模会进入增长阶段，用户规模的增加使得平台逐步产生规模效应，边际成本也日益下降。在此阶段，平台一般开始调整定价策略，往往依据用户的多属性和对平台的黏性等因素，对多边用户采取一定的收费策略或停止对用户的补贴。因此，该阶段平台开始盈利。随着平台资源的集聚和增加，往往依据平台开展更多的增值服务并采取收费的模式，为平台带来更多收入，也为多边市场用户提供更好的、更个性化的服务。同时，该阶段平台也需逐步建立管理制度和交易规则，协调和约束多边市场参与者的行为，即加强平台的治理和管控。

扩张阶段：平台经过发展阶段并实现盈利之后，由于平台的巨大网络效应和规模效应，平台发展的下一个目标是凭借平台优势实现扩张，包括规模的扩张和业务范围的扩张。在平台扩张过程中，可以采取不同的策略。简单的规模扩张由于网络效应的正反馈一般较容易，基于业务范围和纵向一体化的扩张相对难度较大，可以通过自主发展或投资并购等方式实现快速扩张。平台扩张方向的选择一般是基于自身业务平台发展互补性或其他竞争性平台的发展策略，核心是拓展自身平台的优势、增强与其他竞争性平台的竞争能力。

垄断阶段：在平台实现规模和业务扩张之后，逐步形成垄断。具备垄断地位的平台可以采取的发展和竞争策略将更为自主。由于平台的垄断性，平台对其上的多边市场参与方的谈判和议价能力大幅提升，各参与方的多属性降低，因巨大的规模效应产生的平台网络价值或经济效益大幅增加，平台的盈利大幅增长。此时，平台会采取更为激进的定价策略，对多方市场参与方采取更高的收费策略，同时也提供更个性化、更多选择的平台产品和服务，以增加平台的收入。此时，平台对其他的平台竞争者也往往采取阻止竞争的策略，如采取竞争性的降价或补贴等策略。垄断的平台会导致平台本身发展的创新力、对客户的价值主张关注度下降，也对整个平台型产业的发展带来不利影响。

衰落阶段：平台企业和产业也与一般企业和产业类似，在发展到一定的阶段后逐步进入衰落，甚至消失。平台衰落的原因主要有同类平台企业的竞争和超越、平台的替代和转移、平台的上浮或下沉等。其中，同类平台企业的竞争往往是平台自身经营不善或竞争者采取了更为先进的商业模式导致的。平台的替代和转移的出现主要是由于平台产品或服务的替代品的出现，或原平台用户转移到新的平台之上，如苹果、谷歌的移动智能终端操作系统平台对微软的计算机操作系统的逐步替代。平台的上浮或下沉，主要是基于平台之上的某些业务或模式具备平台特性，在发展到一定程度后将原有的平台上浮或下沉，使得原有平台的作用、地位或盈利能力明显下降。例如，基于 OTT 的移动互联网通信业务在传统的基于链路的电信业务之上建立了新的业务平台，使电信业务平台的作用下沉，成为基础的传输通道，同时对语音、短信等基础服务的替代性也逐步增强。在该阶段，平台的用户逐渐减少、收益逐步下降，平台的产品或服务逐渐被其他产品和服务替代。衰落的平台需要及时调整和转移发展策略，利用已有的用户资源，带领平台的各参与方加快向新平台迁移，或者进一步提升原有平台产业的集中度。

4.4.4　平台的运营

平台企业对平台的运营是一个复杂的商业过程，其中主要工作包括平台的建设和用户召集、平台的资源整合和控制、平台的服务和合作、平台上多方行为和利益协调、平台的开放和授权、技术平台引领和协调技术创新等，通过这些工作促进平台的发展，平台企业自身实现盈利和增长。

 平台的建设和用户召集

平台企业首先需要依靠自身的资源和能力搭建平台，不同类型的平台，对能力和资源的要求不同，一般交易型平台、内容型平台的建设比技术型平台建设相对容易。在平台建设基本完成或基本具备服务功能，可以向特定用户提供相应平台服务时，平台企业的主要业务就是如何召集平台多边的用户，这是平台发展至关重要的环节，采取合理的定价和营销策略是竞争性平台发展初期的关键，当用户数量突破一定门槛时，平台具备了一定的网络规模，用户聚集的速度和难度将大大降低，但在该数量之前，用户召集是平台成功的关键。

平台的资源整合和控制

平台是资源的整合聚集地，除了平台企业拥有的企业内部资源，还有平台参与方向平台提供的资源，包括技术、资金、产品、服务、信息等，平台企业需要整合和有效协调利用这些资源，促进资源在平台的多个参与方之间共享和流动，实现平台资源的优化配置。同时，平台企业需要对平台的核心资源拥有掌控能力，通过自身掌握资源，或者制定适当的管理规则，加强对平台上各类资源的控制和调度能力。在平台的扩张阶段，平台企业不仅可以通过发展依附于平台的厂商聚集资源，还可以通过投资并购等方式直接加速平台资源的整合。

 平台的服务和合作

平台必须提供一些有价值或独到的服务，吸引更多参与方参与平台构建的价值网络和生态系统中，平台自身提供的服务也是平台价值主张的具体体现。平台向多边市场参与方提供的服务还可以通过合作伙伴提供，同时也向合作伙伴开放和提供平台的资源。通过平台的服务和合作，构建平台本身、平台参与方、服务合作者之间的伙伴关系和价值网络，共享资源和利益。

 平台上多方行为和利益协调

平台的多边市场参与方共生于平台构建的商业生态系统。一方面，平台企业是该生态系统的管理者和维护者，平台企业需要管理各参与方的商业行为，防止某些参与方侵害其他参与方的利益或破坏平台的生态系统。另一方面，平台企业也需要通过定价策略、管理规则、利益分成和激励机制，协调平台各参与方的利益，以确保平台的各方都能够获得利益，并伴随平台的发展共同成长。此外，平台还需要协调平台自身和合作伙伴的职能和分工，保证平台服务的质量和可持续性，丰富平台服务的多样性。

 平台的开放和授权

平台除了向平台多边市场的直接参与方开放，还可以充分利用平台聚集的资源，构建可控、组件化的开放商业平台，从而允许新的合作者接入，构建或拓展新的平台的价值体系，让更多参与者受益，维护平台商业生态系统的多样性和活力，并让所有参与者共同改进商业生态。当平台的各方商业活动和资源聚集时，会产生更多如信息、技术、知识等资源，平台企业及现有参与方难以充分利用这些资源并创造价值，需要向更多第三方服务商开放资源，为平台参与者提供更好的服务或为发挥平台资源优势创造更大的价值。例如，在电子商务交易平台发展到一定程度，聚集了大量用户和厂商交易相关的数据时，通过引入第三方企业的数据分析和服务，能够为交易双方提供更好的服务，同时也发挥了平台数据资源的作用，创造了新的价值。

 技术平台引领和协调技术创新

技术平台有许多平台部件或平台互补品厂商的参与，这些参与者在与平台相互依赖的同时，每个独立的参与者都具备独立的技术创新能力。技术平台企业自身需掌握核心的平台技术，并不断发起体系架构、技术标准、平台接口等的创新，保障平台技术的先进性，引领平台上下游及互补品的整体创新和技术进步。同时，技术平台企业需要做好技术和标准的协调，保证技术的兼容性和平台的完整性，激励互补品厂商的技术创新，以实现对平台技术的局部改善，推动平台的发展。在面临替代性技术平台或新的技术平台的竞争时，优势平台往往需要组织所有厂商共同采取竞争平台技术不兼容的策略，以抵制竞争者的进攻；弱势平台往往采取尽量与优势技术平台兼容的策略，以吸引优势平台生态系统内的厂商能够更容易、更低成本地采取多属行为，扩大平台技术的商业生态系统。平台技术的领导者还需要积极参加标准制定、风险投资和并购活动，平衡好平台、互补品开发商、用户及整个行业的利益。

4.4.5　平台对产业发展的影响

平台经济是一种新型产业组织方式，其对产业发展的影响主要体现在以下 6 个方面：

（1）建立高效的产业组织。平台经济实际上是对生产要素和资源的一种高效的优化配置方式，如技术平台能够聚集资源并对 IT 进行集成整合。

（2）平台发展本身是以信息技术和互联网为中介的，实现了商业组件、商业流程的标准化、规模化，以及产业链的专业分工细化，提高了经济效率。

（3）平台经济通过商业合作伙伴的共同创新，创造新的价值。

（4）平台经济构建了一种动态、适应性的经济组织架构，能够灵活应对全球激烈的商业竞争，在动态发展中保持经济增长。

（5）平台本身提供了信息搜寻、交易撮合、支付或交易监督等功能，降低了生产者和消费者之间的交易成本，包括信息搜寻、交易及合同实施监督的成本。

（6）平台通过对多边市场需求的对接，对多边市场参与方拥有的产业资源的整合，推动所在行业的创新，引领行业发展。

然而，平台经济的发展和壮大，即平台规模的扩大，在带来规模效应和范围经济效应的同时，由于其网络效应的放大，加速平台形成一定的垄断性，对产业发展的影响也就出现了垄断和竞争的矛盾。平台的垄断和不正当竞争会对产业发展带来不利的影响。

平台企业具备垄断性后可能对其他平台企业形成竞争压力，采取平台的补贴等价格策略击退竞争者；通过资金的优势并购其他平台；采取不正当竞争手段迫使用户尤其是多属性用户对平台选择有了排他性，快速模仿创新企业的平台业务和商业模式，从而阻碍创新企业和商业模式的发展等。这些行为都会对整个平台产业的经济效率造成损害，也会减少用户的选择权和多属性。

4.5 平台的扩张

4.5.1 平台扩张的动机和效应

平台具有典型的网络效应和正外部性，既有对单边用户的直接网络效应，又有对平台多方的间接网络效应，信息技术产业平台经济的网络效应更为明显。网络效应的特点是规模成本的递减和规模效应的大幅增加。因此，为了巩固和发展平台，实现平台的扩张、提升平台的竞争力和主导能力是平台发展的重要战略。从经济学视角看，平台的扩张主要是为了谋求规模效应和范围经济效应，以获得更多收入。

平台扩张的经济学动力主要是获得更大的需求方和供应方的规模效应。按照梅特卡夫定律，网络价值的增长速度是用户数量增长速度的平方。为了追求更大的网络效应和规模效应，平台会加剧扩张，这是由平台的基本经济特性决定的。平台的扩张能够吸引更多的多边用户加入。因此，无论是扩大用户规模、扩大卖方的规模还是平台上产品服务的数量和种类，都能吸引更多的参与者，从而扩大平台的规模，增加平台对参与者的黏性。

平台多元化发展的范围经济效应。平台的发展往往以某种服务吸引和聚集大规模用户，一旦拥有大规模用户，平台就可以为这些用户提供更多的产品和服务，带来平台的范围经济效应。这就导致平台向多元化业务的延伸和扩张，以实现不同业务之间的用户资源、基础设施，以及信息资源的共享和关联，创造新的价值，带来新的收入和利润。

平台的竞争导致平台的扩张。同类平台之间的竞争，往往是通过平台之间的互不兼容、互不连接等方式构建自己控制的平台，而参与方的多属性使得平台对多边参与方的锁定效应较弱。因此，一个平台必须通过快速扩张，以突破规模效应的临界点，进入正向发展循环，避免因竞争对手的扩张带来的失败。平台的网络效应往往使得平台的领导者也是排在第一的企业拥有绝对的市场主导权和绝大部分行业利润，平台的领导者或领导位置可以给公司带来极大的权利和竞争力，而平台的跟随者或其后的排在第二、第三名的企业仅能保持低利润运营，因此无论是平台的领导者还是跟随者，都必须通过快速扩张形成竞争优势或不被淘汰。

平台在发展到一定程度后会积累更多的平台资源或更多的多边参与方，这为平台的进一步规模化扩张或多元化扩张提供了有力的支撑条件，推动平台的扩张，促进平台的产品和服务升级，从而使平台获得更多的收入。平台在初始发展阶段往往更多地采取免费服务的方式吸引多边用户，聚集一定的平台参与方后，平台往往扩张其业务范围，向用户提供更多有增值价值的产品或服务，增加平台的收入和盈利能力。这也是平台发展，尤其是互联网平台发展采取的一种较为通用的策略，即首先吸引多边参与方，形成用户规模，然后在此基础上推出增值产品或服务，创新收入和盈利模式。

4.5.2　平台的扩张方式

按照平台的业务和内容划分，有两种扩张方式：单一业务规模式扩张及不同业务整合式扩张。单一平台业务的规模扩张或平台的规模扩张主要是不断扩大平台双边用户的数量，以提高平台的竞争力和影响力，获得平台的更大增值。不同平台的整合扩张基于不同平台的某个共性要素和资源，对不同的平台业务或内容进行整合，形成多业务型的平台扩张。

按照平台扩张是通过自身发展、业务拓展，还是通过并购其他企业同类平台或其他平台业务，可以将平台扩张的方式分为自营式扩张和并购式扩张。自营式扩张通过自营开辟新业务或扩大平台规模进行扩张，并购式扩张通过投资并购的方式进行扩张。

按照平台的扩张方向，可分为横向多业务扩张和纵向一体化扩张。横向多业务扩张主要是扩大平台的业务覆盖范围，纵向一体化扩张是平台本身向用户提供平台的供应方/卖方的产品或服务，即平台企业向平台的互补品领域或部分承担平台的供应方/卖方角色扩张，从而实现由平台向平台后端的纵向一体化扩张。如图 4-3 所示，为平台的扩张方式。

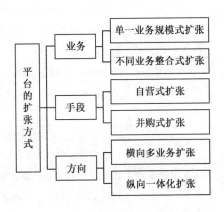

图 4-3　平台的扩张方式

互联网的快速发展使得传统的信息技术更有向基础通信网络行业发展呈现的集聚效应和网络效应。从互联网行业平台发展实践中看，存在一个 7：2：1 法则，即最大的公司占据市场 70%的份额，占据垄断地位且获得垄断利润，排在第二位的公司占据 20%的份额，基本维持微薄盈利，其他小公司分据剩下 10%的市场份额，艰难生存。例如，门户、视频、社交、地图、搜索等行业的发展都是如此。因此，目前中国互联网领域的发展正进入加快整合发展的阶段。融资上市和投资并购成为平台迅速扩张和成功竞争的关键。典型的如百度公司通过投资并购加快扩张（见表 4-3）。

表4-3 百度公司2010年以来的并购及战略投资案

时 间	投资/并购对象	金 额	说 明
2010年12月	战略投资齐家网	未公布	齐家网是国内大型建材家装领域领先的电子商务平台，当时拥有500万名注册会员和36 000个家居建材供应商。并购的目的是布局建材家装这一垂直B2C电子商务领域
2011年3月	战略投资安居客	投资5 000万美元	安居客创建于2007年，目前集团旗下共有3家网站：专注于二手房的安居客、专注于新房的爱房网和专注于租房的好租。并购的目的是布局在线房产经纪这一垂直B2C电子商务领域
2011年6月	战略投资莱富特佰	成为莱富特佰第二大股东，持股比例29%	莱富特佰以经营手机中国和汽车点评网为主，是垂直互联网领域第一家在新三板上市的企业。并购的目的是布局互联网垂直信息门户
2011年6月	投资去哪儿网	战略投资3.06亿美元，占股60%	去哪儿网上线于2005年5月，是国内覆盖最全面的旅游搜索引擎。并购的目的是进入垂直搜索引擎领域
2011年11月	战略投资深圳市百分之百	未公布，成为最大战略投资者	深圳市百分之百是中国领先的移动互联网产业创新供应链及营销服务提供商，凭借"小额直供模式"，已成为移动终端渠道销售的"黑马"。并购的目的是借助手机渠道商推广百度云智能终端软件平台，占据移动互联网入口
2011年11月	收购魔图精灵	千万美元（不详）	魔图精灵是创新工场早期投资的项目之一，拥有两款照片类应用，即"魔图精灵"和"友图"。"魔图精灵"有接近1 000万名用户。收购的目的是布局图片类搜索和移动互联网应用
2011年12月	战略投资知我网（原36团）	和IDG联合注资千万元	知我网为涵盖限时抢购、团购等服务形式的专业化妆品电子商务平台。并购的目的是布局化妆品这一垂直B2C电子商务领域
2012年12月	战略投资卓大师	约5 000万元	卓大师为一款运行于PC端的Android手机刷机辅助工具，是当时安卓应用市场中支持机型最多的安卓手机端刷机软件。投资的目的是布局移动互联网，推广百度云智能终端软件平台

续表

时 间	投资/并购对象	金 额	说 明
2012年12月	收购私募持有爱奇艺46.95%的股份	绝对控股爱奇艺	爱奇艺是2010年4月由百度创立的视频网站,并获得私募股权投资基金普罗维登斯资本5 000万美元投资。回购股份加强布局网络视频业务
2013年2月	收购移动安全公司TrustGo 100%的股权	超过3 000万美元	TrustGo 2011年创立于美国,于2012年3月发布第一款针对Android平台的移动安全和应用管理工具。并购的目的是布局移动互联网安全领域
2013年5月	战略投资糯米网	战略投资1.6亿美元,控股59%	糯米网由人人公司于2010年创立,2013年第二季度,糯米网的总交易额为约1.2亿美元,其中约30%来自移动端,活跃付费用户达380万名。投资的目的是布局O2O领域,实现"地图+线下团购+本地生活"
2013年5月	收购PPS视频,并与爱奇艺视频合并	3.7亿美元收购PPS视频全部股份	截至2012年3月,PPS客户端在所有智能终端上(手机+平板电脑)装机数量达1.54亿个,周活跃数用户达数千万名。收购目的是加强布局移动视频业务
2013年7月	收购91无线	18.5亿美元,作为全资附属公司独立运营	91无线成立于2010年9月,是拥有91手机助手、安卓市场、91移动开放平台、91熊猫看书等产品业务的国内最具实力的移动互联网服务平台之一。并购的目的是加快移动互联网战略部署。并购后,百度将形成"移动搜索+地图LBS+App分发"的移动互联网三大入口,将PC互联网的入口优势地位延续到移动互联网
2014年12月	投资Uber	数亿美元(不详)	Uber是全球最大的网络约、租车服务平台,投资Uber意在布局互联网出行服务,开启中美互联网合作新模式
2015年10月	投资入股携程	股权置换	合并方式为百度出售45%的去哪儿股权,并置换持股携程25%的股权

4.5.3　平台的纵向一体化扩张与商业生态发展的平衡

 平台纵向一体化扩张

平台往往需要大量的平台相关互补品或互补品生产和供应商，才能为平台提供丰富的产品和服务。但是，平台不一定仅作为第三方平台，往往还作为平台上互补品的卖方，从而出现纵向一体化发展的扩展策略，也因此导致平台和互补品供应商之间的竞争问题。平台的纵向一体化扩张一般是在平台发展初期，由于用户规模不大，互补品供应商的积极性和参与程度不高，互补品不足或卖方/供应方不足时，为吸引平台的买方/需求方或为用户提供更好的产品和服务体验而采取的一种扩张策略。待平台发展逐步成熟，有足够多的双边用户时，往往平台企业就互补品的提供方面需要采取策略性的方法，一方面要控制平台的发展，另一方面要避免与互补品供应商之间的竞争。损害互补品供应商的积极性会导致平台对互补品供应商失去吸引力，长期下来不利于平台的控制和发展。

但对平台有一定替代效应或关键的业务，平台企业也可能采取纵向一体化扩张方式，自己开发和提供该业务，以阻止潜在的替代品竞争者或锁定高收益平台业务。平台的纵向一体化扩张带来的主要问题和风险是与平台的互补品供应商产生直接竞争，从而影响平台的商业生态系统的发展和平衡。平台的纵向一体化往往通过捆绑销售、控制平台开放性、并购互补品供应商等方式快速推广平台企业自身的互补品，阻止外部互补品供应商的竞争。

 平台纵向一体化发展的策略选择

平台应该自身生产和提供互补品，还是让其他供应商提供互补品，主要从以下几个方面判断和考量。一是平台发展所处的阶段。平台发展的初期往往需要采取纵向一体化的发展和扩张模式，这也与一般产业初创期因产业链不完善、分工不成熟而采取垂直一体化经营策略的规律一致。在进入发展期后，平台的纵向一体化需要考虑与平台互补品供应商之间的矛盾和利益平衡。二是互补品对平台的重要性及替代性。若互补品对平台本身存在潜在的替代效应，为阻止潜在的平台竞争者和替代者的发展，则应采取纵向一体化的阻击战略；若互补品对平台的发展至关重要，直接影响平台的发展和生存，这种产品或业务宜采取纵向一体化策略，以控制和主导平台的发展。三是平台企业与现有互补品供应商之间能否形成长期合作或策略性相互影响关系。若不能建立这种关系，平台需要考虑自己开发互补品的必要性，以降低平台运营的风险，增强对平台的掌控能力。

 平台纵向一体化扩张与商业生态发展平衡的典型案例

英特尔：CPU—计算机系统总线—主板之间的进退取舍

英特尔公司在发展 PCI 总线（于 1991 年提出）技术的早期，为推广高性能的 CPU 和先进的 PCI 总线，在当时其他互补品生产商更多地基于 IBM 的 ISA（于 1984 年提出）总线标准，不愿意承担采用新的架构的风险的情况下，英特尔自己开发集成其 CPU 和实现 PCI 技术的主机板，以加快这一关键互补品的供应。后来随着其 CPU 和 PCI 总线获得市场成功，2009—2013 年英特尔又逐步退出计算机主机板生产领域，避免与互补品生产商产生利益冲突，并与主机板等计算机部件生产商建立紧密的合作关系，开放其技术标准，帮助更多的生产商加入其标准体系。

微软：由操作系统向核心应用软件的扩张

微软公司作为计算机操作系统平台的领导者，在发展 DOS 和 Windows 操作系统初期，就发展自己的 Office 系列办公软件，以提高自己的操作系统的竞争优势。在网景公司 1995 年推出浏览器产品之时，微软并没有推出自己的浏览器，但随着互联网的发展，浏览器成为互联网的入口和基于操作系统之上的另一个潜在平台时，微软于 1997 年开始自己开发 Explore 浏览器，并通过捆绑销售等方式迅速击败网景公司。当计算机由传统的商用办公应用逐步向家用娱乐方向发展时，RealNetwork 公司的 Realone 系列的音视频编解码和播放器发展迅速，微软认为这是一个重要的应用系统，因此又自己开发了 Windows Media 多媒体播放器及 WMA/WMV 音视频编解码格式，并再次通过免费捆绑销售的方式，逐步战胜 RealNetwork 公司。微软通过自己开发和提供操作系统上关键应用程序或潜在的平台型软件，采取纵向一体化扩张方式，使其操作系统功能不断加强，基本应用日益丰富，进一步巩固了平台的优势和用户黏性，也成功地阻止了潜在的竞争者。目前，微软的 Office 系列办公软件等应用软件产品的盈利已经占公司总收入的一半以上。

高通：CDMA 技术平台和通信设备的进退取舍

高通公司成立于 1985 年，由前麻省理工学院（MIT）教授艾文·雅各布斯博士（Dr. Irwin Jacobs）退休后与 6 位同事共同创立，是 CDMA 通信技术的重要推动者。高通公司在开发 CDMA 系列通信技术初期，缺少手机厂商和通信系统生产商的支持，自己开发生产了基于 CDMA 标准的手机和通信基站，待到 CDMA 标准已被广泛接受和采用时，再出售自己生产的手机和通信基站业务，避免与手机开发企业的竞争，让更多的手机厂商加入和使用该 CDMA 标准，高通只生产手机的芯片和授权通信专利技术。高通及其 CDMA 技术发展的战略进退取舍可以分为 3 个阶段。

第一个阶段（1985—1994 年）：CDMA 技术研发。高通在 1985 年便开始研究码分多址 CDMA 技术的民用化之路（CDMA 之前为美国军方的安全无线通信技术）。1989 年，高通实现 CDMA 技术的首次通话，并且与旧金山太平洋电话公司建设 CDMA 技术演示网络。1993 年，高通在 CDMA 上实现 TCP/IP 协议服务，成为手机移动数据网络的最早的倡导者。

第二个阶段（1995—1999 年）：做加法——基于 CDMA 技术的纵向扩张和全球化。1995 年高通分别成立 CDMA 专用芯片部门与技术授权部门，高通的"无晶圆厂+专利授权"模式初具雏形，旨在创造一个以 CDMA 为载体的技术开发商、设备商及运营商的生态圈。为了解决 CDMA 生态不成熟的问题，1995 年 10 月，高通以自己的系统设备为和记电话有限公司在中国香港部署全球第一家商用 CDMA 网络，1998 年 9 月推出全球第一款 CDMA 智能手机。

第三个阶段（1999—2007 年）：做减法——专注芯片设计和专利授权。1999 年国际电信联盟（IUT）选择 CDMA2000 1X 和 WCDMA 作为 3G 标准，到 2000 年年底，全球 CDMA 用户突破 5 000 万名。随着 CDMA 产业生态的日渐完善，为了打消与使用 CDMA 技术和设备的厂商竞争的顾虑，以及解决设备生产与专利授权本身存在的冲突，2000 年，高通将系统设备和手机业务分别卖给了瑞典的爱立信和日本的京瓷，只留下核心的芯片研发（fabless）和专利授权业务。从此专注于 CDMA 技术的研发演进、半导体芯片的研发及软件的进步，在 CDMA 专利的垄断优势下，确保了高附加值与高利润率。

谷歌：Andriod 操作系统和智能手机的扩张取舍

2008—2012 年，谷歌公司的 Andriod 是移动智能终端操作系统的后来者，但凭借谷歌的影响力和免费开放的推广策略，成为苹果 iOS 和微软 WinPhone 操作系统的最大竞争者，老牌操作系统厂商苹果、微软凭借在手机操作系统方面的专利，向谷歌及谷歌阵营的 HTC、三星、摩托罗拉等主要智能手机厂商连续发起专利诉讼，仅 2010—2012 年，此类专利诉讼就多达 20 多起。2011 年

8 月，谷歌以 125 亿美元的价格收购摩托罗拉移动，采取纵向一体化发展，并获得摩托罗拉拥有的 17 000 项专利，从而通过加强专利布局和产业链整合，加速推进手机操作系统的推广，同时抵御来自苹果、微软和其他公司的反垄断威胁。此举使谷歌具备了自主手机研发和生产能力，客观上，也让三星、HTC、LG 等其他手机厂商存在顾虑，从而有意降低对谷歌的依赖甚至"去谷歌化"，这种纵向一体化的扩张影响了 Andriod 生态的发展和扩张。为了让手机厂商更放心地使用 Andriod，2014 年 1 月，谷歌将摩托罗拉移动以 29 亿美元出售给了联想，并保留了 17 000 项专利中的 15 000 项专利。只是作为独立的操作系统提供商，专注于 Andriod 系统及其上的移动互联网服务，不再参与手机制造商的直接竞争。

案例与实践篇

第 5 章

商业模式创新的典型案例分析

在系统介绍了商业模式的基础和实操方法，分析了开放式和平台型商业模式之后，本章基于这些理论和分析方法，对典型企业的商业模式进行深入剖析，让读者能够深入理解如何在实际商业活动和竞争中运用这些理论和方法。

5.1 开放式创新：IBM 和微软开放策略及影响

5.1.1 IBM 开放计算机硬件架构标准及对产业发展的影响

IBM 是由托马斯·沃森于 1911 年在美国并购几个小公司而成立的国际商业机器公司，生产从刻度尺、奶酪切片到钟表和打字机等多种产品，20 世纪 30 年代，其电子制表机和打卡设备已取得市场成功。1956 年 IBM 开始研发 S/360 主机，并且因此主导了 30 多年的商业计算机市场。1965—1985 年，公司的年收入一直以 14% 的增长率持续增长，毛利润以 60% 的增长率高速增长（郭士纳，2010）。面对个人计算机市场的竞争，IBM 开发了自己的 IBM 兼容机体系架构，并取得 PC 市场的领导地位。1992 年，IBM 面临财务和发展危机，通过管理创新和业务转型，重新成为信息技术领域最成功的公司之一。IBM 从封闭逐步走向开放主要有 3 次重大的开放策略的实施。

 1961 年 S/360 主机的开放策略

在 S/360 主机研发之前，IBM 只是众多生产和销售计算机的普通公司之一，但当时每家公司都建立在自己的技术基础之上，缺乏合作，即使同一家公司，每台计算机都配有专用的外围设备，不同计算机之间无法兼容和替换，若客户想升级计算机，只能放弃原有的整个计算机。S/360 采取了各个部件之间的兼容和可替换的商业策略，使得用户升级计算机变得方便、低价，使得计算机价格更低且有更多的模块化部件可以选择。这种开放兼容的策略为用户提供了低成本和方便维护的计算机，IBM 也因此迅速超越其他主机生产商，取得市场垄断地位。S/360 历经 5 年的研发于 1961 年推出，IBM 凭借此产品在

20 世纪 60—70 年代主导整个计算机技术和产业，占据 70% 的市场份额和 90% 的利润。虽然 IBM 从技术和计算机架构上实现了模块化，在自己生产的不同计算机的部件间实现兼容和可替换，但公司全面掌控着其他相关软、硬件产品，如显示器、打印机、光盘、磁盘驱动器、数据库、FORTRAN 及 COBOL 编程语言的主导权，当时 IBM 的研发、生产、销售和服务都是自己完成的，依然是纵向一体化的封闭型商业模式。

 ## 1981 年开始的 IBM 兼容机开放策略

IBM 为了与苹果等公司在个人计算机领域竞争，以弥补其作为后来者的劣势，于 1981 年推出 IBM PC，引发了个人计算机市场的迅速增长。1981 年推出的 IBM PC 使用主频为 4.77 MHz 的英特尔 8088 处理器和微软的 MS-DOS 操作系统（Computer history museum，2006），改变了 IBM 的传统，以及当时苹果等个人计算机厂商掌控专利技术于企业内部、采取垂直一体化的封闭商业模式和产业链组织方式，采取开放、兼容、模块化、解构产业链的商业模式。1982 年，IBM 公开了其个人计算机上除 BIOS（Base Input-Output System，基本输入输出系统）之外的全部技术资料，形成个人计算机领域的开放行业标准，使得不同厂商的零部件可以相互兼容，并以 ISA（Industry Standard Architecture，工业标准架构）总线技术作为各部件间的连接标准，吸引应用软件和外围设备等互补品生产商基于该标准开发相互兼容的计算机部件。IBM 兼容机的功能日益强大，价格更具竞争力，此举使 IBM 快速并暂时占据了行业主导地位。1981 年，IBM 个人计算机部门实现近 10 亿美元的收入，1983 年占据个人计算机市场 75% 的份额，1985 年个人计算机销售量达 100 万台，收入达 45 亿美元（魏炜、朱武祥等，2009）。到 20 世纪 80—90 年代，由其让出操作系统和 CPU 市场而发展壮大的英特尔、微软等提供计算机关键部件的企业，成为计算机产业新的技术主导者和市场垄断者，并最终颠覆了 IBM 在计算机领域的

技术和市场主导地位。IBM 在面对英特尔推出 PCI 计算机架构向 ISA 架构发
起竞争时，研发并推广新的 MCI（Micro Channel Architecture，微通道架构）
架构，但由于采取专利付费授权的技术控制策略，最终被英特尔的免费开放技
术标准策略击败，失去对计算机硬件架构的主导权。

　　IBM 通过兼容机的开放策略，推动了个人计算机领域的标准化，为用户
提供更为低价、可选择部件的计算机。这种开放策略也加速了个人计算机的普
及，激发了个人计算机的市场需求。同时，也促使计算机硬件制造业由传统
垂直一体化的封闭模式走向开放的产业分工和专业化发展模式，推动着计算
机产业由垂直一体化进入"一体化解体"的垂直分工和模块化发展阶段，激
励了更多企业加入计算机制造及关键零部件行业，大大促进了整个计算机产
业的发展。1980—1992 年，IBM 兼容机及个人计算机全球总产量快速增长
（Reimer，2005，2010），如图 5-1 所示。

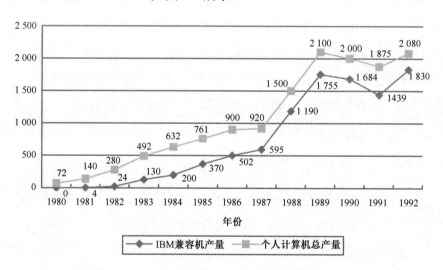

图 5-1　1980—1992 年 IBM 兼容机及个人计算机全球总产量（单位：万台）

资料来源：Reimer J.（2005，2010）。

1992 年财务危机后的开放策略

　　IBM 虽然通过兼容标准个人计算机向业界开放的策略取得了一定的成功，但其庞大的研发生产能力和技术成果并未大规模向企业外部开放，许多 IBM 的技术并未取得商业成功，如关系数据库技术的最大受益者是 Oracle，精简指令集 CPU 技术后来被 SUN 等公司实现商业化。在 1992 年遇到财务危机之后，IBM 采取了四大开放创新的策略。一是向外大量通过许可、授权或转让等方式开放核心技术和专利，从而获得收入，这一收入从 1994 年的 5 亿美元上升到 2001 年的 15 亿美元（郭士纳，2010）。二是销售核心技术产品和部件给其他厂商，包括竞争对手，而不只是供自己的计算机使用，如销售 DRAMs 内存、PowerPC 处理器芯片给其他厂商。三是将庞大的半导体生产线提供给其他厂商生产制造，从而获得大量收入，降低设备闲置率并分摊高额的固定成本；同时，与其他企业组织联合研发，降低独自进行半导体技术研发的成本和风险。四是逐步放弃依然获利的 AIX/Unix 操作系统，大力支持开源 Linux 操作系统及软件的发展。IBM 借助 Linux 操作系统和 Java 开发语言等产品为用户构建 IT 基础设施和提供 IT 服务，同时还向开源基金会捐赠 500 多项软件专利，2003 年向开源社区捐赠了 Eclipse 开发工具。IBM 通过支持开源软件从而获得高质量、低成本开放的源代码软件，降低了构建 IT 服务的软件成本（亨利·伽斯柏，2008）。

　　在 IBM 退出个人计算机业务后，依然采取开放的知识产权授权和资产出售等策略，从而获得大量收益。IBM 将其拥有的大量个人计算机技术专利向戴尔公司长期授权使用，每年获得数千万美元收益；将个人计算机业务于 2005 年出售给联想公司，获得了总额为 17 亿美元的收益，同时借助联想的渠道和合作，扩展了在中国的 IT 服务业。在 IBM 退出交换路由器业务时，向思科公司转让了大量知识产权，并与思科签署协议，借助思科的渠道捆绑销售其 IT

服务，从而获得新的收益（亨利·伽斯柏，2008）。

IBM 还成功实现了从硬件制造向软件开发再到信息服务的持续转型，在全球 IT 产业的不同时代均保持了强大的竞争力。为加快从硬件制造向软件开发转型，IBM 在 1995 年以 35 亿美元并购了当时拥有在 IBM PC 平台上被称为杀手级的应用软件 Lotus 1-2-3 的莲花（Lotus）公司。为加快拓展信息服务业务，2002 年 IBM 以 35 亿美元收购普华永道的全球商务咨询和技术服务部门——普华永道咨询公司（Pricewaterhouse Coopers Consulting）。这些基于开放战略的关键业务并购加速了 IBM 这个蓝色巨人的转型，从而实现了郭士纳所言的"谁说大象不能跳舞"。通过并购新创公司和新业务加快自身业务的转型和发展，已成为当今 IT 企业尤其是互联网企业的惯用手段之一。

5.1.2　微软开放与控制操作系统及对软件产业发展的影响

微软公司于 1975 年开始开发并向计算机厂商廉价授权 Basic 编程语言，于 1979 年开发出 Word 文字处理软件，于 1980 年收购西雅图计算机公司的操作系统并修改发布其 MS-DOS 系统，此后随着 Windows 操作系统、Office 办公套件、IE 浏览器等产品的不断推出，微软逐步奠定了在计算机操作系统上的垄断地位（Cusumano M. A. & Selby W. R., 1998）。微软通过向计算机厂商开放，低价授权其软件、大规模市场应用，建立行业标准并锁定用户，向开发者提供开发工具包（SDK）和应用程序接口（API）等多种开放可控的平台化发展策略，壮大其商业生态系统。微软独立的操作系统平台促进了整个软件业的发展，让用户使用计算机更加方便、价值更大，从而推动计算机由科学计算到工作、事务处理再到娱乐生活应用领域的发展，实现了人人都有一台个人计算机的发展理念，促进了整个计算机和软件产业的繁荣发展。

1981 年，在 IBM 采取兼容机架构，打破计算机产业垂直一体化的商业模式的情况下，微软把握了机会向 IBM 提供 DOS 操作系统，在服务 IBM 的同时，微软又将其 MS-DOS 操作系统向更多的计算机厂商授权使用，通过与计算机厂商的捆绑销售，快速拓展市场，迅速成为最早的独立操作系统开发商，占据了计算机操作系统这一关键产业链环节。在面对当时其他操作系统的竞争时，微软采取快速技术迭代并与其他操作系统不兼容的策略，逐步巩固自身市场地位并占据行业标准的地位。

微软基于其操作系统，开发并提供软件程序开发工具（SDK）、编程语言、操作系统程序接口（API），让软件开发者和软件企业开发更多的计算机应用软件，以丰富其操作系统的应用，构建并控制计算机软件的产业生态系统。通过控制自己的操作系统专利技术和 API，并向竞争对手、不同级别的合作伙伴实行差异化开放和授权策略，以此控制以其操作系统为中心的商业生态系统的发展。微软在自己开发 Office 办公套件、IE 浏览器等产品的过程中，掌控了 Windows 操作系统核心技术的优势，开发更好的互补产品，并采取与竞争对手产品不兼容、与操作系统捆绑销售等策略，从而击败 Lotus 办公软件、网景浏览器等产品。

微软的操作系统作为计算机产业重要的技术产品平台，采用了在产业链前端向各计算机厂商广泛授权，向后端应用程序开发商提供技术接口和开发工具支持等的开放式商业模式，打破了传统计算机厂商自己开发操作系统和应用程序的垂直一体化商业模式，使得操作系统成为主导计算机发展的一个核心技术平台。这种严格控制下的开放策略，在一定程度上解构了计算机硬件和软件之间的强耦合关系，让更多的软件企业基于统一操作系统平台开发应用程序，降低了软件开发的技术门槛和因兼容不同操作系统平台带来的开发成本，大大促进了计算机软件产业的发展。

微软的操作系统及基于其上的编程语言及开发工具，大大降低了软件开发和使用的门槛，繁荣了整个软件产业的生态，加速了计算机及后来各类信息终端的普及应用，从而让计算机这一昂贵的硬件资源拥有丰富的软件应用，发挥了计算机的潜在价值和最大效用，创造了巨大的经济效益和社会效益。

通过对 1960—2010 年美国商业部门计算机硬件和软件投资占固定资产投资的比例数据的分析（见图 5-2）（Robert J，2014）可以看出，1960—1980 年，美国商业部门在固定资产投资中，计算机硬件所占比例一直在上升，1980 年至今，软件投资的比例一直保持高速增长，2011—2012 年已经占 12.2%的份额，是计算机硬件投资的近 3 倍。而 20 世纪 80 年代以后，以微软为核心的软件企业快速发展，是软件产品和服务业繁荣的时代，同时也说明随着软件应用的日益丰富，IT 资产的价值更多体现在软件方面，计算机硬件日益成为软件应用运行的基础设施和载体。

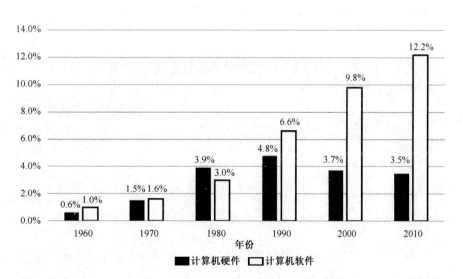

图 5-2　1960—2010 年美国商业部门计算机硬件和软件投资占固定资产投资的比例

　资料来源：美国经济统计局。

5.2　竞争环境下开放式商业模式创新：苹果和谷歌移动智能终端操作系统之争

随着硬件性能及功能的发展，以手机为代表的终端设备逐步发展成为具备类似计算机功能的智能终端设备，智能终端操作系统的功能及应用的丰富是设备智能化的关键。在 2008 年以前，早期的智能终端操作系统主要是诺基亚的 Symbian 系统、微软的 Windows Mobile 系统及黑莓的 Blackberry 系统，但与计算机操作系统相比，无论在性能和功能上都存在巨大差距。苹果公司和谷歌公司分别于 2007 年、2008 年推出了 iOS 和 Andriod 智能终端操作系统，创新了商业模式，颠覆了产业竞争格局。

5.2.1　创新：iOS 和 Andriod 系统的商业模式

2007 年苹果公司推出 iOS 操作系统，并同时推出搭载该系统的智能手机 iPhone，无论是硬件还是软件都有跨越式进步，创新的技术和产品结合苹果创新的商业模式颠覆了整个手机产业，并直接推动全球信息技术产业进入移动互联网时代。2010 年，苹果进一步将 iOS 系统搭载在 iPad 上，并将该系统陆续应用在 iPod touch、Apple TV 等产品上，形成跨不同硬件终端的操作系统。

谷歌作为全球最大的互联网服务商，也洞察到移动智能终端操作系统发展对移动互联网时代的意义。2005 年 8 月，谷歌收购了 Andriod 操作系统，2007 年 11 月联合 34 家芯片制造商、终端制造商、软件开发商、电信运营商及商业公司组建了开放手机联盟（Open Handset Alliance，OHA），共同研发和推广 Android 系统，随后以开放、开源、免费的方式发布。

　　苹果以 iOS 操作系统为核心，向后以 iPhone、iPad 硬件终端，向前以 iTunes 和 App Store 等应用服务和内容，构建"硬件+软件+服务内容"的垂直一体化商业模式。其商业模式的主要创新之处体现在以下 5 个方面：①在客户价值主张方面，苹果通过先进时尚的设计，集成创新先进的软硬件技术，触摸、语音等便捷的交互方式，简单易用的应用、服务，以及高质量的互联网内容向用户提供优质的技术和应用体验，并形成高端产品和品牌的消费心理体验。②在关键资源和业务方面，苹果自己整合芯片、终端设计，系统软件开发及关键服务内容的提供能力，在技术研发、产品设计、品牌营销业务方面形成独特的核心资源和能力。③在合作伙伴和价值网络方面，开创了以应用商店为中心的应用程序开发、分发和销售的组织模式，采取大规模协作开发、统一质量要求和分发平台，与开发者销售分成的创新模式。④在硬件合作方面，在各细分部件领域选择一到两个合作伙伴，联合研发和优化单一型号的终端产品，在硬件能力和终端设计上引领高端市场，并与合作伙伴获得高额利润。⑤在收入和盈利模式方面，从高端智能终端销售、应用软件销售分成，以及与电信运营商合作分成、应用排名和推广等多渠道获得收益。

　　谷歌以 Android 操作系统和互联网服务为平台，采取开源、免费和最大限度的开放策略，与移动互联网产业链上的硬件、软件和应用服务商开展广泛合作，打造空前开放的商业生态系统，并在市场和生态系统上快速超越苹果公司。其商业模式创新主要体现在以下 4 个方面：①在客户价值主张方面，提供开放、开源和免费的操作系统，为用户提供了基于统一操作系统平台的低价优质的多种终端设备和丰富的移动互联网应用。②在关键资源和核心业务方面，谷歌掌握先进的操作系统技术和互联网服务开发、运营能力。③在合作伙伴和价值网络方面，谷歌采取高度开放的策略，联合全球最有影响力的软件开发、终端制造和电信运营企业，建立开放手机联盟，共建商业生态系统；允许硬件和软件厂商定制开发自己的 Android 系统，允许应用开发接入 GMS（Google

Mobile Service）服务，通过免费开放技术和服务资源，扩大生态系统和市场的影响力。④在收入和盈利模式方面，主要依靠基于互联网服务的广告业务盈利。

苹果的商业模式高度整合和优化了软、硬件和服务内容等全产业链资源，推动了移动互联网和移动智能终端的爆发式发展，颠覆了传统的计算机、手机、软件、互联网等产业发展模式、商业模式和竞争规则。谷歌通过免费开放操作系统，将互联网服务的商业模式延伸到软件产业，颠覆了传统的操作系统和应用软件等软件产业有偿销售和授权的商业模式。作为苹果的后来者，谷歌通过采取更为开放的商业模式和竞争规则，扩大自身的商业生态系统，降低了智能手机的成本和价格，加速了智能终端的普及和移动互联网的发展，对整个信息通信产业的商业模式和竞争规则带来了颠覆性的和深远的影响。

5.2.2　开放：苹果和谷歌商业模式开放程度的比较

按照开放的资源和业务流程，对苹果和谷歌在智能终端操作系统上的开放程度进行比较，具体如表 5-1 所示。

表 5-1　苹果 iOS 和谷歌 Android 开放程度比较

开放内容	苹果 iOS	谷歌 Android	开放和控制的效果
专利技术授权开放	1. 不开放专利技术，并利用专利技术的知识产权诉讼打压竞争对手，尤其是 Android 体系的手机厂商，获得高额赔偿、专利费或禁止竞争对手市场销售； 2. 从知识产权保护中获利	1. 购买摩托罗拉等手机企业的专利，合作伙伴共享并抵制苹果的专利攻击； 2. 付出知识产权成本保护商业生态	苹果作为技术专利优胜者，采取封闭竞争策略，谷歌作为竞争的后来者，被迫受到苹果的专利阻拦，采取借用外部技术专利维护生态安全的方式

续表

开放内容	苹果 iOS	谷歌 Android	开放和控制的效果
技术标准开放	1．采用开源的 BSD/Unix 技术和代码； 2．遵循 BSD 开源协议，不开放软件源代码； 3．拒绝兼容 Flash 多媒体标准和支持 Java 技术	1．采用开源 Linux 技术和代码； 2．遵循 Apache 开源协议，开放大部分源代码； 3．开放兼容现有的技术	谷歌的技术开放和兼容性更强，但相应的对技术的控制较弱
技术平台和接口开放	1．不向其他硬件厂商开放授权 iOS 系统的使用； 2．自主开发 iOS 系统； 3．提供应用开发的 SDK 和 API，但对开发者有严格审核	1．向所有硬件厂商开放 Android 系统的使用，并且免费； 2．通过 OHA 联盟共同开发，并允许使用者修改定制； 3．提供应用开发的 SDK 和 API，对开发者的限制很少	谷歌比苹果更开放，苹果自身主导技术平台发展，谷歌技术基础较差，通过开放合作，技术平台发展速度更快
产业价值链开放	1．自行设计芯片、整机、操作系统、应用开发工具及基础应用，构造垂直一体化的产业链，完全主导生态系统发展； 2．自主设计硬件，外包硬件制造； 3．由第三方开发者开发应用程序，有严格的测试认证要求； 4．自建 App Store 应用商店并严格管控； 5．收费应用较多，并与开发者 3：7 分成； 6．以直营、运营商定制等销售模式为主，部分借用传统分销渠道	1．专注于 Android 系统核心研发和互联网服务开发运营，其他环节向所有市场参与开放，通过建立 OHA 联盟加强对生态系统的主导和控制； 2．基本不从事硬件设计和制造，由终端设备厂商完成（Googel Glasses 等除外）； 3．开放应用程序开发，控制较弱； 4．允许第三方应用商店发展，2010 年开始自建 Google Play 应用商店； 5．应用收费少，部分收费应用与开发者分成，但更多的是 GMS 服务与开发者分成； 6．不直接进行产品的营销推广，由终端厂商完成	谷歌更为开放，苹果更为封闭。谷歌的开放也带来其对生态体系的控制权较弱，自身在产业链中获得的价值较少的问题，但其生态的发展和市场的扩张明显快于苹果。苹果对生态体系的控制更强，并获得产业链绝大部分利润；通过垂直整合和对应用开发和分发的管理和控制，苹果产品的性能、用户体验更好，应用质量、安全性更好

续表

开放内容	苹果 iOS	谷歌 Android	开放和控制的效果
用户和数据资源开放	1. 向开发者提供一定的用户和应用数据； 2. 向用户提供 iTunes、iCloud 等内容和存储开放服务	1. 向开发者提供更为详细的用户和应用数据，并分析挖掘其价值； 2. 向用户提供 GMS 服务，并允许应用开发者接入地图、搜索、广告等服务	因拥有全球领先的互联网服务，在向开发者开放服务方面，谷歌更为开放
大规模协作开放	开放应用程序开发，丰富应用生态	1. Anriod 操作系统开源和社区众包开发模式； 2. 开放应用开发，丰富应用生态	谷歌在系统和应用开发方面都采用大规模协作模式，苹果仅在应用开发方面采用大规模协作模式
投资并购开放	并购 Siri 等关键应用	1. 并购获得 Andriod 操作系统； 2. 并购 Youtube 等关键应用	在投资并购方面，谷歌更为开放和活跃

5.2.3　绩效：iOS 和 Andriod 市场及生态系统发展比较

智能终端销量及操作系统市场占有率

　　苹果的 iPhone 和 iPad 开创和引领了全球智能终端的发展，在市场销量上快速增长，但是，由于其终端的生产和供应仅由苹果一家提供，增长速度不及谷歌的 Android 系统的智能终端。Android 系统由于全球各大终端厂商的参与，其终端销量和市场份额增长速度比苹果更快。2013 年，苹果智能手机的销量达 1.53 亿部，Android 智能手机的销量已达 6 亿部。到 2013 年，谷歌市场占有率遥遥领先的竞争格局已基本形成并锁定（见图 5-3）。

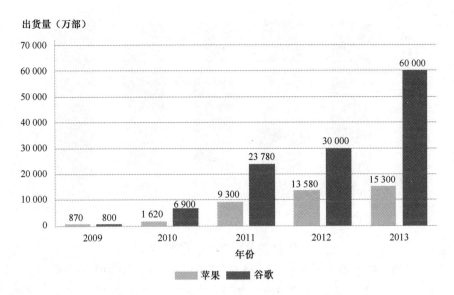

图 5-3　2009—2013 年苹果与谷歌 Android 智能手机出货量

资料来源：根据工业和信息化部电信研究院数据整理。

　　苹果 iOS 与谷歌 Android 系统都颠覆了传统的操作系统依靠向用户销售或设备制造商有偿授权的商业模式，诺基亚 Symbian 系统、微软 Windows 系统及黑莓 Blackberry 系统在这两家公司创新的商业模式竞争下，市场逐步萎缩。在不到 5 年的时间里，iOS 和 Android 系统的市场占有率由不足 20%快速增长到 90%以上。谷歌的 Android 系统由于采取更为开放的策略，已经占据绝对优势，苹果的 iOS 系统在谷歌的商业模式竞争下，发展速度放缓，市场占有率出现下降的趋势（见图 5-4）。

 应用程序数量及下载数量

　　苹果应用商店自 2008 年 3 月发布以来，应用规模及下载规模持续快速增长。

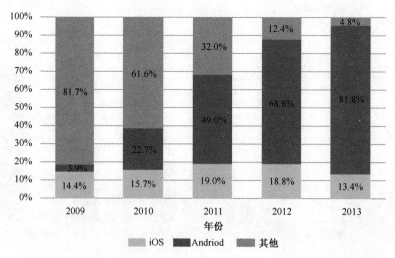

图 5-4 2009—2013 年苹果 iOS 与谷歌 Android 操作系统市场占有率

资料来源：根据 IDC 市场统计数据整理

虽然谷歌推出应用商店的时间比苹果晚，但凭借更为开放的策略，应用数量及下载规模急速增加。此外，谷歌还允许 Google Play 之外的第三方的应用商店独立发展，应用分发的渠道更为多元化。因此，事实上谷歌应用数量及下载数量已经超越苹果。

开发者数量及其收入分成

2010 年 7 月，苹果拥有 4.3 万名开发者，截至 2012 年，苹果开发者到达 84.7 万名。Android 终端用户数量比苹果更大并保持更快的增长，2010 年 7 月，谷歌拥有 1.02 万名开发者，截至 2012 年，谷歌已拥有 100 万名开发者。

苹果通过 App Store 与开发者按照 3：7 的分成模式共同分享应用程序下载的收益，开创了应用收益分成的商业模式，获得巨大成功，并被后来收费应用程序商店所模仿。Android 系统由于采取开放免费策略，更多的应用免费提供，因此开发者的直接收益不及苹果。

从竞争角度分析，谷歌作为苹果的后来者，通过采取比苹果更为开放的竞争策略，快速拓展市场和扩大商业生态系统，最终在市场上后来居上。但谷歌在更为开放的策略下，对商业生态系统的控制及价值链的控制较弱，在生态系统中的盈利能力也较弱，这也促使谷歌逐步借鉴苹果自营软件应用商店等的策略加强对生态系统的控制。同时，苹果在面对谷歌的竞争下，也逐步借鉴一些谷歌的开放策略，如 2013 年 10 月，苹果宣布 Mac 操作系统软件，iWork、iLife 等苹果计算机专用的软件免费，这给传统的计算机市场带来进一步冲击。

5.2.4　变革：基于移动操作系统的创新带来的产业巨变

苹果和谷歌围绕智能手机操作系统的竞争，尤其是商业模式的颠覆性创新不仅不断提升了自身的市场份额和竞争力，还彻底颠覆了手机产业。智能手机对全球 PC 计算机产业替代效应明显，将全球信息产业由 PC 时代推到智能手机时代，由互联网时代引入移动互联网时代。

手机及手机操作系统产业格局的巨变

2007 年 1 月，苹果推出智能手机 iPhone 并搭载 iOS 系统。2007 年 11 月，谷歌发布 Andriod 系统，自此对整个手机操作系统和智能手机行业带来了巨变。

1）智能手机操作系统产业格局的颠覆

2008 年全球智能手机操作系统市场排在前 3 位的分别是诺基亚 Symbian、黑莓 RIM、微软 Windows Mobile，市场份额分别是 52.4%、16.6%、11.8%，苹果 iOS 占 8.2%，谷歌 Andriod 仅占 0.5%。在苹果和谷歌围绕智能手机操作系统持续地进行技术创新尤其是商业模式创新的过程中，当时排在前 3 位的手机操作系统已经基本消失，苹果和谷歌占据全球 95%以上的绝对双寡头垄断市场地位。基本上经过 6 年左右，完全颠覆了全球智能手机操作系统的格局，昔日三巨头已基本消失，新的双寡头绝对垄断。

2）手机巨头的陨落

诺基亚曾是全球手机通信行业的巨头，1996—2010 年，诺基亚连续 14 年占据市场份额第一，随着智能手机时代的来临，其市场地位在 2011 年被苹果及三星双双超越。面对谷歌和苹果在操作系统领域的竞争，2011 年 2 月，诺基亚放弃继续研发自己的 Symbian 系统和支持与英特尔主导的开源 Meego 操作系统，同时宣布与微软合作共同研发微软的 Windows Phone 操作系统，企图以诺基亚的硬件能力加上微软的软件能力构建新的竞争力，但效果不佳。2014 年 4 月，诺基亚将手机业务以 54.4 亿欧元卖给微软，正式退出手机市场。2014 年 7 月开始，微软裁撤了大部分收购的诺基亚手机部门的人员，2016 年将诺基亚功能机业务以 3.5 亿美元卖给了富士康。在面对智能手机时代新技术和商业模式的竞争中，坐拥 10 多年市场头把交椅的巨头慌不择路，先是终止自己尚有潜力的操作系统，又没有选择使用有新模式和发展潜力的谷歌 Andriod 操作系统，而是选择同样在竞争中风雨飘摇的微软的 Windows Phone 操作系统，结果可想而知。2017 年 1 月，诺基亚又推出搭载 Andriod 系统的智能手机，企图重回智能手机产业，结果并不理想。

黑莓曾是功能机时代最智能的手机，其推出的具备互联网功能、能够收发邮件的黑莓手机曾是高端人士的标志。但在激烈的竞争中，黑莓坚持到 2016 年便熬不住持续的亏损，宣布关闭手机业务，一个时代的手机巨头和明星产品——黑莓手机退出了历史的舞台。

摩托罗拉是全球手机行业的开创者，于 1973 年推出全球第一款无线电话 DynaTAC，并自此长期占据全球手机市场的领导地位，也是最早进入智能手机市场的公司之一。早在 2003 年摩托罗拉就推出支持 Java 技术的 Linux 操作系统智能手机 A760。2009 年摩托罗拉也开始使用 Android 操作系统，成为谷歌

OHA 联盟的一员，但市场份额一路下滑。2011 年 8 月，摩托罗拉手机业务以 125 亿美元被谷歌收购，谷歌旨在利用摩托罗拉大量的手机专利来防御传统手机厂商和操作系统厂商对 Android 生态的威胁。2014 年 10 月，谷歌再以 29 亿美元将摩托罗拉手机业务廉价出售给联想。

3）智能手机新贵的崛起

2008 年，全球前五大手机厂商为诺基亚、三星、LG、摩托罗拉、索尼爱立信，占据 80%的市场份额。如今诺基亚、摩托罗经过多次变卖出售已基本退出市场，LG、索尼爱立信已跌出前十，三星凭借模仿和超越苹果的大屏幕，及时采用 Android 操作系统，赶上智能手机的浪潮成功实现转型赶超。据 Canalys 报告数据显示，2019 年全球手机出货量前 5 名的手机厂商分别是三星、华为、苹果、小米、OPPO。

- 第一位：三星，出货量 2.981 亿部，占据 21.8%的市场份额。

- 第二位：华为，出货量 2.406 亿部，占据 17.6%的市场份额。

- 第三位：苹果，出货量 1.981 亿部，占据 14.5%的市场份额。

- 第四位：小米，出货量 1.255 亿部，占据 9.2%的市场份额。

- 第五位：OPPO，出货量 1.202 亿部，占据 8.8%的市场份额。

另根据 IDC 数据显示，2019 年，中国智能手机出货量为 3.67 亿台，市场前五大品牌分别为华为、OPPO、vivo、小米、苹果，市场占有率达到 93.5%，其中，华为市场占有率为 38.4%、vivo 为 18.1%、OPPO 为 17.1%、小米为 10.9%、苹果为 9.0%。其他厂商仅占 6.5%。在 2008 年之后的智能手机时代，中国手机企业抓住谷歌 Android 操作系统开放生态的机会，充分利用中国强大的制造设计能力和巨大的市场，在用户细分和定位、设计创新、营销创新等各个环节进行商业模式创新，迅速崛起。但其中也存在着产业格局的不断调整和变化，从 2008 年后兴起中兴、华为、酷派、联想，到小米依靠软件设计和互联网营销的创新崛起，再到 2015 年、2016 年华为的技术、价格和品牌的强势崛起，OPPO、vivo 主打年轻人市场逐步进入主流市场，而联想、酷派的地位逐步趋弱。短短几年，经历风云变幻，这也是中国经济多年来发生变革最大、最迅速的一个产业。

智能手机产业爆发及对个人计算机产业的替代效应

谷歌和苹果的创新和竞争，直接加速了智能手机和移动互联网时代的来临，颠覆了传统的手机产业、个人计算机产业和互联网产业的商业模式。智能手机的计算、存储能力日益逼近个人计算机，且更具便携性、易用性和随时随地的联网功能，作为一种新型信息终端，对传统的个人计算机（包括台式个人计算机和笔记本）产业带来了巨大的替代效应。自 20 世纪 80 年代以来持续增长的计算机行业出现增长的拐点，市场需求持续下滑（见图 5-5）。

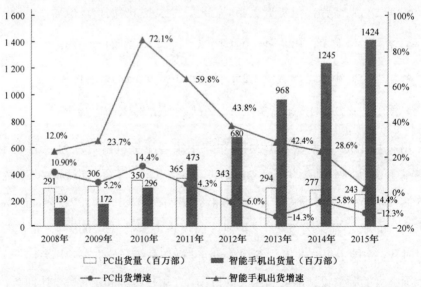

图 5-5　2008—2015 年全球个人计算机及智能手机出货量及增速

资料来源：根据 Gartner 数据整理。

2008—2015 年，全球智能手机的年出货量从 1.39 亿部增长到 14.24 亿部，增长了 10 倍。个人计算机市场增速逐步放缓并从 2012 年开始进入负增长。智能手机作为新的信息终端已经完全超越了个人计算机的地位。相应地，互联网时代也加速向移动互联网时代转型，许多传统的软件公司、互联网公司在转型过程中因为沿用以前成功的商业模式而日益衰落，更多的新兴公司因创新的商业模式而日益崛起，颠覆了传统的全球 IT 巨头的地位。一批移动互联网时代的新秀崛起了。

5.3　平台型商业模式创新：阿里巴巴多平台扩张

阿里巴巴一直将平台作为其核心的竞争力，整个公司和业务发展的历程就是通过持续创新商业模式打造平台，实现持续增长和扩张的。在此过程中，阿里巴巴紧跟和追赶全球信息技术领域的技术和商业模式创新，洞察中国的市场需求和客户需求，不断积累并充分挖掘企业自身的资源优势，在此基础上持续进行平台型商业模式创新。阿里巴巴的创新实践不仅实现了企业的快速发展和扩张，也引领着产业发展，对中国的商业模式创新、电子商务乃至信息技术产业发展都起到了重要作用。阿里巴巴定位公司发展的三大战略为平台、金融和数据。阿里巴巴的发展和商业模式创新可以分为 3 个阶段。第一阶段基本模仿国外同类企业的先进商业模式（B2B、淘宝、支付宝等）；第二阶段综合集成新兴的商业模式（天猫、云计算等）；第三阶段创新自己的商业模式（阿里云 OS、互联网金融、菜鸟网络等）。

5.3.1　阿里巴巴概况及其拥有的平台型业务

阿里巴巴成立于 1999 年，经过 20 多年的发展，已成为中国乃至全球最大的电子商务综合服务平台。公司秉承"让天下没有难做的生意"的使命，业务内容涵盖企业电子商务及新零售、云计算服务、大数据、电子支付及互联网金融、数字媒体和娱乐，并通过投资关联公司参与物流和本地服务行业，拥有员工 10 万余名。2018 财年，公司实现营业收入 3 768.44 亿元，同比增长 51%；净利润 802.34 亿元，同比增长 31%。

阿里巴巴当初的核心战略是围绕电子商务服务业，打造全面的电子商务服务业生态系统,包括商务交易平台服务、代运营服务、物流服务、信用服务、认证及安全服务、数据基础服务、支付及金融服务等(荆林波、梁春晓,2011)。电子商务服务业能够助推电子商务高速发展、降低交易成本、促进社会分工协作细化、推动创新发展、提高社会资源配置效率。但随着公司的发展,不断加强平台化拓展,目前阿里巴巴的业务分为四大板块,分别是淘宝、天猫、菜鸟、饿了么、盒马鲜生、银泰、lazada 所在的核心商业,阿里云,大文娱,以及包括高德地图、钉钉、天猫精灵在内的创新业务。2018 年市值超过 4 000 亿美元。

目前阿里巴巴集团拥有以下平台型业务(阿里巴巴集团网站,2017):

国际 B2B 电子商务平台——阿里巴巴国际交易市场,创立于 1999 年。

中国 B2B 电子商务平台——1688,原阿里巴巴中国交易市场,创立于 1999 年。

国际 B2C 电子商务平台——全球速卖通,创立于 2010 年 4 月。

中国 C2C 电子商务平台——淘宝网,成立于 2003 年 5 月。

蚂蚁金服——源自第三方网上支付平台支付宝,2004 年 12 月创立。

阿里妈妈——联盟营销和网络广告的营销技术平台,2017 年 11 月创立。

中国 B2C 电子商务平台——天猫,由淘宝网 2008 年 4 月创立,2011 年 6 月独立运营。

云计算与数据服务平台——阿里云计算,2009 年 9 月创立。

团购和促销网站——聚划算,淘宝网 2010 年 3 月推出,2011 年 10 月独立运营。

物流数据平台——菜鸟网络,2013 年 5 月创立。

除自身不断发展和扩张其平台业务外，阿里巴巴还通过频繁地投资并购，扩大或延伸平台的服务规模和范围。如表 5-2 所示，为阿里巴巴的并购投资事件统计（截至 2014 年年底）。

表 5-2　阿里巴巴的并购投资事件统计（截至 2014 年年底）

时　间	投资/并购对象	金　额	说　明
2005 年 8 月	全资收购雅虎中国	—	布局搜索引擎业务。雅虎向阿里巴巴投资 10 亿美元，获得阿里巴巴 40%的股权和 35%的投票权
2006 年 10 月	收购口碑网	500 万～ 600 万美元	进入分类广告和生活服务搜索及口碑营销领域；2008 年 6 月与雅虎合并成立雅虎口碑，8 月口碑并入淘宝
2009 年 9 月	中国万网	5.4 亿元	进入互联网基础服务领域，服务中小企业信息化。2013 年 1 月，阿里云与中国万网合并为新的阿里云公司
2010 年 1 月	战略投资上海宝尊公司	未披露	在淘宝网上为多家品牌运营旗舰店，并为这些品牌企业提供营销、IT、客户和物流仓储服务等整体电子商务服务
2010 年 6 月	收购美国 Vendio Services 公司	未披露	通过收购美国电子商务 SaaS 服务商 Vendio，将"全球速卖通"与 Vendio 平台实现对接，为海内外用户提供一站式电子商务解决方案
2011 年 5 月	收购 CNZZ	约 1 500 万美元	进一步整合电子商务服务业产业链。CNZZ 为国内知名免费流量统计技术服务提供商
2011 年 7 月	领投美团网 B 轮融资	5 000 万美元	投资团购行业，为消费者和本地中小商家提供更好的服务
2012 年 11 月	战略投资陌陌	未披露	布局移动社交网络，加快 O2O 战略与本地服务的结合。陌陌具备基于位置的群组的社交功能
2012 年 11 月	战略投资丁丁网	未披露	布局 O2O，通过丁丁优惠的本地生活服务对接 O2O 电子商务
2013 年 4 月	收购虾米音乐	未披露	将淘宝打造成以购物为中心的多媒体的生活化平台，提升用户的购物体验

续表

时 间	投资/并购对象	金 额	说 明
2013 年 11 月	收购友盟	未披露	布局移动互联网和大数据。更快开发移动应用，抢占手机客户端流量入口，同时加快友盟数据价值的变现
2013 年 4 月	入股新浪微博	5.86 亿美元	持有新浪微博 18%的股份，通过双方的用户账号互通、数据交换、在线支付、网络营销等合作，发展基于数亿的微博用户与电商消费者有效互动的社会化电子商务
2013 年 8 月	再次战略投资 UCWEB	未披露	UC 浏览器是移动终端用户量最大的浏览器之一，同时阿里巴巴借助 UC 掌握移动互联网的重要入口
2013 年 5 月	入股高德地图	2.94 亿美元	抢占互联网入口，加快布局 O2O。收购 28%的股份成为第一大股东
2013 年 10 月	入股天弘基金	11.8 亿元	持有天弘基金 51%的股份，布局互联网金融领域
2014 年 2 月	并购高德地图	11 亿美元	加强地图服务领域的整合和布局
2014 年 4 月	入股华数传媒	65.3 亿元	布局互联网电视领域。马云个人控制的杭州云溪投资合伙企业持有 20%的股份
2014 年 4 月	入股恒生电子	32.9 亿元	布局互联网金融领域。马云个人控股的浙江融信通过恒生集团，持有恒生电子 20.62%的股份
2014 年 6 月	收购 UC 浏览器	未披露	抢占移动互联网入口
2014 年 6 月	文化中国传播	62 亿港元	布局电影及电视节目制作和视频媒体资源和版权，获 60%的股权，成立阿里巴巴影业集团
2014 年 4 月	优酷土豆	12.2 亿美元	加强视频业务布局，构建大文化和娱乐板块的竞争力

5.3.2　电子商务平台：B2B—C2C—B2C

电子商务交易平台是典型的平台型商业模式，电子商务有 B2B、C2C 和 B2C 等模式。在阿里巴巴创业之初于 2000 年推出中国首个面向出口型中小企业的 B2B 电子商务平台——中国供应商，主要采取注册会员费的收费方式。为加强电子商务交易的诚信和信用服务，于 2002 年 3 月推出诚信通服务，以提高电商交易的诚信保障，并向诚信通注册会员收取年费，此外，还通过网络广告和竞价排名等服务获得收入。

随着电子商务的发展，网络购物成为全球互联网发展的趋势，亚马逊、eBay、当当等 C2C 和 B2C 电子商务交易快速增长。2003 年 5 月，阿里巴巴投资建立淘宝网，进入 C2C 电子商务领域。当时国内 C2C 已形成多家竞争格局，尤其 eBay 易趣已经占据近 80% 的市场，淘宝作为 C2C 平台的后来者，其发展初期的关键是召集平台的双边用户。当时 eBay 易趣对卖家收费，对买家免费，在此形势下，淘宝从召集卖家出发，宣布 3 年免费策略，快速吸引了大量 eBay 易趣的卖家转移到淘宝网。此举也降低了网上开店的成本和门槛，吸引了更多人到淘宝网成为卖家，不仅加速了淘宝网的发展，也加速了中国 C2C 领域的整体发展。淘宝网面对其他厂商的竞争，创新性地提出更贴近平台用户的价值主张，打造更好的购物交易体验。一是 2003 年 10 月，淘宝网推出支付宝，向用户提供简单、安全、快速的支付工具，eBay 易趣的 Paypal 支付建立在信用卡体系之上，当时信用卡在中国尚未普及，支付宝采取更为灵活的与银行储蓄卡合作等模式，方便用户使用。二是 2003 年 11 月开通即时沟通软件贸易通，方便买卖双方交流。当时 eBay 易趣等平台为维护其中介利益，不允许买卖双方直接交易，贸易通从为用户创造价值的角度出发，打破了这一商业规则。三是淘宝提供更为贴心的服务，如称淘宝卖家和员工为"店小二"，快速处理客户咨询和投诉等。四是建立买卖双方的信用体系和相互评价机制，加强信用体系的建设。基于以上环节的创新，淘宝网成为一个集交易、支付、信用、认证及物流信息于一体的电子商务平台，并迅速成为中国最大的 C2C 电子商务平台。

2008 年 4 月，淘宝网推出"品牌商城"，正式进入 B2C 领域。由 C2C 进入 B2C 的战略主要基于以下原因：一是淘宝网以免费策略战胜其他 C2C 平台，但也导致淘宝网难以盈利，由于卖家对价格的敏感性，以及卖家的平台多属性及平台转移成本低，淘宝难以通过向卖家收费而获利；二是迫于资本方的压力，淘宝需要提升盈利能力；三是 C2C 平台上成熟的支付、信用、物流等服务能力及大规模的买家用户，可以迅速服务于 B2C 业务并加快盈利。在此形势下，淘宝网将一些发展壮大的卖家变成"网商"，并向其提供店铺服务、域名服务、信息服务、保证金等收费的增值服务，以提升盈利能力。2011 年 6 月，阿里巴巴将淘宝的 B2C 业务独立运营，成立天猫 B2C 商城，通过淘宝网积累和完善的电子商务平台服务体系和庞大的用户规模，天猫商城快速发展成为国内最大的 B2C 电子商务平台。

据阿里巴巴 2019 年财报，截至 2019 年 3 月底，淘宝天猫整体移动月度活跃用户达 7.21 亿人，比 2018 年同期和上一季度上涨 1.04 亿和 2 200 万人，年度活跃消费者达 6.54 亿人，比 2018 年同期增长 1.02 亿人，其中 77%的新增用户都来自三四线城镇及农村地区。有 20 万个品牌进驻天猫平台，已有超过 100 个奢侈品牌入驻天猫奢侈品馆并开设天猫官方旗舰店。2019 财年，中国零售市场 GMV（成交总额）为 57 270 亿元（8 530 亿美元），同比增长 19%。

5.3.3 互联网金融平台：支付宝—余额宝—蚂蚁金服

2003 年 10 月，阿里巴巴为解决淘宝网交易的资金支付问题推出支付宝，随着支付业务的发展，2004 年 12 月将支付宝独立运营，逐步开放其支付服务功能，向除淘宝网之外的其他用户提供服务，发展成为独立于淘宝的第三方支付平台。支付宝向用户提供创新的价值主张，如先验货后付款机制、赔付机制等，提升了交易的信用度，加快了支付宝及淘宝网的电子商务交易量。从核心资源和关键业务方面分析，支付宝的发展立足于淘宝网的基础设施（如 IT 基础设施和安全支付技术保障等）、与现有银行等金融机构的合作网络、服务淘宝网积累的成熟的业务流程等核心资源和关键业务。在合作网络和生态系统拓展上，支付宝开放第三方支付服务功能，向淘宝网之外的更多用户提供服务，创造更大的价值；不断扩展与传统银行等金融支付体系的合作伙伴网络；扩展水电气等公共服务的缴费服务，增加普通用户的黏性。支付宝与国内大部分银行机构，以及银联、Visa 和 MasterCard 等传统第三方支付厂商建立广泛的合作，为各个行业商家的网上交易业务提供支付解决方案。通过业务的拓展，进一步扩大了支付宝平台的多边市场参与方的规模，最终成为活跃用户数量超过 4.5 亿人的全球最大的第三方在线支付平台。

随着电子商务交易服务和支付宝的支付服务的发展，阿里巴巴积累了大量商户和消费者的交易和信用数据，此外，商家有快速获得小额贷款、消费者有将账户余额投资增值的潜在需求。阿里巴巴立足于这些潜在需求和自身积累的数据资源，规划金融版图，充分利用电子商务平台和互联网的数据化运营模式，向商户和消费者提供高效、便捷的互联网金融服务。

2010 年 6 月，阿里小贷推出，其价值主张是"让天下没有难借的钱"，解决中小企业和商家贷款难的问题。阿里小贷陆续推出了面向阿里电子商务平台上的小微企业和个人创业者，以及电子商务平台之外的小微企业的"金额小、期限短、随借随还"的纯信用小额贷款服务。该服务无须抵押、在线操作、利息低、门槛低。

2013 年 6 月 13 日，支付宝联合国内的天弘基金推出余额增值服务——余额宝。支付宝用户把钱转入余额宝即购买了由天弘基金提供的增利宝货币基金，可按日计利。基金购买随进随出，灵活提取，余额宝内的资金可随时用于网购支付。相较于传统的基金理财服务，余额宝创新性地提出了独特的价值主张：1 元起买、灵活提取、按日计利、在线自动操作等，为支付宝的用户提供了余额增值服务，让更多人便捷、无门槛地购买基金理财产品。2013 年 10 月，阿里巴巴宣布以 11.8 亿元入股持有天弘基金 51%的股份，加快布局互联网金融领域。据余额宝公开的最新统计数据显示，截至 2017 年 1 月，余额宝用户数超过 3 亿人，总规模已突破 8 000 亿元。

2014 年 10 月，阿里巴巴在支付宝的基础上正式成立蚂蚁金融服务，打造专注于服务小微企业与消费者的金融服务供应商。2015 年，蚂蚁金融服务推出信用评分服务——芝麻信用，2015 年 6 月蚂蚁金融服务集团正式成立中国首批私有网上银行之一——网商银行。

至此，蚂蚁金融服务集团旗下业务包括支付宝、余额宝、招财宝、蚂蚁举报、蚂蚁花呗、蚂蚁金融云、芝麻信用和网商银行。在阿里巴巴最具优势的电商平台之外形成了一个互联网金融服务平台。

支付宝及移动支付的发展对中国整个互联网产业的商业模式创新，尤其是收入和盈利模式的创新带来巨大的启发。早期互联网业务多靠广告盈利，实际上是一种 2B 的收费模式。面向个人的互联网服务收费一般具有小额多次的特点，这在传统依靠银行或现金交易等支付方式环境下，其便捷性和可达性是制约 2C 服务业务发展的瓶颈。早期如通过线下渠道售卖游戏点卡（或包月卡），或者通过移动电信运营商的手机扣费等支付渠道，或者依赖线下渠道，或者依赖运营商的平台，成本非常高，许多 SP 增值业务给电信运营商的分成甚至超过 50%。支付宝和微信支付等移动支付的发展很好地解决了这个问题，大大加速了中国的互联网和移动互联网产业更多的付费服务业务的发展。

互联网企业的移动支付业务大大降低了银行业的零售银行（主要服务普通个人业务）业务的运营成本，支付宝、微信支付通过与银行卡的绑定，能够快速实现一定额度的收支服务。银行在服务网点、柜台人员、ATM 部署、现钞押运，甚至致力于发展的网上银行和手机银行的业务成本都大幅下降。在降低了银行等传统金融服务的成本的同时，也为更多用户提供了普惠的金融服务。由支付宝、余额宝的创新发展，各种第三方支付工具和面向个人理财的"宝"如雨后春笋般出现，也使中国互联网金融发展呈燎原之势。

5.3.4　战略性技术和基础设施平台：阿里云计算和阿里云 OS

 阿里云计算基础设施平台

随着电子商务业务的快速增长，阿里巴巴的 IT 基础设施日益复杂，并具备对交易的可靠性、安全性和并发性提供有效支撑的能力。因此，阿里巴巴具备强大的信息基础设施建设和运维能力。因此，阿里巴巴采取类似亚马逊和谷歌的商业模式，将自身的 IT 基础设施向外开放，为广大企业和 IT 服务商提供云计算基础服务。2009 年 9 月，阿里巴巴成立阿里云计算机公司，布局云计算服务业务发展，向用户提供计算、存储、数据库及网络带宽等低成本、高效率的云计算基础服务。云计算服务采取按需定制和租用的商业模式，大大降低了用户自己建设和运维 IT 基础设施的成本，获得更为先进、安全、专业的 IT 基础设施服务。阿里巴巴通过开放 IT 基础设施和专业化的服务能力，获得新的盈利。

2018 年，阿里云营收为 247 亿元，已是亚太地区最大的云计算服务供应商，运行着几十万家客户的电商网站、企业管理软件、游戏、移动应用等各类应用和数据。支撑着天猫、淘宝每年"双 11"活动产生的数亿份订单，其客户和合作伙伴包括传统互联网企业、新兴移动互联网企业、IT 解决方案厂商、软件服务化厂商，以及相关政府和公共服务机构等。随着技术能力的提升，阿里巴巴逐步摆脱传统的商业软件和 IT 架构的约束，采用开放架构和开源软件，实施 IOE 策略，逐渐摆脱 IBM、Oracle、EMC 等商业 IT 系统厂商的制约，进一步降低了 IT 基础设施建设和运营的成本，加强了技术和成本的可控度。

 ## 阿里云移动终端操作系统平台

移动互联网的发展成为全球信息技术发展的新热点。移动互联网操作系统是移动互联网产业的核心和移动互联网服务的入口，在苹果、谷歌等全球 IT 巨头布局移动操作系统之际，阿里巴巴收购了一个操作系统虚拟机的团队——猛犸科技，并于 2011 年推出阿里云移动终端操作系统。阿里巴巴认识到手机等智能终端能让更多人随时随地接受互联网服务，移动互联网将对基于计算机的互联网服务存在一定的替代效应，重新改变互联网服务的格局，电子商务、电子支付等关键业务的移动化发展是大趋势。阿里云 OS 与阿里的电商、支付及云计算等平台在技术和业务上深度集成，打造云端一体化的操作系统入口和移动互联网服务体系，以占领移动互联网时代的竞争制高点。

阿里云移动操作系统采取开放兼容的商业模式，在技术上基于主流 Android 系统的深度替换，在自主发展演进的同时兼容 Android 的应用生态。在市场推广策略上，采取全面开放合作的互联网思维：一是采取免费甚至补贴终端厂商的策略，通过其后的互联网服务获得收益；二是与手机方案设计商、芯片商及终端制造企业深度合作和优化定制，缩短产品开发上市时间；三是通过阿里巴巴电商平台专设阿里云手机频道，通过电商渠道采取直销、定制等模式创新；四是结合阿里电商平台上的用户消费记录和信用等级，与电信运营商合作，向优质用户推出 0 元购机政策；五是与电视及机顶盒厂商合作，拓展数字电视市场。截至 2015 年年底，阿里云 OS 累计手机用户最高超 4 000 万人。

随着 Android 系统在全球市场的垄断，阿里云 OS 向汽联网转型发展，自 2015 年阿里巴巴与上汽集团合作，依托阿里云 OS 进军车联网领域，2015 年 3 月，阿里巴巴与上汽集团共同投资设立 10 亿元基金组建斑马网络。2016 年 7 月，全球首款搭载基于阿里云 OS 的斑马智行系统的互联网汽车上市。2018 年 9 月，斑马网络完成超 16 亿元首轮融资，成为目前国内最大的车联网平台公司。

5.3.5　基于数据资源的物流基础设施平台：菜鸟网络

电子商务的发展带动了中国物流业的快速发展，但物流行业作为传统产业，其服务效率和发展速度明显滞后于基于互联网的电子商务的发展，成为中国电子商务发展的瓶颈。阿里巴巴作为国内最大的电子商务企业，进一步完善电子商务行业的生态系统，与国内主要传统物流快递企业共同投资成立菜鸟网络科技有限公司。2013 年 5 月 28 日，阿里巴巴集团、银泰集团联合复星集团、富春集团等投资机构与顺丰集团、"三通一达"（申通、圆通、中通、韵达）等主要快递企业宣布共同投资建设"中国智能物流骨干网"，利用物联网、云计算、网络金融等新技术，加速现代物流和电子商务的发展。

菜鸟网络在现有物流业态的基础上，以数据驱动，建立一个开放、共享、社会化的物流基础设施平台，以数据为核心，通过社会化协同，打通了覆盖跨境、快递、仓库、配送、农村、末端配送的全网物流链路，提供了大数据连通、数据赋能、数据基础产品等。菜鸟网络还打通了跨境、仓库、配送链条，将不同的服务商串接在一起，为商家提供了仓配一体化解决方案、跨境无忧物流解决方案等，商家可以专心进行营销，仓储物流等的解决方案只需交给菜鸟网络即可。截至 2015 年 11 月，菜鸟网络通过接入快递公司、仓配服务商、日日顺、苏宁物流、落地配公司等，让中国超过 70%的快递包裹、数千家国内外物流、仓储公司及 170 万名物流和配送人员的数据都在菜鸟数据平台上运行（菜鸟网络网站，2017）。2019 财年，菜鸟网络在末端物流解决方案和国际及跨境物流解决方案上持续取得进展。在城市地区，菜鸟驿站在社区及校园的站点、居民区的自提柜，与菜鸟快递合作伙伴的末端配送网络形成重要互补。2019 年 3 月，集团旗下中国零售平台每日产生的包裹中，有超过 10%经由菜鸟驿站处理。2019 财年内，菜鸟网络通过对中国两家主要快递公司中通快递和申通快递的投资，加强了与快递行业的关系。在国际物流方面，菜鸟网络还服务了超过 75%的全球速卖通订单和超过 90%的天猫国际订单，并为全球速卖通、天猫国际、天猫海外的 75 万商家提供进出口服务。

阿里巴巴以电子商务平台为核心，利用其积累的大量网络数据资源，向支付、金融和物流等电子商务相关服务领域延伸和拓展，采取多元化平台扩张战略，在扩大了自身的商业版图、获得更大的发展和盈利的同时，也加快了中国电子商务服务业生态体系的完善。其技术和基础设施平台、互联网金融平台、智能物流平台的建设和发展，也创新了信息技术服务、金融服务和物流服务的商业模式，促进了中国 IT、金融和物流行业的创新和发展。

阿里巴巴的基于平台型商业模式的持续创新，在发展初期的平台用户召集、发展阶段的平台扩张策略，以及跨平台的资源整合利用等商业实践，都是本书中所讲的平台型商业模式理论的典型案例和很好的实证。

第 6 章

颠覆者：全球 IT 及互联网产业
商业模式创新历程和趋势

IT 产业是一个不到百年的年轻产业，互联网产业更是一个新兴产业，技术创新此起彼伏，商业模式创新不仅颠覆了 IT 产业，也正在颠覆和渗透更多的行业。本章我们一起回顾这些激动人心的颠覆者和他们的商业模式创新，展望未来商业模式的创新趋势。未来会更加激动人心！

6.1 IT 及互联网产业商业模式创新的原因和特点

6.1.1 驱动 IT 及互联网产业商业模式创新的原因

驱动 IT 和互联网产业商业模式创新的原因如下。

一是技术进步，信息技术自身的创新和发展促进了商业模式创新，也为商业模式创新提供了基础支撑，如电子商务及后续的基于互联网的各类商业模式创新均是在互联网发展的背景下产生的。

二是应用的广泛和普及，信息技术由最初的科研机构向商业企业再向个人消费者普及，应用的广度和深度不断加大，信息技术应用的市场日益多元化、需求日益差异化，促进了面向不同客户价值主张和市场需求的商业模式创新。

三是竞争的日益激烈，信息技术创新和应用促使信息产业快速发展，更多的人才、资本等加速流入该产业，创新及创业非常活跃，并且形成了全球性的开放的高度竞争的产业发展格局。激烈的竞争迫使企业通过加速商业模式创新形成竞争优势、赶超竞争对手或开辟新的蓝海。

四是随着向服务和内容的发展，市场和用户需求日益多元化、个性化，传统的硬件日益标准化和组件化，包括硬件、软件等信息系统日益成为信息基础设施，信息服务和内容的发展和繁荣更加贴近也更能满足不同类型的客户的个性化需求，为商业模式创新提出新的价值主张提供了巨大空间。随着信息技术的发展及产业链环节的分工，竞争日益激烈，创新速度加快，创新空间加大，商业模式创新日益重要和频繁。20 世纪 80 年代之前是计算机技术的逐步成熟期，主要是基础技术的创新，应用范围较小，市场处于拓展期，竞争比较缓和，因此并没有重大的商业模式创新。在 2000 年之后，随着互联网的发展，以及服务和内容在信息产业链中的作用变得更加重要，信息技术逐步走向服务化、内容化和多元化，更体现了用户需求的多元化，因此驱动了商业模式创新的爆发式发展，新型商业模式不断出现，新兴企业通过商业模式创新逐渐赶超传统的企业，形成垄断产业的格局。

6.1.2　IT 及互联网产业商业模式创新的特点

商业模式创新是一项系统性工程，其本身具备系统论中作为一个系统的相关特性，如开放性、动态性等。而信息技术产业自身的诸多特点和经济规律，让信息技术产业的商业模式创新具备更多的特点，本节将进行全面的分析和归纳。

系统性

商业模式涉及企业内部生产经营管理的各个环节和外部复杂多变的环境，商业模式本身也包含多个不同的要素和构造模块。因此，商业模式创新是一项系统性工程，其中各个要素和模块彼此关联、相互影响，每个要素和模块的创新都可能带来商业模式的创新。一个成功的商业模式往往需要各个要素和模块之间协调和互动，形成一个有机整体。商业模式创新需要系统性地评估和设计各个要素和模块，在商业模式实施过程中也需要对企业内部经营管理的各个方面进行系统性改造，以适应新的商业模式。

开放性

商业模式创新理论起源的背景是技术创新和企业外部商业环境的加速变化。商业模式本身也非常关注企业的外部环境及企业之外的经济资源和要素，是一个开放系统。此外，由于信息技术产业的技术创新和知识扩散快、竞争异常激烈、技术和产品的互补性强等特点，信息技术产业的商业模式更具开放性。只有面向开放竞争的环境、充分利用企业外部资源和要素来设计和创新商业模式，才会形成一个成功的商业模式。事实上，从全球信息技术产业发展历程来看，日益开放是该产业发展的一个重要的特点，封闭的商业模式最终都会被更为开放的商业模式超越。

 动态性和持续性

商业模式的创新和形成是一个动态演变的过程，由于企业内部和外部环境的不断变化，商业模式创新也必须主动适应内外部环境的变化。只有随着环境的变化进行动态调整，才能够支持企业的持续生存和发展。信息技术产业技术变化快、竞争对手、互补品厂商、新技术的创造者和新市场的进入者频频出现，产业竞争格局及全球化的市场环境变化迅速，信息技术企业的发展和兴衰速度往往比其他行业更快。因此，信息技术领域没有一成不变的商业模式，商业模式创新是一个动态演变的过程。此外，随着客户价值主张的变化催生新的市场需求，竞争者或后来者对成功的商业模式的模仿等因素，要求企业必须面向新的客户价值主张，设计全新的商业模式。因此，商业模式创新是随着企业经营发展需要持续开展的战略，只有持续地创新商业模式，才能战胜竞争对手或避免同行的模仿，实现企业的持续增长。

平台性

由于信息技术产品的高度互补性及网络效应，标准、技术、网络等均呈现明显的平台引领性，往往由 1～2 种标准、技术或网络主导整个产业的发展，与主流或主导性标准、技术或网络不兼容的往往难以发展。这就容易形成标准、技术、网络的平台，这些平台引领着产业发展，这也导致在信息技术产业容易形成寡头垄断的竞争格局。例如，微软在 PC 操作系统、英特尔在计算机 CPU 领域、苹果的 iOS 操作系统和谷歌的 Android 操作系统在手机操作系统领域形成的垄断或垄断竞争格局，在互联网领域同一细分产业的集中度也非常高。信息技术企业商业模式创新的目标往往是成为主导产业发展的平台型企业，从而引领和主导客户价值和互补品厂商围绕平台构造商业生态系统，获得持续的盈利能力和竞争优势。相应地，小企业或新兴企业的商业模式创新往往也需要充分利用现有产业内的平台资源，通过接入平台，快速、低成本、低风险地获得发展和创新的关键资源，实现快速增长。

 颠覆性

传统行业的发展变化相对较慢，大多数企业处于渐进式的变革中。信息技术产业由于其技术创新的密集性及其作为通用目的技术渗透性强的特点，商业模式的创新往往是对原来企业经营、产业发展和商业规则的颠覆性变革。这种颠覆性变革不仅体现在信息技术产业内部，还随着信息技术应用的渗透，给其他行业带来颠覆性的变革。例如，电子商务对传统零售业的颠覆、基于互联网及 Web 2.0 的新媒体对传统平面媒体的颠覆、新兴的互联网金融对传统金融行业带来的挑战等。也正是信息技术产业的商业模式创新颠覆了许多传统的商业规则，使得信息经济或者说网络经济引领了新经济学的研究热潮。

收益及盈利模式的多元性

传统行业的盈利模式相对简单，基本上都是向消费者销售产品或提供服务，然后从消费者处获得购买产品和服务的收益。这一模式是人类社会进入商品经济以来的基本规律，也是一切商业活动开展和市场经济运行的原始动力。

但随着信息技术产业的出现尤其是互联网的快速发展，出现了向消费者免费提供信息产品和服务的商业模式，这主要是基于信息产品低边际成本的特点，由于向最终消费者提供的信息免费，这就使得信息及服务提供商必须从其他渠道获得收益，而这也往往是一个信息技术企业商业模式的关键，如通过广告业务收费、向产业链上游的前向收费、产品免费而服务收费、基础服务免费而增值服务收费，以及向其他商业参与方转移收费等多元化的定价、收益和盈利模式。

 ## 技术创新和商业模式创新互相促进

信息技术产业技术变革的密集性、技术发展的成熟度，以及应用的普及性远远强于其他如新材料、新能源、航空航天等技术。信息技术自身具备许多特殊的技术经济特征及广泛深入应用，使得信息技术的商业模式创新也十分密集。事实上，也正是 20 世纪末互联网技术的蓬勃发展才让商业模式创新引起学术界和商业界的广泛关注，并成为一个热点。创新的先进技术必须借助一个精心设计的商业模式，才有可能成功实现商业化。商业模式创新是让技术创新成果快速商业化并广泛应用的重要推动力量。另外，每次重大的技术创新都会催生许多商业模式的创新，并且商业模式创新中也大多包含了一定的技术创新。因此，信息技术产业的商业模式创新和技术创新相互影响、相互促进。也正是技术创新和商业模式创新这两个轮子驱动了信息技术产业的快速发展，并给人类的经济社会发展带来巨大的推动力。

▌▌6.2 IT 及互联网产业商业模式创新图谱

在全球 IT 和互联网产业简短的发展史上，技术创新被认为是驱动整个产业变革创新的主要动力。事实上，自 20 世纪 80 年代开始，一些典型的企业就结合技术的创新，不断创新商业模式，颠覆传统理念和思维，推动着 IT 和互联网产业的繁荣发展，成就了信息时代一大批全球知名公司，也正是这些大公司或组织在全球化时代输出其创新的理念和商业模式，加速了全球经济的一体化，也让商业模式创新成为全球关注的热点。

图 6-1 为 IT 及互联网产业重要商业模式创新图谱，从两个维度分类总结了信息技术产业领域的重要商业模式创新。第一个维度是坐标的横轴——时间轴，这一时间轴也可以将其描述为信息技术的几个重要的发展演进阶段，从 20 世纪 80 年代前的大型计算机时代，80—90 年代的个人计算机时代，到 90 年代末至 2000 年的互联网时代，再到 2010 年以后的移动互联网时代。这 4 个阶段也是计算机和信息技术从科学计算和科研领域，到企业商业领域，再到家庭和个人领域，最终向无所不在的普适计算领域的发展，其应用领域日益广泛。纵轴按照信息技术的产业链环节划分，分为硬件、软件、服务、内容 4 个重要的界限明显的产业链环节。

在图 6-1 中总结列举了信息技术产业重要的商业模式，选择和确定全球信息技术产业发展过程中重要商业模式的原则和标准为：一是该企业是某商业模式的开创者或早期实践者；二是通过该商业模式企业取得巨大成功，并且获得持续发展（有些企业是某种商业模式的始创者，但后来企业经营并未持续取得成功，不列入此图）；三是该商业模式对信息技术产业的发展有重大或颠覆性的影响，促进了整个产业的创新和发展。

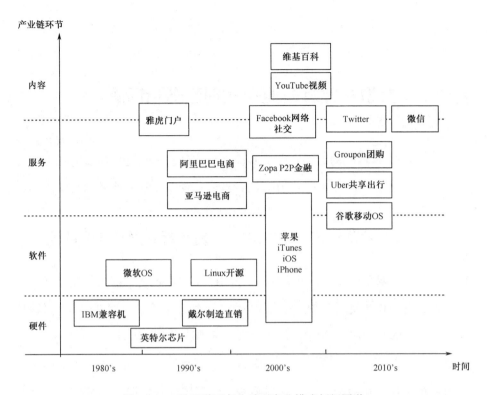

图 6-1 IT 及互联网产业重要商业模式创新图谱

从发展历程来看，商业模式创新经历了如下过程：最初的大型机的纵向一体化模式—个人计算机的产业专业化分工和硬件组件化模式—软件和 CPU 的平台化发展模式—软件的开源发展模式—电子商务模式—互联网的免费模式—内容和应用商店的平台化运营模式—外包到众包模式—云计算的公共资源商业模式。今后还会出现更多现在难以预测的商业模式。从信息技术产业商业模式创新的过程看，商业模式创新的实践一直走在理论的前面，商业模式理论的发展更多是从实践中逐步总结提炼出来的，目前的理论研究也尚难以预测今后将会出现何种商业模式创新。

▌▌6.3 典型企业及商业模式创新分析回顾

本节对图 6-1 中的重要企业及其商业模式创新分别进行简要的描述和分析，让我们一起回顾全球 IT 及互联网行业商业模式创新的波澜壮阔的历程。

6.3.1 互联网协议（TCP/IP）：奠定互联网开放的基因

互联网发明至今，始终秉承开放、自由、共享的精神，这也促成互联网技术的迅速完善和普及。开放创新是互联网平台快速形成的原始基因。互联网技术及其协议的发明源于 20 世纪 70 年代美国国防高级研究计划局（DARPA）构建的 ARPANET，在军事上出于一旦某个计算机网络被战争破坏另外的系统还能正常运行的目的，在商业应用上促成了全球计算机的互联互通和资源共享。1969—1984 年，通过不断研究和完善逐步形成了当前以 TCP/IP 协议为核心的互联网基础技术架构和标准协议体系。其开放性主要体现在以下几个方面。

一是互联网的所有技术标准和协议，均以请求协议 RFC（Request For Comments）文本向所有组织和公众免费开放，RFC 的编辑始于 1969 年，由一系列互联网技术草案、标准或资料组成，基本包括了所有互联网基础技术的完整资料，被奉为互联网的圣经。RFC 的很多内容都是高校、研究机构，以及 3COM、思科、Nokia 等企业提出的，但没有其他科技领域类似的专利保护，原则上任何企业去实现这些技术不需要向提出者付专利费。例如，2010—2015 年三星、苹果、谷歌等号称移动互联网专利的诉讼并不是在互联网技术方面的专利，而是在操作系统、软件和硬件设计方面的专利。

二是互联网技术标准维护者是国际互联网工程任务组 IETF（The Internet Engineering Task Force）。该组织成立于 1985 年，是由互联网领域的专家和爱好者自发参与和组织的国际民间机构，向所有人开放。与 IEC/ISO、ITU 等以国家为成员主体的官方国际标准化组织有明显差别。

三是互联网地址资源及域名分配基本是公开和免费的，由互联网域名与数字地址分配机构 ICANN（The Internet Corporation for Assigned Names and Numbers）负责，该组织成立于 1998 年，是一个集合了全球网络界商业、技术及学术专家的非营利性国际组织，负责全球互联网（IP）地址的空间分配、通用顶级域名及国家和地区顶级域名系统的指定和管理，以及域名解析 DNS 根服务器系统的管理。这些全球互联网资源管理的职能逐步由美国政府向社会组织再向独立的国际组织转移，尤其是 2009 年和 2016 年因各国政府的呼吁，ICANN 组织逐步脱离美国政府的管理，发展成独立的国际组织。

虽然互联网协议、地址资源分配及顶级域名解析服务都不是营利性的商业行为，但正是互联网这种开放技术和标准、任何企业和机构均可自由使用、最终实现资源共享和互通的理念和精神，让互联网成为人类有史以来最具颠覆性、普及最快且最广、最伟大的技术发明，对人类的技术创新、商业组织、经济社会发展和治理都带来了巨大变革和发展动力，开放、自由、共享的互联网思维也成为全球商业经济和社会治理的一种新思维。

6.3.2 IBM：关于开放标准的个人计算机创新商业模式

20 世纪 60—70 年代，IBM 一直是计算机领域的龙头企业，为了与苹果公司在个人计算机领域竞争，IBM 开始开发并于 1981 年推出后来被称为 IBM 兼容机的个人计算机。这一创新改变了传统基于自身专利技术的组织方式，采取开放式、模块化的方式，通过采用英特尔 8088 处理器、微软公司的 MS-DOS

操作系统及电子制表等应用软件，并开放 ISA（Industry Standard Architecture，工业标准架构）总线技术标准，让更多零部件生产厂商基于其主导的开放式个人计算机体系架构和标准提供各类零部件，迅速成为个人计算机市场的领导者。

IBM 的核心价值主张是向用户提供基于开放体系架构的标准化、模块化的计算机硬件，从而组织更多的厂商共同生产计算机相关的零部件，快速提升产品性能，大幅降低用户成本。IBM 的核心资源和关键业务是通过大量研发和创新，制定并控制计算机开放的体系架构和模块接口标准，主导计算机产品的总体集成并向用户提供服务。IBM 的合作伙伴和价值网络是各类计算机零部件生产厂商。IBM 通过制定计算机总线技术和接口标准并向上下游厂商公开，吸引更多的零部件生产厂商加入该标准体系，使得 IBM 的兼容机成为个人计算机硬件的标准，从而赢得了产业的主导地位，并促使计算机硬件制造业由传统垂直一体化的封闭模式走向开放的产业分工和专业化发展模式，推动着整个计算机产业由垂直一体化向"一体化解体"的垂直分工和模块化发展，激励了更多企业加入计算机制造及关键零部件生产行业，个人计算机生产和市场都大规模扩大，对整个计算机产业发展带来巨大变革和深刻影响，促进了个人计算机的快速普及。包括微软和英特尔在内的多家企业，都是由向 IBM 提供计算机部件逐步发展成为平台垄断型企业的。

6.3.3 微软：基于 Windows 操作系统的商业模式创新

微软公司的核心价值主张是解决用户使用计算机的方便性，通过操作系统使得用户方便地操作和使用计算机的硬件和资源。微软把握了计算机行业专业化发展的机遇，专业开发编程语言、操作系统等基础软件。从 20 世纪 80 年代的 DOS 操作系统到后来的 Windows 操作系统，让用户能够方便地使用计算机，也使应用软件开发者不需要或减少处理各类复杂的计算机硬件问题，一方面迅速降低了用户使用计算机的门槛，另一方面通过降低应用软件开发的技术门槛，使得计算机软件业爆发式增长，计算机的功能和用途日益丰富，为用户提供了更大的附加值。微软的核心资源和业务是持续开展基础软件技术和体系架构的研发，并以此构建操作系统专业计算机基础性平台软件。微软的合作伙伴和价值网络是围绕其操作系统开发计算机相关的应用软件和服务的开发商，微软通过向软件开发者提供程序开发工具和经过封装的操作计算机硬件及资源的程序接口（API），提供编程语言和开发工具，让软件开发者和合作伙伴方便地开发计算机的应用软件，并以此丰富其操作系统的应用程序，构建并控制计算机软件的产业生态系统。微软的收入和盈利来自核心的操作系统、办公套件的授权费用（向个人用户、机构用户和计算机硬件制造商采取不同的授权付费策略）、编程开发工具和其他软件产品的销售收入，以及核心技术专利授权费和部分互联网服务的收入。

6.3.4 英特尔：基于计算机体系架构的技术开放策略

20 世纪 80 年代初，英特尔开始为 IBM 的个人计算机提供 CPU 芯片，但处于 IBM 设计的计算机体系架构控制之下。后来，英特尔不断研发和创新 CPU 的体系架构和整个计算机体系架构，从而逐步成为计算机体系架构发展的主导者。

英特尔的核心价值主张是向用户和计算机厂商提供高性能的 CPU（中央处理器）产品，以提高计算机的计算能力并支撑丰富的应用。英特尔的核心资源和关键业务是拥有全球领先的计算机 CPU 芯片研发设计技术、大量顶尖的科研人员和工程师、先进的芯片工艺和生产技术。英特尔进行持续大规模的研发投入，开发了先进的 CPU 和计算机体系架构并推动其成为行业标准。英特尔的合作伙伴和价值网络是基于其设计的计算机体系架构的所有计算机硬件、软件开发商的。英特尔不仅开发了 CPU，为了使 CPU 能够大规模应用，还采用了开放合作的方式，开发了方便使用 CPU 的一系列开发工具，同时给予产业链后端的厂商以技术支持，以支持厂商基于其 CPU 开发更多的硬件和软件，充分发挥和利用其 CPU 强大的计算性能。通过推出 PCI（Peripheral Component Interconnect，周边组件扩展接口）计算机总线技术，并且向所有厂商免费开放，从而取代 IBM 的 ISA 总线成为新的计算机体系架构标准。英特尔向合作伙伴开放标准和免费知识产权授权，同时要求合作伙伴也提供同等互惠的许可交易，从而形成一个开放免费的技术体系，加快了技术创新的扩散效应和外溢效应，快速形成了自己的商业生态系统。

此后，英特尔采取同样的技术和知识产权免费开放策略，对计算机的体系架构和重要技术的发展做出了重大贡献，推动整个计算机产业乃至信息技术产业的发展。英特尔还开发了 USB（Universal Serial Bus，通用串行总线）替代传统的串行接口如 SCSI（Small Computer System Interface）、图形加速接口（Accelerated Graphics Port，AGP）技术标准、UEFI-BIOS 技术标准等，并向整个产业链完全开放，在推动计算机性能提升的同时，也充分地发挥了其 CPU 的计算性能并巩固其技术和市场主导地位，使得自身的商业生态日益壮大，逐步奠定了在计算机 CPU 和体系架构领域的垄断地位。英特尔虽是硬件设计和制造企业，但同时还是 Linux 和 OpenStack 等开源软件社区的最大赞助者和支持者之一。

6.3.5　戴尔：计算机虚拟制造和直销商业模式创新

戴尔（Dell）公司由迈克尔·戴尔于 1984 年在美国创立，戴尔最初以生产、设计、销售个人计算机而闻名，后来业务逐步拓展到服务器、数据储存设备、网络设备等领域。2015 年 10 月，戴尔宣布以 670 亿美元收购数据存储公司 EMC，成为当时全球金额最大的科技企业并购案。

戴尔的核心价值主张是向用户提供可定制化、相对低价的计算机。通过互联网开展虚拟制造，采用电子商务服务模式。由用户先通过电话或网络定制下单，根据订单组织标准化零部件供应商供货组装计算机，通过邮寄配送等直销模式直接送达消费者。戴尔开创了制造业的一个全新的商业模式——虚拟制造模式，实现了用户可定制化、先卖后造、零库存、直销等创新的组合，颠覆了传统计算机制造企业的商业模式，取得了巨大的成功，迅速超越康柏、惠普等企业，成为全球最大的计算机供应商。其核心是把握了计算机制造业高度标准化、互联网的发展和电子商务的兴起等产业的重大发展机遇。

6.3.6　Linux 操作系统：开源软件的商业模式创新

Linux 是莱纳斯·托瓦兹（Linus Torvalds）于 1991 年在免费的教学操作系统 Minix 和 GNCC 编译器的基础上开发的免费、公开软件源代码、可自由传播和使用的操作系统。通过全球大量软件编程爱好者共同开发和完善，开创了社会化大规模协作的组织方式，其后的许多开源软件如 Mozilla（浏览器软件）、Apache（Web 服务器软件）、MySQL（数据库软件）、OpenStack（云计算系统软软件）、Hadoop（大数据系统软件）不断出现，推动了全球软件产业开发组织方式的重大变革，也直接影响了之后的维基、众包、众筹等生产组织模式和商业模式的出现。

Linux 的价值主张是向用户或计算机行业企业提供免费、基本可用的操作系统软件，并开放源代码，从而大大降低了用户成本，也降低了软件开发企业的技术门槛。为对抗微软在计算机操作系统领域的垄断地位，由自由理念的学者和工程师开发了功能与微软类似的操作系统并公开源代码，同时要求使用其代码开发的软件程序也继续保持源代码公开。Linux 通过开源社区和基金会，支持和组织自由的软件开发人员和工程师贡献技术和代码，开创了社会化大规模协作组织生产的模式。Linux 开创了全球开源软件的先河，后来几乎在所有的商业软件领域都有相应的开源软件，为加速软件技术扩散及降低全球信息化成本做出了重要贡献。虽然开源软件自身完全免费并开放源代码，但其中也有商业利益驱动的内在市场力量。一是更专业的公司，通过向用户提供开源软件的质量保障和维护服务而获取收入，如美国的红帽（Redhat），以及中国的中科红旗、中标软件等公司；二是使用开源软件或从开源软件中获取大量技术和知识的信息技术企业，通过向基金会捐助资金和向开源社区公开自己技术的方式，应对微软操作系统及其生态系统上商业软件的竞争，以获得经济利益。全球对开源社区资金投入最大的企业是 IBM、英特尔等产业巨头。"IBM 每向开源社区投入 1 亿美元，可以获得 5 亿美元的利益。"（亨利·伽斯柏，2008）

6.3.7　雅虎：门户网站流量变现广告

1994 年杨致远和费罗创办了雅虎，1994—1996 年，雅虎在全球率先推出首个搜索引擎和公众免费电子邮箱，并成为全球互联网综合信息服务的先驱和领导者，开创了门户网站向用户免费，通过广告盈利的商业模式，也开创了全球范围内的互联网时代。2000 年雅虎的广告收入占雅虎全部收入的比例高达 90%，2000 年 1 月 3 日，雅虎的市值一度达到 1 280 亿美元。雅虎的价值主张是在互联网发展初期，大幅提升互联网用户获取网络信息的便捷性和丰富度，通过互联网，为用户提供全面综合的信息聚合、分类和免费分享服务，成为互联网综合信息入口；同时，通过免费邮箱，以及持续的用户界面和交互体验的优化，提升用户的黏性和锁定效应。雅虎的收入和盈利模式是利用免费邮箱和门户网站迅速聚集和积累大量用户，通过网站广告带来高额收入，即将用户访问的流量通过广告业务变为收入，开创了流量变现的收入模式。外部合作关系主要是通过与战略投资者的资本合作和各国本土厂商的业务合作，快速增长和拓展国际化市场。截至 2012 年，雅虎在全球拥有 12 种语言、内容各不相同的本地化门户网站，在美国之外的全球化经营大多和当地厂商合作，实现了快速本地化拓展。

在向用户单向推送信息服务的 Web 1.0 时代，雅虎取得了巨大的成功，获得巨额的资本投资，并取得了高额利润，但这也使得其决策管理体系日益复杂、轻视核心技术投入、缺乏创新发展战略。2001 年在未就搜索引擎开发出有效商业模式的情况下，将搜索业务的技术支持外包给当时新兴的谷歌公司，从而错失搜索市场发展的机遇并培养了谷歌公司。同时，在用户交互式信息服务的 Web 2.0 时代及移动交互式信息服务的移动互联网时代缺乏商业模式创新，在新兴公司、新技术和新商业模式的竞争下，逐渐走向衰落。在后续发展中，因为战略不够开放，分别于 2001 年错过收购谷歌（30 亿美元）、2006 年错过收购 Facebook（10 亿美元），以及 2008 年错过被微软收购（450 亿美元）的机会，最终于 2016 年 7 月，将包括搜索引擎、网络服务、网络广告工具等互联网核心业务以 48.3 亿美元出售给美国电信巨头 Verizon，但仍保留其持有的阿里巴巴股权的雅虎日本等资产，市值约 300 亿美元。全球互联网的开创者和曾经的巨头就此黯然退出历史舞台。

6.3.8　亚马逊：B2C 电子商务及云计算领域的开创者

亚马逊由美国的贝佐斯于 1995 年创立，是 B2C 电子商务模式的始创者之一。从图书和音像产品的销售开始，亚马逊发展为目前全球商品最齐全、服务范围最广的全球最大的网上零售商和继谷歌之后的全球第二大互联网公司。亚马逊的价值主张是向消费者提供全年、全天不间断的在线购物服务，提高购物的便利性和效率，便捷高效地提供低价格的商品。亚马逊的关键资源和业务是强大的 IT 基础设施和基础支持，快速、免费的物流配送服务，高质量个性化的在线购物服务体验，通过设置便捷的搜索和导航、购物流程"一点通"、快速的物流配送、免费的送货服务、比价购物服务、灵活便捷的支付方式等核心业务和服务，为用户提供最佳的购物服务。通过电子商务平台的运营大大降低了传统零售业的交易流通成本，向用户提供实在的价格折扣。亚马逊基于自身强大的 IT 基础设施及建设过程中掌握的核心技术，逐步由电子商务交易平台向全球先进的互联网技术厂商发展，并引领全球信息技术的发展。2002 年亚马逊推出 AWS（Amazon Web Services）云计算服务，为广大用户和企业提供在线云计算和存储服务，同年推出 Amazon EC2 服务，让广大开发者基于其技术平台开发应用服务。借助 AWS 云计算服务的快速部署，亚马逊已经成为全球最大的第三方云计算机基础设施和全球第二大网络服务企业，也成为全球最先进的云计算商业模式的开创者之一。2007 年年底，亚马逊推出 Kindle电子书阅读器，后又于 2011 年 9 月推出"Kindle Fire"平板电脑，进入移动终端产品领域。

6.3.9　维基百科：大规模社会化协作模式创新

维基百科（Wikipedia）由美国的吉米·威尔士于 2001 年创立，是一个基于维基技术的多语言百科全书协作计划，其目标及宗旨是为全人类提供自由的百科全书，是一个自由、免费、内容开放的网络百科全书，被称作"公众的百科全书"。维基百科由属于非营利组织的维基媒体基金会负责托管与资助，维基媒体基金会的资金来源主要依赖公众或企业的捐赠和补助金，其中重要的捐助者包括美国投资家华伦·巴菲特、前美国总统吉米·卡特、维珍集团首席执行官理查德·布兰森爵士、亚马逊公司创办人杰夫·贝佐斯等。维基百科的价值主张是向全球用户提供免费、可靠的百科全书。合作伙伴和生态系统是通过互联网发挥全球用户的力量和参与性，通过基于网络的大规模协作，完成百科全书的编纂，并通过互联网免费分享，从而颠覆了传统百科全书的编纂和出版模式，提供了一种全新的知识创造、聚合和分享的方式。自由、开放的在线百科全书也是知识社会条件下用户参与、开放创新、协同创新的典型成功案例。维基百科具有开放共享、互动协作、平等中立、简单快捷、信息全面准确等特点。全球最知名的持续了 244 年的《大英百科全书》面对这种模式的竞争，于 2012 年 13 日宣告停止印刷出版，今后只保留数字出版服务。

6.3.10　苹果：垂直一体化商业模式创新

苹果公司是美国的史蒂夫·乔布斯和斯蒂夫·盖瑞·沃兹等人于 1976 年联合创立的计算机制造和软件开发公司，一直研发生产独立于 IBM 兼容机的 Mac 系列计算机和软件，并一直拥有独特的细分市场。20 世纪 90 年代，公司面临发展危机，创始人乔布斯回归从而开创了公司的新时代。2003 年苹果推出 "iPod+iTunes" 的创新产品和 "硬件+软件+内容" 的音乐服务平台大获成功，2007 年苹果再次颠覆智能手机的技术和商业模式，相继推出的 iPhone 手机、iOS 操作系统、App Store 应用商店、iPad 平板电脑再次大获成功，成功引领了智能终端和移动互联网发展，成为商业模式创新的颠覆者和领导者，2011—2013 年连续 3 年成为全球市值最大的公司，在 2012 年曾经创下 6 235 亿美元的历史纪录。

苹果的客户价值主张是为客户提供设计时尚、技术先进、用户体验极好、简单易用的信息产品和服务一体化解决方案，通过 iPhone、iTunes、App Store 等产品和服务为消费者的移动生活创造前所未有的体验。核心资源和关键业务是拥有强大的技术创新能力、新技术集成应用能力、创新时尚的产品设计能力和软硬件一体化集成的运营服务平台和利益分享平台。由苹果主导的用户、应用程序开发者、内容提供者、电信运营商参与并实现价值创造和共享的平台，形成一个共赢的价值网络和有活力、庞大的商业生态系统。在应用生态建设方面，基于 iOS 操作系统开放接口和建立高效的应用开发平台吸引开发者，通过 App Store 聚合和分发大量应用程序，并与应用开发者以七三分成的方式分享收益，大大降低了应用开发者的技术门槛、为应用开发者提供了将自己的创意商业化并获得收益的机会。在智能终端设备的销售渠道商方面，与各国有实力的电信运营商合作迅速推广，并通过用户的流量带给运营商收入和分成。截至 2013 年年底，苹果 iOS 应用已超过 100 万个，为应用开发者带来超过 100 亿美元的分成收入。苹果公司的收入和盈利来自其硬件和产品的销售、应用程序的收费和分成、与运营商的流量费分成等，通过先进的技术、时尚的设计、创新的用户体验和商业模式获得高额利润。2012 年，苹果公司的利润达到 417 亿美元，超过了微软、eBay、谷歌、雅虎、Facebook 和亚马逊等美国其他六大 IT 公司利润的总和。苹果公司在掌握核心技术的基础上，构造了"硬件+软件+服务内容"全新的商业生态系统，创造了独特且难以模仿的商业模式和竞争优势。

6.3.11　谷歌：免费开放手机操作系统的商业模式创新

谷歌公司由拉里·佩奇和谢尔·盖布林于 1998 年创立，立足于他们发明的 PageRank 搜索算法建立了互联网搜索服务，并发展成为全球最大的搜索引擎和互联网公司。

面对移动互联网的发展机遇，谷歌迅速布局移动智能终端操作系统这一移动互联网关键入口。2005 年 8 月，谷歌收购 Andriod 手机操作系统，并于 2007 年 11 月改良后发布，现已成为全球用户量最大的移动操作系统，占据全球 80%以上的市场份额。其核心价值主张是向用户提供免费、易用、性能优越的手机操作系统，并绑定谷歌自身大量的互联网应用和服务。谷歌通过手机操作系统迅速将其在互联网上的信息服务和内容优势转移到移动互联网。免费的方式降低了用户的使用成本和手机厂商的生产成本，从而迅速占领市场，谷歌通过操作系统绑定的服务和内容获得收益。作为全球最知名的互联网搜索、地图、邮箱等服务企业，谷歌在苹果推出 iOS 手机操作系统和 iPhone 之后，推出 Android 操作系统，并嵌入商业生态系统，凭借巨大的服务市场、资金实力和产业影响力，打破苹果封闭 iOS 的开发和使用的模式，采取免费开源的策略向所有手机厂商和开发者提供 Android 操作系统，并陆续与全球 80 多家硬件制造商、软件开发商及电信运营商组建开放手机联盟——OHA 联盟，共同推进生态系统的建设，最终使得 Android 操作系统后来居上，其市场份额仅在短短的 2～3 年就快速超越苹果的 iOS 操作系统。

6.3.12　Facebook：基于社交网络的商业模式创新

Facebook 由美国的马克·扎克伯格于 2004 年创立，不到 10 年就发展成为月活跃用户超过 10 亿人的全球最大的社交网站，成为继谷歌之后全球最受瞩目的公司。

Facebook 的核心价值主张是满足互联网用户之间的真实社交需求，改变传统互联网以信息为中心的定位，以人为中心构建开放的社交网络，通过实名注册让用户更方便地找到和维护现实中的社交关系，并分享个人的兴趣爱好和生活点滴。在 Facebook 的社交平台上，用户可以获得基于实名制的、富有人情味的、真实的社交服务和网络生活娱乐服务；广告和营销商能够通过其庞大的用户群体和用户数据获得巨大的网络营销价值；第三方能够得到便捷的技术开发支持、基于庞大用户群的应用分发渠道并获得大量收入。Facebook 的合作伙伴关系和商业生态是基于两个方面的：一是让互联网用户之间自助服务，通过用户制作、传播和分享各类信息资源；二是实施开放平台战略，将其海量用户和部分核心资源开放，通过开放 API 应用程序接口使得第三方开发者能够开发在 Facebook 上运行的各类应用程序，并与应用开发者七三分成，快速拓展和丰富了整个社交网络的商业生态。Facebook 的收入和盈利主要来自 3 个方面：一是广告收入，在 2012 年占据其总业务收入的 80%以上；二是第三方应用分成，通过与第三方应用程序开发商在其平台上运行的程序服务收入获得分成；三是互联网增值服务，主要包括面向用户的虚拟礼物、面向商业企业的在线调查问卷和电子支付等增值服务。通过持续的并购获取技术、应用和服务、用户等关键资源，在 2012 年 IPO 之前，Facebook 共发起了 28 起并购。

6.3.13 Twitter：基于微博客的新媒体和社交网络的商业模式创新

Twitter 由比兹斯通、埃文威廉姆斯和杰克多西于 2006 年共同创立，通过允许用户用不超过 140 个字符的消息将自己的最新动态和想法发送和分享到互联网上，与好友进行交流沟通，目前已成为仅次于 Facebook 的全球第二大社交网站。

Twitter 的价值主张是为广大互联网用户提供一个随时随地、即时表达、即时沟通、即时发布和分享信息的简单易用的网络平台，并深刻影响了人类的信息传播方式，成为快速、实时、交互式、去中心化传播信息的"新媒体"典型代表。在该平台上，用户除了分享基础信息，还可以利用其组织活动、分享视频和照片、购买产品和服务、发布商品评论等，成为不少公众人物、政府及企业与广大互联网用户沟通互动的渠道。Twitter 的合作伙伴和商业生态主要体现在 3 个方面：一是开放应用程序接口（API），网站保留简单的设计，除掌握网站的核心功能和信息架构外，其他的功能和应用允许第三方开发者开发，促进了第三方应用的迅速兴起。Twitter 提供了丰富的媒体、娱乐、行为和关系链分析等各种工作、学习和生活的互联网服务，为用户创造更大的价值，吸引和锁定用户发挥关键作用。二是通过持续的外部融资，支持业务的快速扩张，在 2013 年 9 月提交 IPO 申请之前，Twitter 已获得近 10 轮融资，累计融资额超过 15 亿美元。三是与当地电信运营商合作，开拓国际市场，通过邀请用户"翻译志愿者"这一向用户开放模式，快速通过所在国的用户支持开发了 30 多种语言版本；此外与全球 100 多个国家或地区约 250 家电信运营商开展合作，向智能手机用户推广其服务。Twitter 的收入和盈利主要来自 3 个方面：一是广告服务收入，通过基于社会关系搜索的更为精准的广告推广业务获得收益；二是企业付费账号的收入，可以为企业提供客户反馈和数据统计分析等增值服务；三是通过出售 Twitter 网站的信息和用户统计信息获得收入。

6.3.14　YouTube：UGC 视频分享商业模式创新

YouTube 是由乍得·贺利（Chad Hurley）、陈士骏（Steve Chen）、贾德·卡林姆（Jawed Karim）于 2005 年 2 月联合创办的，是允许用户自由发布和共享视频短片的网络视频公司，是 UGC（用户生产内容）视频商业模式的开创者。2006 年 10 月被谷歌以 16.5 亿美元收购并继续独立运营，目前已是全球最大的网络视频网站。

YouTube 在信息技术发展带来的宽带传输、多媒体自主采集制作、流媒体播放等技术发展和支撑的环境下，开创式地打出了"Broadcast Yourself"（表现你自己）的口号，建立以"视频观看者即视频提供者"的理念为核心的发展模式，开启了打造用户参与和体验视频网络平台的新时代，满足了用户低门槛、娱乐化、表现自我、分享和评论视频于一体的新的视频娱乐需求。YouTube 的核心资源和关键业务是：①拥有自主先进的版权识别和控制技术，整合先进的流媒体传输播放技术；②通过用户创造模式产生大量视频内容资源；③维护好用户、版权拥有者和广告商及自身利益的运营机制；④不断优化提升用户的体验和黏性。You Tube 建立了与用户、广告商、版权所有者或内容提供商之间良好合作关系和利益分配机制，以视频分享和播放为平台构建多方共赢的商业生态系统。用户既是观看者也是内容提供者；与内容提供者或版权拥有者分享广告收入；通过与媒体公司和广播电视公司等专业内容制作商合作，获得更为专业的内容；创新地采取先行许可、收入分成的版权合作模式代替传统的买断模式，低成本、高效地获取优质视频内容。Youtube 主要的收入来源是广告业务收入、付费视频频道和内容收入。

6.3.15 Groupon：团购网站商业模式创新

Groupon 是 2008 年 11 月上线服务的团购平台，其核心的价值主张是向消费者提供低价、高质量的各类生活服务，帮助参与团购的企业实现快速大批量销售、提供精准化营销推广。Groupon 与特定商家合作推出低折扣产品和服务，同时设定团购销售的最低数量和时间限制，在限定时间达到限定用户数量时，就完成交易。通过这种方式，商家能够快速售出大批量产品和服务，消费者则可以低价购买相应的产品和服务。Groupon 向每笔团购交易收取 30%左右的佣金，这是其主要收入来源。Groupon 的关键资源和业务是向商家提供精准化的用户消费分析数据和定制精准化营销宣传策略，参与商家除了获得大规模的产品和服务销售，还获得了巨大的营销和广告宣传效应，消费者体验式的广告宣传效果比传统的广告成本更低，效果更佳。团购商业模式在国内也引起了广泛的模仿，但鲜有成功者，其核心是不具备关键资源和业务能力，也不具备相应的盈利能力，只是模仿大规模低折扣团购销售的方式。

6.3.16 Uber：网络约租车和共享出行商业模式创新

Uber 由特拉维斯·卡兰尼克和好友加雷特·坎普创立于 2009 年，是一个互联网出行服务平台。2010 年 10 月，Uber 在旧金山正式推出第一版 App——UberBLACK 并迅速扩张。截至 2016 年 6 月，Uber 服务覆盖全球 70 多个国家的 400 余座城市，累计融资超过 150 亿美元，估值已经超过 600 亿美元。

Uber 的客户价值主张是解决当前大中城市的打车难、出租车服务效率低、服务及质量无差异化等问题，通过"互联网+移动 App"实现可用车辆和打车用户的实时匹配和接单，并通过精确的地图导航定位和路径规划、供需匹配、服务评价、在线支付等创造便捷、高端、多元化的用车服务。在互联网上整合闲置的私人、汽车租赁公司和出租车公司的高档汽车资源，向中高端人群提供差异化的用车服务，出行平台为用车者、私家车主、汽车租赁公司和出租车公司都提供了独到的价值。Uber 的收入和盈利模式主要是向租车公司和私家车主抽取提成，如向私家车主抽取每单服务 20%的费用。

在核心资源和关键业务方面，Uber 通过互联网出行服务平台，提供多元化的用车服务，基础的打车服务按价格和服务质量分为：人民优步、UberX、UberTaxi、UberBlack、UberSuv、UberLuX 等不同档次。Uber 还利用出行服务不断向生活服务领域渗透和拓展，相继推出 Ubermoves（搬家）、UberTree（送圣诞树）、UberChooper（呼叫直升机）、UberFresh（午餐外卖）、UberRush（一小时送达的即时快送）、UberTravel（旅游）等服务。作为一家出行服务商，Uber 也积极布局自动驾驶技术研发领域。2016 年 8 月，Uber 相继宣布与沃尔沃签署 3 亿美元协议联合开发自动驾驶汽车，收购自动驾驶卡车创业公司 Otto。2016 年 12 月，Uber 宣布计划利用 10 辆自动驾驶汽车在匹兹堡为用户提供服务。

在合作伙伴和商业生态方面，Uber 采取了开放合作、迅速扩张的战略。在国际化发展方面更多依靠本土化的团队和商业生态实现迅速扩张。以下仅以 Uber 在中国市场的发展为例。2014 年 3 月，Uber 进入中国市场并以"优步"品牌运营，在在线支付、地图导航等方面与支付宝、百度地图、高德地图等本地服务合作。2015 年 10 月，优步中国与太平财产保险有限公司合作推出保额为 100 万元人民币的新型"乘客意外险"。同年 12 月，优步接受百度投资，借助百度资源更好地融入本地市场，包括利用百度地图等服务提升用户体验。优步中国与国内最大的滴滴出行为争夺市场，在中国市场展开了"补贴大战"。在国家网约车新政出台之前，2016 年 8 月，滴滴出行宣布收购优步中国的品牌、业务、数据等全部资产，Uber 全球将取得合并后公司 20%的股权，滴滴则将为 Uber 全球投资 10 亿美元。2016 年 11 月 27 日，Uber 全面停止在中国提供服务从而退出中国市场。

6.4　全球信息技术产业商业模式创新趋势

创新无止境，一方面领先的创新者已经凭借先发优势和网络规模效应占据甚至垄断全球市场，另一方面技术和商业模式的创新方兴未艾，互联网江湖风起云涌，面对未来竞争发展的不确定性，我们更加需要对未来趋势进行把握。因此，本节试图对未来的趋势做些确定性的分析和预测。

6.4.1　垂直一体化和纵向整合的商业生态发展成为重要趋势

传统信息技术产业已经从单一的软件或硬件产品的竞争，发展为"终端（硬件）+软件+服务+内容"的产业生态系统的竞争。硬件制造、操作系统开发、应用开发、内容制作、服务提供等厂商在新的竞争格局下进行新的融合和发展，塑造"垂直整合"的产业格局，龙头 IT 企业成为信息技术产业生态的主导者和整合者。随着互联网特别是移动互联网的快速创新发展，全球信息技术产业正加速向以跨界融合和异质竞争为特征的综合服务形态的变革转型，技术和业务融合创新的速度不断加快，不同技术和业务之间的边界越来越模糊，信息技术内的竞争演变为以应用和服务为中心，涉及设备、系统、标准、技术、内容和应用等整个产业生态系统综合实力的竞争，产业盈利模式和价值分配模式日益多元化，产业链上下游融合发展已经成为新的趋势。

按照一般的产业发展理论，在产业发展初期由于产业上下游配套不完善，企业为了发展往往只能依靠自身走垂直发展的道路，但随着产业成熟，整个产业链分工日益细化，企业会走向专业化发展。随着信息技术的发展，标准化、开放化和组件化一直推动着信息技术产品和服务的发展，带来成本、速度、质量和灵活性上的转变，推进信息技术产业分工日益精细化。在当前高速发展并日益成熟的信息技术产业，大规模出现垂直一体化与一般产业经济规律不一致的现象，主要与信息技术及产品的高度互补性和网络效应直接相关。互补性意味着通过垂直整合能够实现技术的集成优化、性能及应用体验的大幅提升，网络效应使得垂直整合形成的一体化产业生态系统具有更大的网络价值和竞争优势。传统的软件和硬件是典型互补的，新兴的互联网服务和信息流入口也形成强烈的互补，互联网服务必须通过各种访问连接的渠道和入口，才能抵达最终用户。互联网经济的眼球经济理论强调了用户关注（眼球）是最稀缺的资源，而用户的关注需要入口导入，因此网络入口就成为企业竞争的焦点。在 PC时代，这一入口被微软的 Windows 操作系统占据，互联网企业通过浏览器、搜索、信息导航等方式掌控入口。但在移动联网时代，移动终端、操作系统甚至拥有大量用户的超级应用都成为掌控和引导用户的入口。苹果、谷歌、微软三大 IT 企业在移动互联网领域的垂直整合布局表明了这一发展趋势，这 3 家公司分别在各自的优势领域，通过扩张或并购的方式快速构建"硬件+软件+服务+内容"的垂直一体化优势，并以争夺用户和应用开发者为中心，开展产业生态系统的竞争。如表 6-1 所示，为苹果、谷歌、微软三大 IT 企业移动互联网领域的垂直整合布局趋势。

表 6-1　苹果、谷歌、微软三大 IT 企业移动互联网领域的垂直整合布局趋势

公司	优势领域	软　件	硬　件	服　务	内　容
苹果	计算机硬件和软件	由原来计算机的Mac操作系统发展出移动智能终端操作系统 iOS、浏览器 Safri 等移动平台软件	由原来 Mac 计算机的设计制造创新，推出 iPhone、iPad 等移动智能终端	苹果应用商店 App Store、iTunes 音乐商店、iCloud 云服务平台	iOS 平台上的 100 多万个应用程序；iTunes 音乐商店中 3 000 多万首音乐资源

续表

公司	优势领域	软　件	硬　件	服　务	内　容
谷歌	搜索、邮箱、地图等信息服务	2008 年并购 Android，推出免费手机操作系统	2011 年以 125 亿美元并购摩托罗拉手机业务及 7 500 项专利	搜索引擎、Gmail、谷歌地图、谷歌 Earth 等服务	并购 YouTube 视频分享网站，掌控视频媒体内容
微软	操作系统、办公软件等计算机软件	Windows Phone 操作系统	推出平板电脑 Surface；2013 年 9 月宣布以 71.7 亿美元收购诺基亚手机业务	Windows Phone 应用商店、搜索引擎 Bing	30 余万个 Windows Phone 应用程序

6.4.2　移动互联网加速信息技术消费化

传统的信息服务主要面向商业和企业领域，信息技术产品和服务的主要市场是企业市场。互联网的发展让个人用户和大众消费者逐渐成为信息消费的主体，但其背后的盈利模式大多还是面向企业客户的广告收费等，消费者并未成为信息服务收入来源的主体，电子商务、电子支付、电子游戏等的发展在一定程度上成为真正的信息消费。移动互联网的发展，实现了基于网络的广大消费者实时在线，随时随地接受信息服务，享受信息消费，参与信息制造，传播和消费的互动，围绕最终消费者的生活和娱乐服务的信息消费发展迅速。如生活服务的在线订购和支付、基于用户地理信息的消费场所推荐、基于社交圈的信息共享和商业营销推荐等。移动互联网的消费化导致面向个人消费者需求的多元化和个性化，围绕消费者的需求和体验产生更多的商业模式创新的新思维和新实践。界面交互设计、用户体验、时尚元素及娱乐生活服务内容，都成为商业模式创新的关注点，更多商业模式创新也将促进信息消费的繁荣和发展，形成新的消费方式和经济增长点。

移动互联网的信息入口成为竞争的关键，操作系统、应用商店、手机助手、手机桌面、超级 App、浏览器（新的输入方式）、地图服务等有可能成为新的服务和内容的入口，应用分发和销售的渠道成为将服务内容送达用户、传递客户价值的竞争焦点。对入口渠道的创新和掌控，或者建立良好的渠道合作和利益分享机制，也成为商业模式创新的重要因素。移动 App 的技术更新速度比传统的硬件、软件变化更快，能实时地与用户在线交互，能够更快、更方便地获取用户需求，并且能够通过频繁升级不断优化用户体验。

移动互联网时代将是拥有更前瞻的技术创新、更具活力的创新企业，更丰富的商业模式，更时尚炫酷的应用服务，更活跃的资本投入的全民信息消费的时代。

6.4.3　平台化扩张和竞争日益加剧

信息技术企业尤其是互联网企业呈现典型的平台化发展趋势，即成为连接广大用户和互联网应用开发、服务内容提供者和商家之间的平台。在平台化发展初期，围绕不同的用户需求，逐步发展并成长出一批专业的平台型企业，如综合信息门户、搜索、社交、游戏、电子商务等互联网平台企业。随着信息服务内容的日益丰富，如何向用户提供一体化、一站式的集成服务，节省用户的信息搜寻、时间成本，为用户提供统一的用户体验、账号服务等成为新的市场需求。此外，对于用户访问流量的多渠道变现和价值回收，也促使专业化平台进行跨专业扩张，形成了基于平台扩张的激烈竞争。

在国内，互联网平台企业横向扩张的趋势非常明显。腾讯、百度、阿里巴巴三大互联网巨头，以及京东、奇虎 360、新浪、搜狐和网易等互联网企业间的业务横向渗透、扩充和整合进程加快，致力于打造面向用户的一体化信息服务平台。由发展初期的专业化、垂直化走向横向渗透和扩张，业务的同质化竞争和替代效应日益明显。这种发展趋势对产业发展的影响尚有待关注。一方面，有可能降低中国互联网技术领域的专业化发展和创新能力；另一方面，激励互联网产业的竞争，打破原有的各大企业在各自领域垄断一方、制约技术和商业模式创新的产业格局，激发创新和发展，而创业者和用户将有更多的互联网平台可以选择。

6.4.4　线上线下相结合（O2O）等创新传统服务业商业模式

随着电子商务的蓬勃发展，出现了许多颠覆性的商业模式创新。在 B2B、B2C 及 C2C 等传统电子商务模式持续发展的基础上，出现了 3 种典型的商业模式：P2P（点对点），通过与他人分享自身资产的使用权而获得收益的"共享经济"；O2O（线上对线下），即消费者在网上搜索和购买服务并在线支付，而在线下即现实生活中消费和享受服务；C2B（个人定制），即企业根据消费者和用户的个性化定制生产。

互联网的发展取得巨大成功，但网络广告、电子商务等几种简单的盈利模式难以支撑互联网产业的持续快速发展。因此，线上业务与线下实体经济的业务相结合，或者说基于纯 IT 的商业模式与传统的商业模式结合，将会催生线上和线下业务的互动，开创新的增长空间，O2O 模式应运而生。在电子商务领域，传统的实体店铺和网上店铺之间业务交叉、营销互动，传统商业店面推出电商渠道，并将灵活高效的电商渠道与传统的线下的实体体验、渠道物流等优势资源进一步整合，从而提升竞争力。传统的电子商务主要是商品的在线销售，依靠线下的物流支撑，整个消费过程都在网上实现。而 O2O 商业模式更多的是需要现场体验和消费的产品或服务，其中以餐饮、娱乐等生活类服务为主，从而使得传统的生活服务业通过互联网加快发展，提高了传统服务业的生产和服务效率，解决服务业效率低下的问题，加速传统服务业向现代服务业的转型升级。

6.4.5 基于大数据分析的商业模式创新加速经济创新发展

随着信息技术的快速发展和深入应用，大数据成为人类新的生产要素和资源。由于大数据详细记录并保存了企业的商业流程和运营交易信息，消费者的消费、活动信息及在网络虚拟空间的活动轨迹，数据资源日益丰富。因此，基于这些大数据的深入关联分析和挖掘，能够优化企业经营管理，向消费者提供个性化、精准化的创新产品和服务等。通过大规模用户的在线数据积累和分析，可以产生对企业经营生产活动效果的反馈，推动商业经济中的技术、产品和服务创新。基于大数据的分析可以更加精细化定位客户的需求和企业自身市场的定位，大数据价值的利用以出售或出租数据、分析挖掘数据价值等为新的数据服务和盈利模式，这些都为商业模式创新提供了更大的空间，大数据的利用也将加速整个经济社会的创新发展。

互联网公司利用自身掌握的大数据创新和优化面向用户的产品、服务和流程，在数据的掌握、分析、利用和价值变现方面形成了完整的商业闭环。其他行业的大数据应用，制约发展的瓶颈是数据的拥有者和数据价值利用者之间难以形成商业的闭环，数据的拥有者往往没有足够的技术能力对数据进行分析挖掘，或者不了解市场和用户需求，无法实现数据的价值变现，接近市场需求和有数据变现能力者往往又不掌握数据资源。因此，大数据的发展必然需要，也会诞生一批围绕数据采集、整理、交换、分析和价值利用变现的专业化数据服务企业，围绕大数据的资源、技术、安全、交易、商业变现等环节，都有很多商业模式创新的机会，也将衍生更多、更专业化的数据服务业务和企业。

6.4.6 互联网金融加快金融服务商业模式创新和效率提升

互联网金融快速发展，促使信息技术和金融产业融合的多种商业模式加快出现。随着金融理念的不断创新，互联网金融正在突破网上银行、网上证券、网上期货、网上支付等主流业务领域，向更新、更贴近用户和更高效的方式演进。

中国的互联网金融近年来在监管不足的环境下经历了从野蛮创新，逐步走向规范的发展道路。国家对互联网金融发展总体上是支持的。2015 年 7 月，人民银行等十个部门发布《关于促进互联网金融健康发展的指导意见》，强调鼓励创新、防范风险的基本发展思路。但在实践中创新过度、监管不足，2015—2016 年，一大批缺乏监管的互联网金融平台依靠高收益疯狂募集资金，在缺乏基本的金融风险管控和专业投资渠道的情况下，导致资金链断裂或平台跑路等事件，涉及的平台有上百家且涉及金额巨大。2016 年 10 月，国务院办公厅印发《互联网金融风险专项整治工作实施方案》，开展互联网金融领域专项整治，推动对民间融资借贷活动的规范和监管，希望从政策层面推动产业进入严格监管、规范发展的阶段。但 2017—2018 年在 P2P 平台和区块链代币的投资和创业的泡沫中，中国互联网金融的陷入低谷。2019 年，随着政策对用户隐私和数据安全监管的加强，围绕大数据风控、征信等的互联网金融服务行业也遭受重创。

互联网金融本质上是以互联网的网络、数据建立的信用数据和模型为基础，实现快速、低风险、无抵押的中小规模资金借贷和金融服务。相对于传统金融业务模式，加快了资金的流动性、提高了资金的安全性，并且可以获得更多收益，突破了传统金融服务业的安全性、流动性和收益性三者相互冲突的理论和实践困境，开辟了新的金融商业模式，也将创新和推动传统金融服务业的转型。中国银行业的发展不够市场化，利率不够市场化，银行基本以大额利差为主要盈利，这种银行服务一方面不能为储户提供资产保值增值的基本价值，另一方面也未能为经济领域提供有效的资金供给，尤其不能为最具经济活力的中小企业提供借款融资服务。

因此，未来互联网金融仍然是改善中国金融系统效率、为更多中小企业和个人提供普惠性金融服务的主要模式，商业模式创新的空间依然很大。在严格监管、规范发展的形势下，两类主体会成为互联网金融发展的中坚力量：一是传统金融企业向互联网金融转型，这些企业拥有金融业务专业性、风险控制等方面的优势，如平安集团旗下陆金所已成为国内最大、最规范的互联网金融平台之一；二是拥有大量用户、数据的互联网平台公司进入互联网金融领域，拥有互联网技术、数据和用户规模的优势，作为大平台自身的品牌和诚信，能够保障一定风险管控下的合规经营，目前阿里巴巴、京东、百度、腾讯等大型互联网企业均强力介入互联网金融，并已经形成较为成熟的商业模式和业务体系。

6.4.7 信息技术促进制造业由大规模低成本向低成本个性化发展

信息技术的发展和应用、C2B（个人定制）个性化定制生产模式的发展，3D 打印技术的成熟及三者的融合发展，让经典经济理论中的大规模低成本制造的基本理论和生产组织方式发生重大变革。传统的制造业发展模式难以兼顾规模、成本和差异化之间的矛盾，大规模的生产能够降低生产成本但无法满足产品的差异化需求，差异化的小规模生产又不具备规模效应而导致成本高昂。虽然柔性制造等理论和实践在一定程度上缓解了三者之间的矛盾，但新技术和商业模式的出现使得这一难题得到解决。"C2B 商业模式+3D 打印"使制造业以小规模、低成本和差异化生产成为现实，生产制造的过程也由传统的先生产再销售转变为按需定制生产的方式，从而减少库存、提高制造效率，并且能够生产更为丰富的个性化产品，满足用户个性化的需求。生产的中心由以制造为中心转化为以用户为中心，由生产决定消费转变为由消费决定生产。中国企业要改变简单大规模低成本大制造的传统思路，注重利用新技术和新商业模式创造新的价值，提升中国制造业的效率和价值链层级。通过商业模式创新服务市场的特色需求，中国企业可以将熟悉中国市场的优势转化为商业优势，利用大市场和复杂需求来提升创新和经营能力，在满足国内市场需求的同时拓展国际市场。

6.4.8　大规模社会化协作商业模式的发展——从众包到众筹

Linux 等开源软件、维基百科等大规模协作的社会生产组织模式的成功，开创了人类历史上全新的商业模式。众包模式通过向用户或其他非企业员工的第三方个人分发任务，组织社会公众共同参与研发、设计和生产，颠覆了传统企业有组织、雇用特定数量的人力资源进行研发、设计和生产的传统商业模式，成为继外包模式之后的新的生产组织方式，改变了企业经营管理的理念和模式。众筹模式颠覆了传统的资本中介——银行等传统金融机构的服务模式，将大规模协作由生产服务发展到金融服务领域。大规模社会化协作商业模式使得企业能够更快速、广泛、高效地获取大规模的人力、资金及技术创新等资源，突破了传统的企业边界、颠覆了传统企业组织结构和商业模式。互联网的发展为大规模社会化协作创造了跨越时空组织资源的能力，组件化、模块化为信息技术领域的大规模生产和协作提供了可能。大规模社会化协作商业模式大大提升了市场供需能力，将更大地激发整个社会的创新发展能力，更好地满足用户的多元化需求。

6.4.9　"互联网+"将激发全社会持续的商业模式变革

互联网行业发展至今，绝大多数的服务都围绕着信息的产生、传播、搜索、交互、消费等，包括互联网信息门户、搜索、游戏娱乐、社交网络等。"互联网+"把互联网的创新成果与经济社会各领域深度融合，互联网的发展由互联网信息服务拓展到传统的各行各业，全面赋能传统的经济社会领域，推动技术进步、效率提升和组织变革，提升创新能力和生产力，形成更广泛的以互联网为基础设施和创新要素的经济社会发展新形态。

中国在互联网技术、产业、应用及跨界融合等方面取得了很大进展，已具备加快推进"互联网+"发展的坚实基础。2015 年，国家发布实施《国务院关于积极推进"互联网+"行动的指导意见》，全面实施"互联网+"创业创新、协同制造、现代农业、智慧能源、普惠金融、益民服务、高效物流、电子商务、便捷交通、绿色生态、人工智能十一大领域。互联网与传统产业和企业的产品、服务和业务流程的融合创新，将会改变传统产业的商业模式，产生新的产业形态和商业模式，重塑产业价值链，为市场和用户提供更好的价值，也为互联网产业拓展更为广阔的发展空间。"互联网+"医疗、教育、金融等服务领域的创业和投资十分火热，但模式上有待进入闭环验证，尤其在"互联网+"领域，互联网更多的是赋能者，不是颠覆者，脱离原生产业商业本质的基于纯互联网的创新往往脱离产业实际，商业实践难以成功，而且许多传统产业面临复杂的行业监管，这些都是必须关注的风险。

6.4.10　共享经济构建新的经济供需结构

共享经济是近年来利用互联网平台，链接供需双方，吸引大众参与，通过解构对某些物品或资源的所有权和使用权，形成的一种对私人拥有的产品、知识技能、劳务、资金、生产能力等资源和要素的有尝分享的一种新的互联网经济形态。共享经济是互联网经济时代高效、便捷和低成本的优化配置社会资源的新形式，从供给侧看，打破了传统的资源专业化和私有化；从消费端看，形成了"不求所有、但求所用"的新的消费理念，这将形成传统市场的新的供需经济结构，盘活和挖掘现有的新的经济形势。

2014—2016 年，全球共享经济呈现爆发式增长，据咨询机构 Crowd

Companies 统计，2010—2015 年全球共享经济领域的投资累计超过 270 亿美元。在资本的推动和商业模式的不断创新下，围绕不同的资源创新开展共享业务的创新企业大量涌现，CB Insights 的数据显示，截至 2016 年 2 月，价值在 10 亿美元以上的创新企业超过 150 家。在中国，以滴滴出行为代表的共享经济企业也成为世界关注的焦点。

2016—2018 年，中国也经历了共享经济的过度繁荣和泡沫，共享单车、共享充电宝、共享办公、共享租房、甚至共享雨伞等无处不在。经历过泡沫后冷静地思考发现，许多公司往往是借用共享经济的概念，从事网上出租和租赁业务，有些模式在需求端就是伪命题，有些在商业运营上根本不可行。从商业模式上看，连接已有闲置资源开发利用和重新购置新资源进行服务完全是不同的商业逻辑。共享经济本质上是连接闲置资源和需求方的平台经济，而不是购置和运营庞大的线下资产的传统的租赁经济。这种对共享经济的错误认知，最终随着 2019 年全球知名的"共享办公"独角兽 WeWork 因估值不被股票二级市场接受导致上市失败而终结。

中国人口众多，资源紧张，大力发展共享经济，减少闲置资源，提高各类资源的利用效率，不仅能够满足大量需求，还能大幅提升整个社会资源的配置效率和利用率，回归共享经济的商业本质，未来依然会成为中国这样的经济体实现可持续发展的有效途径之一。未来共享经济能够拓展的领域有哪些，如何发现、链接和促成供需双方的交易，如何建立可靠的信用和交易体系，如何保证服务的质量和对共享资源的评估等各方面都存在很大的商业模式创新空间。

6.4.11 人工智能开启新纪元

人工智能得益于云计算的发展，大数据为人工智能的机器学习提供了大量样本，以及专门的硬件 GPU 加速，再加上创新的算法和模型，让人工智能的快速计算和深度迭代成为可能。人类科技的发展就是使用工具来延伸人的生理局限（如力量、速度、耐力等），工业化就是利用机器逐步替代人的体力劳动的发展进程，计算机和信息化的进程让机器能逐步替代人做一些简单重复、程序化的工作，在人工智能时代将会替代部分人类的智慧。互联网、云计算、大数据等技术的发展是计算机的链接、计算和数据处理能力不断提升的量变过程，人工智能技术带来的将会是质变。人工智能在总体上全面超越人类智慧尚需时日，但在特定的行业和垂直领域，逐步替代人类的某些工作和特定智能活动是可行的。因此，人工智能技术的广泛应用，需要与新的智能硬件的载体、工具或平台结合，构成完成特定智能化任务的产品或服务。人工智能在互联网的搜索、用户画像、广告推送、内容分发等信息产业领域已经应用得较好。未来需要与行业深度结合，让人工智能成为为一个行业赋能的力量，围绕 3 个具体应用领域的技术和商业模式创新将会在近 5～10 年内取得重大的突破：一是面向消费者服务的智能服务系统，包括个人数字助理、医疗、法律等专业知识领域的咨询，改变面向个人服务的行业的商业模式；二是工业机器人，比传统的机械手臂等更为智能化的工业生产线机器人，进一步替代生产线上的生产工人，形成智能制造的新格局；三是无人系统，包括无人驾驶的海陆空交通工具，如无人车、无人机、无人船等，改变传统的交通工具行业和交通运输服务业。

6.4.12　工业互联网时代谁主沉浮

工业互联网通过智能机器间的连接并最终将人机连接，结合软件和大数据分析，将工业制造服务系统与计算、分析、传感技术及互联网高度融合，实现全球工业经济和制造服务系统的数字化、网络化和智能化，让工业更高效、安全、清洁、经济。工业互联网的概念最早由 GE（通用电器）公司提出，事实上，德国的工业 4.0，美国的先进制造计划都基于工业技术和信息技术的深度融合，通过数字化转型，打造智能化的工业生产体系，提高制造业的水平。

当前，通信技术（CT）和计算机技术（IT）已实现融合，通信传输网络和基于计算机的互联网已经走向统一，移动通信领域的标准从 2G、3G、4G 时代的多个通信制式和标准走向 5G 标准，由模拟通信走向统一的数字通信，互联网一直沿着 TCP/IP 协议统一标准演进，正是基于统一的底层基础标准，形成了相对统一的硬件、软件及网络应用的平台。工业生产领域的信息化源自工业自动化，缺乏统一的标准和平台，长期以来由西门子、通用电器、ABB、霍尼韦尔等工业自动化巨头各自为阵，技术标准和通信协议不统一，系统相对封闭。在 ICT 走向开放融合的趋势下，技术和产业界希望基于 ICT 融合的成功模式，基于互联网技术和思维改造甚至重塑工业生产服务体系。

工业互联网发展的关键是技术上需要走向开放、统一和标准化，要解决设备的连接、数据的汇聚、智能的分析和与业务流程的互通，需要形成统一的资源标识体系、统一的通信和数据交换协议（或直接借助互联网的协议），标准化的硬件和软件体系，最终形成平台化的工业互联网应用体系。目前，行业竞争格局未定，工业自动化企业由设备端向软件平台延伸，互联网企业由软件平台向设备端渗透，具有龙头地位的工业企业将自身的数字化方案开放推广是 3 类竞争主体不同的发展路径，谁会成为工业互联网时代的平台，是否会诞生新的产业巨头，会对全球工业生产服务带来怎样的变化，都有巨大的想象空间。软件、数据和服务的标准化和平台化会让更多的互联网的商业模式得到应用，将改变单一的传统工业自动化销售设备和系统的简单模式，商业模式创新也会层出不穷。

第 7 章

从模仿、集成到自主创新：中国
互联网商业模式创新之路

全球的 IT 和互联网产业发展风起云涌、波澜壮阔。中国的产业是后起之秀，总体上经历了"模仿—集成—自主创新—创新引领"的发展阶段，发展过程跌跌撞撞。我们需要深刻地认识中国互联网商业模式创新的历程和现状，也更期待未来的发展。

7.1 中国信息技术产业商业创新发展历程

总体来说，中国的企业对商业模式创新理念的认识，以及商业创新的实践落后于发达国家。但随着信息技术产业发展速度加快，以及互联网和信息的全球化，对商业模式的认识和实践日益与国际接轨，中国信息技术产业发展过程基本可以分为 4 个阶段。

第一个阶段（1990 年以前）：只注重信息技术产品的进口，模仿国外的技术产品，没有商业模式创新的意识和实践。该阶段主要是在当时国内信息技术产业基本处于空白的形势下，为满足部分科研和行业信息化的需求，引进国外的计算机和通信等硬件产品和行业应用系统，在进口产品的同时，通过对引进技术的消化吸收逐步模仿和试制国产的产品，以期望实现进口替代。市场的供应方是从事信息技术的企业，基本为国有企业，主要的研发经费基本上是国家投入，市场需求方以政府和国家企事业单位为主。在这样的商业环境下，只要成功地引进技术并生产制造出产品，就比较容易得到用户和市场的认可并取得商业上的成功。因此，在当时较为简单的商业环境下，没有动力和需求促使企业进行商业模式创新，自然也没有太多商业模式创新的意识和实践。

第二个阶段（1990—2000 年）：重点关注技术创新，基本没有自主意识的商业模式创新，开始学习和模仿国外企业的商业模式创新。随着我国经济逐步对外开放，信息技术成为引进先进技术、吸引外资的重点领域。随着合资企业及外国企业进入中国投资生产，国内企业在引进学习国外技术的基础上，日益重视技术创新。由于市场的逐步开放，以及信息技术向服务化、网络化方向发展等因素，信息技术产业也逐渐由典型的加工制造业向信息服务业发展，国内信息化建设逐步由以硬件为主的基础设施建设向以软件为主的业务应用发展转变。当时全球范围内互联网逐渐兴起，国内第一家互联网企业瀛海威于 1995 年 5 月创立，腾讯、新浪、搜狐、网易、阿里巴巴、百度等互联网企业也均于 1996—2000 年相继创立，开始学习国外的互联网服务模式和业态，模仿国外互联网企业的商业模式，关注客户价值主张和应用需求。

第三个阶段（2000—2010 年）：逐步将商业模式创新提上日程，大量模仿和引入国外新的业态和商业模式。在该时期，国内的信息技术产业发展环境发生了巨大的变化。中国于 2001 年 12 月 11 日正式加入世界贸易组织（WTO），并同时加入了信息技术协定（ITA）。按照协定，包括计算机、计算机软件、通信设备、半导体、半导体制造设备和科学仪器在内约 200 种信息技术产品（不包括电视、录像机等消费类电子产品）关税逐年大幅减低，到 2005 年 1 月 1 日基本降为零。同时，计算机相关服务作为关键服务业领域也逐步纳入服务贸易谈判，并且成为开放较早的领域。国外的信息技术产品和服务全面进入国内，中国的信息技术产业面临着全面开放的全球化竞争，直接面对欧美日等发达国家的 IT 巨头。此时，仅靠技术产品创新已经难以赢得竞争和获得持续发展。同时，技术服务化也为国内企业更容易把握本土用户和消费者需求，提出新价值主张和商业模式创新创造了有利条件。该阶段国内信息技术产品和服务的发展逐步与国际同步，在国外产品大举进入国内的同时，国内企业也逐步开始与国外企业同台竞争，全面学习和模仿国外企业先进的商业模式。同时，在互联网等信息服务领域出现了一些探索商业模式自主创新的苗头。

第四个阶段（2010 年至今）：企业将商业模式创新与技术创新放到同等重要的位置，在商业模式领域开创了大规模的集成式创新，国家政策也开始注重引导商业模式创新。经过十多年的快速发展，中国信息技术产业的积累日益深厚、产业链日益完善，虽然在核心技术和高端产品等方面与国外依然有差距，但在生产制造和市场拓展能力方面基本与国外企业不相上下，并在部分领域有所超越。同时，随着中国股市创业板 2009 年 10 月 23 日开板，10 月 30 日首批 28 家公司股票开始交易以来，国内信息技术企业的投融资渠道更加通畅，在技术创新和资本市场的共同作用下，国内企业的发展加快。互联网向移动互联网加快发展，国内企业在互联网和移动互联网服务等领域立足于对本土用户需求的更深入把握，将面向用户需求的商业模式创新放到了与技术创新同等重要的地位。国内大企业在模仿国外企业创新的同时，也集成了多种模式或自主开创商业模式。由于企业商业模式创新的实践及商业成功案例日益增多，政府开始关注商业模式创新，在相关政策文件中开始将商业模式创新和技术创新、管理创新相提并论。各种媒体和社会组织，以及 IT 相关的论坛或其他相关行业也已经把商业模式创新作为热点话题。在该阶段，其他相关行业也纷纷利用信息技术进行商业模式创新，推动信息技术与传统行业深度融合并开创新的商业模式。新型电子商务（C2C、C2B、O2O 等）、新媒体（微博、网络视频、OTT 业务等）、互联网金融等行业加快发展，商业模式创新不仅受到信息技术产业自身的关注，也促使其他行业加速向以互联网为代表的商业模式创新和转换。典型的如国内传统的零售业巨头国美、苏宁等加速向电子商务转型，传统的电视等传媒产业加速向互联网电视布局等，互联网思维主导的商业模式成为传统企业转型发展的核心。

中国信息技术企业尤其是互联网企业商业模式模仿国外企业并能取得成功的主要原因有以下 3 点：一是信息服务的语言障碍和语言特点，如门户网站、搜索引擎、即时通信和社交网络等基础平台型商业模式，其中的信息内容和语言知识与习惯紧密相关，国内企业的优势明显、市场巨大，能够获得足够大的市场空间和规模经济优势。二是面向用户价值主张的用户需求和文化差异，由于中国文化与西方文化的差异，国内企业更贴近国内用户的需求和信息消费的习惯，在与国外企业竞争中更具优势。三是商业模式暂未作为一种知识产权受到保护，允许通过模仿而被迅速复制，相对于技术创新已经在全球形成了严格的知识产权保护体系及相应的法律、贸易制裁手段的状况，商业模式和经营方法的模仿的法律和贸易纠纷风险较小。

事实上，当前中国信息技术产业相对于国外发达国家的产业尚属于需保护的幼稚型产业，需要采取对待技术创新类似的策略，虽然鼓励自主创新，但也应当合理地学习国外企业的成功经验和模式，加快商业模式的创新，以此促进企业和产业的发展，更好地满足用户的需求，以最快速度、最高水平、最大限度地普及信息技术和服务，发挥其作为通用目的技术的广泛渗透性和对经济社会发展的巨大促进作用。

此外，中国信息技术企业尤其是软件和服务型企业的发展大多局限在国内市场，进入国际市场的成功案例还较少。全球信息技术的发展高度全球化，信息技术和网络本身打破了传统的地域市场的划分，如何利用国内的市场培育壮大中国信息技术企业，并拓展国际市场是未来商业模式创新和发展的重点。欧美等发达国家的公司面向全球市场，针对不同的需求和市场不断创新商业模式，国内企业也需要在更多了解国外市场和国外的技术的基础上，开发和创新业务和经营模式，在获得本土化经营和发展的基础上，进一步与国外企业由国内市场的抗衡发展到在全球市场上同台竞争。

7.2　他山之石：互联网企业商业模式的模仿

他山之石，可以攻玉。借鉴国外的先进经验和模式发展自己的互联网，是我们唯一且正确的选择。中国互联网的发展在技术上起步落后于欧美等发达国家，互联网始于 1969 年的美国，然后逐步在欧美等发达国家开始研究性地组建和发展。中国于 1986 年 8 月 25 日从中国科学院高能物理研究所通过卫星链接向日内瓦发送了第一封电子邮件，这标志着中国第一次接入国际互联网。1988 年，旨在连接国内众多大学、研究机构及全球计算机的中国计算机科技网（CANET）开始建设。1993 年，我国开始建设国家公用经济信息通信网（简称"金桥工程"）（中国互联网络信息中心，2007）。20 世纪 90 年代以前，互联网主要由政府部门投资建设，并限于研究部门、学校和政府部门使用。20 世纪 90 年代开始进入商业化应用阶段，美国的 IBM、贝尔及雅虎等商业化的公司开始建设互联网并开展互联网的商业化服务。1995 年 5 月，中国第一家互联网公司瀛海威创立，标志着中国互联网商业化的开始，这与美国等发达国家的时间差距不大。在近 20 年的发展过程中，基于互联网的开发技术和免费的商业模式迅速发展。然而，在互联网的服务形式和商业模式方面，国内企业基本是模仿国外尤其是美国的成功企业。国内主要的互联网服务领域商业模式的学习模仿情况总结如表 7-1 所示。

表 7-1　国内主要的互联网服务领域商业模式的学习模仿情况

序号	国外创新者	国内学习模仿者	具体互联网服务领域
1	雅虎（Yahoo）	新浪、网易、搜狐	综合类信息门户网站
2	ICQ	QQ	网络即时通信
3	谷歌（Google）	百度、搜狗、360 搜索	搜索引擎

续表

序号	国外创新者	国内学习模仿者	具体互联网服务领域
4	eBay	淘宝网、拍拍	C2C 电子商务
5	PayPal	支付宝、财付通	第三方网络支付
6	亚马逊	当当网、阿里巴巴	B2C 电子商务
7	Facebook	人人网、开心网	社交网络
8	YouTube	优酷、56 视频、土豆	视频分享网站
9	Twitter	新浪微博、腾讯微博	微博客
10	Groupon	美团、糯米网	团购网站

7.3　集大成者：互联网企业商业模式的集成创新

虽然中国互联网企业的一些单项业务服务模式模仿了国外的企业，但在企业发展过程中，结合国内市场需求和用户体验，逐步集成了多种服务和业务，实现集成式的创新发展。典型的如腾讯自 1998 年创立到 2011 年推出的目前国内最具影响力的移动即时通信产品——微信，其发展过程中学习和模仿了国外或国内企业的产品、服务形式和商业模式，但将每个产品、服务及其商业模式实现集成并改进创新，从而让腾讯发展为目前全球第三、国内第一大互联网公司。腾讯模仿的互联网商业模式进行集成创新总结如表 7-2 所示。

表 7-2　腾讯模仿的互联网商业模式进行集成创新总结

腾讯的主要产品和业务	商业模式先行者	产品业务说明
腾讯 QQ	ICQ	在线即时通信聊天软件
腾讯 TM	MSN	企业级即时通信软件
QQ 游戏大厅	联众世界	网络在线实时棋牌类游戏
QQ 对战平台	浩方对战平台	真人虚拟游戏对抗平台
腾讯拍拍	eBay、淘宝	C2C 电子商务
财付通	PayPal、支付宝	第三方网络支付
QQ 直播	PPlive	在线视频直播
腾讯 TT	Maxthon	计算机浏览器
搜搜	谷歌、百度搜索	搜索引擎
QQ 播客	土豆	在线视频播放
QQ 浏览器	UC 浏览器	手机浏览器
QQ 电脑管家	360 安全卫士	计算机、手机安全防护软件
微信	Kik、Line	手机 OTT 即时通信及应用平台

　　虽然单个产品大多基于模仿，但腾讯在产品和服务集成整合、盈利模式方面进行了创新，利用 QQ 即时通信工具这一凝聚大量用户的互联网平台，推出各类相关业务并实现各类业务间的账号互通、关联推广，以及用户流量的变现和相应的收入方式创新。如推出 QQ 秀、QQ 空间等，并通过虚拟道具等产品创新，解决了即时通信工具没有大量收入和盈利的问题。在最开始被模仿的 ICQ 被美国在线收购后逐步退出市场，最大的竞争对手微软 MSN 也退出即时通信领域后，QQ 当时依然是全球用户规模最大的即时通信工具，并且成功地从 PC 互联网时代延续到移动互联网时代。同时，在其核心平台发展到一定程度后，通过快速集成其他产品和业务进行扩张式的商业模式创新。一些业务如微信，在模仿其他厂商的同时增加和集成了更多的功能和业务，并以此形成技术和产品的开放平台，引入更多第三方应用，逐步构建起基于移动互联网的超级应用商业生态系统。

7.4　另辟蹊径：互联网企业商业模式的自主创新

虽然中国信息技术产业开创性的商业模式创新不多，但随着产业的发展成熟和对商业模式的实践，也出现了一些开创性的商业模式创新，相关企业也因此获得快速发展。典型的有奇虎 360 公司的基于免费安全软件的创新、小米科技的智能手机和智能硬件产品的创新、小桔科技的互联网出行服务方面的创新、字节跳动围绕信息流和内容聚合的创新。

奇虎 360：以免费安全软件掌控互联网入口的多元化流量变现

奇虎 360 公司开创了"安全软件免费"但"互联网增值业务收费"的创新商业模式。2011 年 3 月奇虎 360 在美国纽交所成功上市，被华尔街称为"中国创造"和"中国模式"，受到全球资本市场的追捧。如图 7-1 所示，为奇虎 360 的商业模式创新架构，其主要由 3 个层级构成。

第一个层级：免费的互联网安全产品。包括 360 安全卫士、360 杀毒和 360 手机卫士等，培养和聚集了近 5 亿用户。第二个层级：互联网入口产品。包括 360 浏览器、360 安全桌面、360 导航、360 手机助手、360 搜索等。将免费的安全产品用户转化为互联网产品用户，进一步汇聚大量用户、流量，并影响用户上网的选择。第三个层级：360 开放平台产品。通过开放平台将巨大的用户和流量资源向第三方电子商务、游戏等合作伙伴开放，实现用户和流量资源的价值变现。通过开放平台，公司的收入主要来自两方面：一是合作伙伴为推广其内容和应用所支付的广告推广费用，占总收入的 60%～70%；二是与合作伙伴就网页游戏、手机游戏、电子商务等收费产品和服务的收入分成。

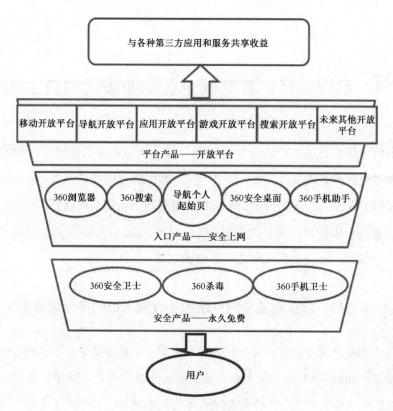

图 7-1　奇虎 360 的商业模式创新架构

　　奇虎 360 形成了中国乃至全球互联网独特的商业模式。一方面，开创性地提出了免费杀毒软件这一颠覆性的客户价值主张，为用户提供永久免费的互联网基础安全产品。安全是互联网用户的刚性需求，在奇虎 360 提供免费安全软件以前，一套杀毒软件的价格为 200～300 元，如果按用户量约 4 亿计算，每年 360 免费杀毒软件产品将为用户节约 800 亿～1 200 亿元。另一方面，在聚集海量用户的基础上，奇虎 360 通过第二、第三层级产品，构建开放的商业生态系统和价值网络，与第三方互联网产品和服务提供商共享 8 亿用户资源，共同分享来自用户的收入，形成资源共享、利益分享的双赢的合作伙伴网络，同时也为公司带来迅速增长的业务收入和盈利，快速成长为互联网行业的翘楚。

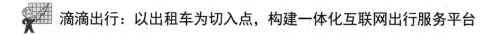

滴滴出行：以出租车为切入点，构建一体化互联网出行服务平台

北京小桔科技有限公司创立于 2012 年 6 月，同年 9 月滴滴打车 App 上线，同年 5 月快智科技有限公司（快的打车）在杭州成立，并于 8 月正式上线快的打车 App，均为为广大移动互联网用户提供在线预约出租车服务。2014 年 1 月，滴滴、快的两家最大的网约车平台持续开展大规模的面向司机和乘客的"双向补贴"营销活动。2014 年 2 月，滴滴、快的合并成为现在的滴滴出行。2016 年 7 月，交通运输部发布《关于深化推进处驻车行业健康发展的指导意见》《网络预约出租汽车经营服务管理暂行办法》，网约车获得了合法地位。2016 年 8 月，滴滴出行并购优步（Uber）中国，至此滴滴成为垄断国内网约车 80% 以上市场份额的巨头。

在发展过程中，经过多次融资和业务扩张，目前滴滴已经构建了包括出租车、顺风车、快车、专车、巴士、代驾、试驾、企业用车、租车等包含几乎所有汽车出行场景和需求的一体化出行服务平台，滴滴一体化出行服务业务架构及各业务上线时间如图 7-2 所示。2016 年年初，滴滴出行全平台拥有 1 500 万名司机，服务覆盖近 400 个城市，日订单量超过 1 500 万单，每日为数千万人提供出行服务，大大缓解了城市出行难的问题。2016 年春运 40 天，共有 190 万人搭乘跨城顺风车，成为缓解春运压力的新途径。海量的订单服务也促使滴滴在技术上构建了全球领先的智能出行平台。

在布局和掌控国内出行服务市场的同时，滴滴出行迅速开展国际化投资布局和业务拓展。滴滴分别于 2015 年 5 月、2016 年 1 月两轮投资美国第二大网约车平台 Lyft 共 11.5 亿美元，2015 年 8 月投资东南亚最大的网约车平台新加坡的 Grabtaxi 3.5 亿美元，2015 年 9 月投资印度最大的打车软件平台 Ola 5

亿美元，2017年1月投资了巴西本地共享出行服务商99Taxis，2017年8月投资了迪拜的Careem和爱沙尼亚的Taxify。滴滴出行通过对全球移动共享出行企业的投资布局，采取合纵连横的策略，以资本为纽带加强与全球各地主要共享出行服务商的合作，走出了一条独特的国际化发展道路，也为中国互联网企业国际化进行了积极的探索。

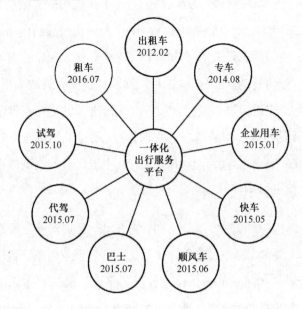

图7-2　滴滴一体化出行服务业务架构及各业务上线时间

滴滴秉承"移动互联网让出行更美好"的理念，其核心客户价值主张是为用户提供便捷、低成本、高质量、多元化的网络约车出行服务。随着中国经济的快速增长和城市化进程的加快，汽车出行服务需求剧增，并且由于传统的出租车行业受到国家的计划性监管，服务的数量和质量难以满足大众的需求，出现打车难、打车贵、服务质量差等一系列出行服务痛点。

滴滴为了解决这一痛点，初期借鉴美国Airbnb、Uber等共享经济企业的模式，搭建在线的互联网约租车平台，让包括出租车司机在内的广大车主和乘客通过手机 App 实现车辆资源和用车需求的实时匹配，并结合地图导航、移动支付等手段完成服务的交付和交易的结算，还通过平台对司机的服务和乘客的表现进行互相评价，从而建立司机和乘客的信用体系，监督并提高服务质量，优化乘车、用车体验。

作为平台，在平台的双边用户召集方面，主要通过"双向补贴"这样创新的模式，同时对司机端和乘客端进行大规模持续补贴，迅速扩大平台的用户规模。在平台经济中，一般采取对单边用户免费的策略，激进的策略一般也只止于对双边用户免费。"双向补贴"也让中国的互联网发展由免费模式进入了"倒贴"模式。网约车平台是典型的多栖性平台，即无论司机和乘客都可以同时成为多个平台的用户，并且切换平台的成本几乎为零。在有补贴的情况下，用户采取多栖的策略能够获得更多的利益，因此网约车平台缺乏用户黏性。此外，这种补贴模式不可持续，在有强大竞争对手的情况下，滴滴选择与竞争对手合并，从而避免平台的竞争并迅速实现平台的扩张，通过海量用户的网络效应不断增强平台的竞争力和垄断性，从而形成国内乃至全球用户规模和交易频度最高的网络约租车平台。

在核心资源和能力方面，平台上的司机、车辆和乘客资源是最核心的资源，滴滴自身的平台软件的服务能力、实施大数据分析和优化匹配的能力都是平台的核心能力。除了利用平台天然的开放性，接入各类资源，还包括地图和位置服务、移动支付等第三方平台的资源，形成了一个围绕出行服务的一体化生态系统。

在收入和盈利模式方面，有服务交易的中介提成、广告服务、面向企业用户的收费服务、大数据服务等模式。在国家网约车政策及各城市实施细则出台后，快车和专车业务受到限制，滴滴也在利用自身的平台和数据能力谋求新的变现方式。

在滴滴简短的发展历程中，在融资规模、战略并购、监管政策等方面都持续产生了重大的影响，成为中国互联网历史上目前为止发展最快、融资最多的企业。表 7-3 所示为滴滴的融资记录。

表 7-3　滴滴的融资记录

融资时间	融资轮次	融资金额	主要投资方
2012 年 7 月	天使轮	数百万元	王刚
2012 年 12 月	A 轮	300 万美元	金沙江
2013 年 4 月	B 轮	1 500 万美元	经纬中国、腾讯
2014 年 1 月	C 轮	1 亿美元	腾讯、中信
2014 年 12 月	D 轮	7 亿美元	淡马锡、腾讯
2015 年 5 月	E 轮	1.42 亿美元	新浪
2015 年 7 月	F 轮-上市前	30 亿美元	淡马锡、中投、阿里巴巴、腾讯、平安等
2016 年 2 月	F 轮-上市前	10 亿美元	北汽、中投、中金、中信、赛领等
2016 年 5 月	战略投资	10 亿美元	苹果
2016 年 6 月	战略投资	6 亿美元	中国人寿
2016 年 6 月	F 轮-上市前	45 亿美元	中国人寿、苹果、蚂蚁金服、腾讯、招行
2016 年 8 月	战略投资	亿级美元	中国邮政
2016 年 9 月	战略投资	2 亿美元	富士康
2016 年 12 月	F 轮-上市前	数千万美元	律格资本
2017 年 4 月	F 轮-上市前	55 亿美元	招商银行、软银、高达、银湖、中俄基金、交通银行
2017 年 12 月	战略投资	40 亿美元	软银、阿布扎比慕巴达公司

交通运输部的网约车新政虽给予网约车合法的地位，但也把具体的权力下放给拥有出租车监管权的城市，并且留出了根据城市的交通需求制定差异化的具体细则的空间。在政策出台后，北京、上海、广州等大城市不约而同地对网约车采取车辆轴距、牌照、司机户籍等限制性政策，大幅提高了网约车的准入门槛，也大大降低了网约车的潜在数量和市场规模。滴滴的发展及

其商业模式的创新在中国乃至全球互联网产业发展历程上留下了里程碑式的印记。

在滴滴简短的发展历程中，在商业模式创新上充分利用了资本的力量，构建一体化的在线出行服务平台，通过补贴等营销手段迅速召集双边的司机和乘客用户，与当时最大的竞争对手实现合并，迅速扩大平台的规模，从而实现快速发展。在融资方面，短短 5 年时间累计融资近 200 亿美元，开创了中国乃至全球融资的新纪录。在平台召集用户方面，通过创新的双边补贴模式，同时对司机端和乘客端进行大规模补贴，迅速扩大了平台的用户规模。采取这种激进的模式召集用户，一方面是迫于竞争对手采取同样的营销竞争手段的直接压力，另一方面也得益于幕后雄厚的资本力量的支持。

在监管政策的推进方面，滴滴的快速发展，对传统的出租车行业造成了巨大的压力和颠覆，导致与传统出租车行业在国家政策层面的强力博弈。在滴滴的快速增长和大规模融资形势下，其后续的发展和上市等环节，必须要拆除原有国家出租车监管的政策壁垒和风险，为网约车和自己的商业模式赢得合法的商业地位。在这种复杂博弈下，网约车新政出台仓促，也让滴滴的未来发展之路充满不确定性。

小米：以智能手机为切入点，构建智能硬件、互联网服务和新零售三位一体的开放式、平台化生态系统

北京小米科技有限责任公司成立于 2010 年 3 月，由雷军、林斌和黎万强等人创立。在当时智能手机和移动互联网爆发的时机，以智能手机为切入点，发展成为全球知名的以智能硬件和 IoT 平台为核心的互联网公司，致力于通过做"感动人心、价格厚道"的好产品，让全球每个人都能享受科技带来的美好生活。历经多年的创新和发展，2018 年 7 月 9 日小米在香港交易所

主板挂牌上市，成为港交所上市制度改革后首家采用同股不同权治理架构的上市企业。

　　自 2010 年创业、2011 年发布第一款手机，到 2017 年营业收入到突破 1 000 亿元达到 1 146 亿元，8 年收入突破千亿元，成为世界企业发展史上的神话。据小米 2018 全年财报，2018 年小米实现总营收 1 749 亿元人民币，同比增长 52.6%，利润 86 亿元人民币，同比增长 59.5%。图 7-3 所示为 2011—2018 年小米的营业收入。

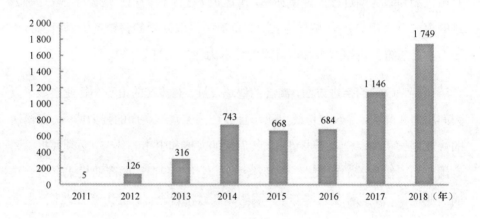

图 7-3　2011—2018 年小米的营业收入（单位：亿元）

　　2019 年，小米迈入世界 500 强排行第 468 位，位列 2019 年福布斯全球数字经济 100 强榜第 56 位。2019 年，小米手机出货量达 1.25 亿台，位列全球第四，其中在全球第二大智能手机市场印度排名第一。小米电视在中国销售 1 021 万台，在该领域排名第一。

　　纵观小米的战略布局和发展历史，就是一个典型的持续的开放创新和构建平台的案例。在智能手机和移动互联网爆发式发展的时代，立足中国庞大的市场，以智能手机为切入点，为用户提供品质过硬、价格厚道的产品，依次不断拓展到智能电视、路由器、智能家居甚至其他居家日用品的硬件产品体系。以智能硬件承载的 MIUI 等为平台，构建用户和智能硬件制造企业、互联网服务企业之间的开放型平台，并结合移动互联网和新零售打造价值传递的高效渠道，实现开放创新和平台经济双驱动的商业模式，快速获得成功。

在招股说明书中，小米将自己的核心业务和竞争力定义成"铁人三项"，即创新、高质量、精心设计且专注于卓越用户体验的硬件，以厚道的价格销售产品的高效新零售，以及丰富的互联网服务能力，如图 7-4 所示。

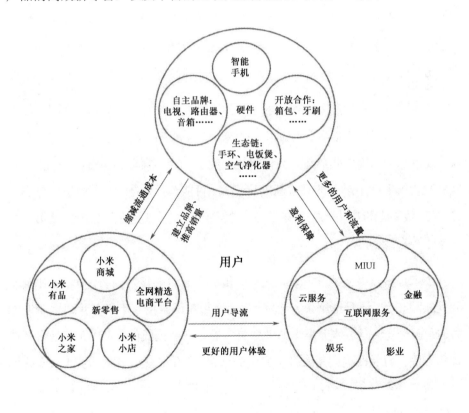

图 7-4　小米的"铁人三项"核心业务和竞争力

硬件产品：按对产品和产业链控制的开放程度分为三大类。①自主研发设计的智能手机（按产品市场定位，分为 Mix、小米、红米 3 个系列）、智能电视、笔记本电脑、路由器、智能音箱等消费电子产品。②与被投资的生态链企业合作生产的移动电源、手环、电饭煲、空气净化器、净水器、扫地机器人、智能平衡车等。③与其他企业开放合作生产的箱包、牙刷、床垫、家具、出行工具、玩具等。分 3 个层级构建了丰富的 IT 和生活消费产品体系。

互联网服务：按照平台的类型可以分为两大类。①技术和产品型平台，以基于安卓内核自主研发的 MIUI 操作系统为核心，提供丰富的互联网应用，包括小米应用商店，小米浏览器、小米视频和小米音乐等。②服务型平台，以广大的小米用户和"粉丝"为基础，提供在线的金融、娱乐、影业等独立的互联网服务。

新零售：可分为线上系统和线下系统。线上系统有小米商城、全网精选电商平台小米有品、智能硬件控制中心"米家"App 等。线下零售系统有小米之家，线下小米品牌专卖店等。公司将线上线下打通、融合、互相导流，打造互联网时代线上线下融合的高效新零售模式。目前，小米的自营电商平台全国排名第三，线下零售店小米之家年坪效为 27 万元，位居世界零售品牌坪效第二，仅次于苹果。

小米是科技型企业和互联网公司，虽然有一定的技术创新，如 MIUI 及系列互联网产品，还是继苹果、三星、华为之后第四家拥有手机芯片自主研发能力的科技公司，但总体上小米的创新更多的是商业模式的创新，尤其是将开放式和平台型商业模式创新进行了完美的结合，产生了爆发式的效果。从商业模式创新的要素分析，独到的客户价值主张和开放高效的生态系统是小米模式创新的成功之处。

1）独到的客户价值主张

"为发烧而生"是小米的产品概念。"让每个人都能享受科技的乐趣"是小米公司的愿景。雷军甚至承诺小米的利润率不超过 5%，核心理念是为广大用户提供"设计有品、质量可靠、体验极致、价格厚道"的产品。在小米创立初期的中国智能手机市场，一方面是苹果、三星等高质量、高价的高端产品，满足少数高端用户需求；另一方面是质量参差不齐、品牌混乱的"山寨机"，小米立足于对市场格局和大众消费品趋势的洞察，强调极致的外观和交互设计，质量可靠有保障、推出价格在千元左右的"千元机"。无疑，这是独到且定位清晰的价值主张，也获得了用户和市场的高度认可。后续更多的"小米系"的产品和服务，基本都沿袭了这一价值主张。小米还注重利用互联网的便利建立与客户之间持续紧密的互动，提升用户的黏性并接受用户的反馈。小米的 MIUI 月活跃用户达到 2.42 亿名，围绕小米的社区形成了一批忠实的"米粉"，交流小米产品的使用体验并提出意见，雷军自己也曾长期在 MIUI 社区与用户零距离交流互动。

2）开放高效的生态系统

小米以智能手机这一随时随身在线的产品为载体，构建了基于硬件和智能 IoT 硬件平台，再以硬件用户为流量变现构建互联网服务平台和生态系统，再围绕硬件产品的销售和服务构建新零售平台和生态系统。这三大平台系统构成了小米的核心资源，而组织、管理和协同这三大平台的运营能力是小米的核心能力。

在智能手机等电子设备方面，构成类似于苹果的硬件、MIUI、应用商店的垂直一体化系统。小米自身专注于产品设计和用户体验优化，除了委托生产制造这一行业通行的合作模式，小米商业模式的创新之处是采用投资并孵化外部团队或企业的模式，丰富产品体系，打造智能硬件生态系统。截至 2017

年年底，小米共投资了超过 100 家智能硬件企业，这些企业发布的产品超过 200 款，年销售额突破 200 亿元，已构成手机周边产品、智能家居产品、生活耗材等智能 IoT 产品生态体系。其中，紫米、华米、润米、智米、ninebot、小蚁等企业跻身独角兽公司行列，华米、润米等企业甚至早于小米上市。小米对于生态链上的企业投资但不控股，重设计、重质量并由小米品牌背书，通过小米的新零售渠道直达广大用户。一方面不断丰富产品体系、强化品牌影响力；另一方面通过不同电子设备间的互联互通和统一服务，也为用户构建了一体化的智能设备和家居体验。这种生态模式实现了小米自身、生态链企业和用户价值的最大化。

在移动互联网服务方面，围绕"米粉"用户资源和流量入口，形成了包括 MIUI 及应用商店、影音、互娱、金融、云服务等丰富的互联网服务。MIUI 系统在全球范围内拥有 3 亿用户，人均使用时长约 4.5 小时，旗下拥有近 40 个月活超千万的 App。小米 2018 年的财报显示，小米当年互联网服务收入 160 亿元，增长 61.2%。广告收入达 101 亿元人民币，同比增长 79.9%。其中，互联网金融和有品电商平台的收入分别占互联网服务总收入的 11.9%以及 4.1%。2018 年全年小米的互联网服务的每名用户平均收入（ARPU）从 2017 年的 57.9 元增长到 65.9 元。

资本助力和投资布局是助力小米商业模式成功落地的重要因素。据投中研究院数据，小米从 2010 年创立到 2018 年上市，共完成 9 轮融资，融资总额达 15.47 亿美元。在获得融资发展的同时，小米还通过对外投资构建生态系统，其中的顺为资本与小米投资形成协同，形成以"投资+孵化"的广泛产业链协同布局。自 2011 年到 2018 年 5 月，小米投资 160 多起，金额近 300 亿元，顺为资本累计投资近 300 起，金额达 550 亿元。这项投资项目中有近 50%是小米和顺为联合投资的，多是围绕小米生态链进行布局的，主要集中在硬件、文化娱乐、企业服务、本地生活、金融等领域。

小米在把握国内智能手机和移动互联网崛起的浪潮的同时，及早开展了国际化布局。2017 年，小米的业务已经进入 70 个国家和地区，在其中 15 个国家进入了前五名，是印度市场占有率第一大的手机品牌。2019 年，小米手机出货量达 1.25 亿台，成为继续三星、苹果、华为等巨头之后的第四大手机厂商。

7.5 合纵连横：互联网平台的扩张和合并

在中国，互联网的发展由前期用户和规模的快速增长，逐步进入业务和平台的深度关联和融合阶段，互联网企业的增长依靠单一业务用户规模增长实现快速发展，进入了更多依靠深挖现有用户的价值的阶段。互联网平台之间的跨业务扩张和同类业务合并扩张成为重要的发展趋势。如表 7-4 所示为中国平台型互联网企业横向扩张的发展趋势。

表 7-4 中国平台型互联网企业横向扩张的发展趋势

企业	传统优势领域	新进入领域
腾讯	游戏娱乐、即时通信、社交网络	通过创办"财富通"、微信支付等进入电子支付领域；创立"搜搜"并投资入股"搜狗"进入搜索领域；创立拍拍、易迅、入股京东商城等方式进入电子商务领域；推出 QQ 医生、腾讯管家进入信息安全领域
百度	搜索、地图服务	通过并购爱奇艺、PPS 视频进入网络视频服务；并购糯米团购进入 O2O 领域；收购控股去哪儿网进入线上商旅服务；创办百度金融进入互联网金融支付领域
阿里巴巴	电子商务、电子支付	通过收购高德地图进入地图服务领域；通过并购新浪微博，推出来往、钉钉试图进入即时通信和社交领域
奇虎360	信息安全（杀毒、安全防护）	推出 360 搜索、360 浏览器、导航网站、手机助手等进入搜索和互联网信息服务领域
新浪	综合信息门户	推出新浪微博，进入社交网络领域
搜狐	综合信息门户	创立搜狐视频进入视频服务领域，创立"搜狗"进入搜索服务
网易	综合信息门户	通过网易游戏发展游戏业务；创立网易考拉、网易严选进入电商领域；创办网易公开课、网易云音乐进入互联网视听领域

同类业务的互联网服务平台的频繁并购成为中国互联网平台合并扩张的重要趋势，引发这类行为和趋势的主要原因有以下几点。一是同类业务平台由于存在着业务、商业模式同质化竞争，为吸引用户往往只能采取价格战等竞争手段，导致收入和盈利能力不足，合并后则有利于平台的规模化发展且可以提高营收；二是这再次体现了互联网领域的 7∶2∶1 法则的作用，在多个平台的竞争下，尤其是平台的实力相差不大时，选择合并是最有利于双方发展的策略；三是平台幕后的资本力量往往成为推动平台合并的力量，在投资方因为平台的竞争和价格战而难以获得高回报甚至需要不断追加投资的情况下，平台幕后的资本方会推动平台合并以结束激烈的竞争，扩大平台的规模效应，提高服务定价权，从而获得更高的收益。中国互联网领域同类业务平台重大合并/并购事件如表 7-5 所示。

表 7-5　中国互联网领域同类业务平台重大合并/并购事件

时　　间	合并/并购方	具体事件说明
2012 年 3 月	优酷 + 土豆	优酷、土豆两大视频网站以 100%换股合并。2011 年第四季度，优酷和土豆分别以 21.3%、13.7%的市场份额位居国内网络视频市场第一、第二
2013 年 5 月	爱奇艺 + PPS	百度宣布以 3.7 亿美元收购 PPS 视频业务，并将 PPS 视频业务与爱奇艺进行合并
2013 年 9 月	腾讯搜搜 + 搜狗	腾讯将旗下搜搜业务打包注入搜狐旗下子公司搜狗，同时向搜狗注资 4.48 亿美元，合并后的搜狗保持独立运营
2014 年 3 月	京东 + 腾讯旗下 QQ 网购、拍拍、易迅	腾讯收购京东上市前在外流通普通股的 15%，为此支付 2.14 亿美元，并将旗下 QQ 网购、拍拍的电商和物流部门并入京东，京东还会持腾讯旗下易迅网购平台的少数股权，京东、易迅保持独立品牌运营
2015 年 2 月	滴滴 + 快的	滴滴打车和快的打车宣布合并，结束耗资巨大的补贴大战，合并后成为国内最大的互联网出行服务平台

续表

时 间	合并/并购方	具体事件说明
2015 年 4 月	58 同城 + 赶集网	58 同城宣布战略入股赶集网，共同成立 58 赶集有限公司，信息分类行业排名第一和第二的公司结束多年激烈的竞争，获得分类信息市场的绝对份额
2015 年 10 月	美团网 + 大众点评	美团网和大众点评合并成立新美大公司。国内排名第一、第二的两家团购和 O2O 网站实现合并，结束了同质竞争和"价格战""补贴战"
2015 年 5 月	携程 + 艺龙	携程出资约 4 亿美元，持有艺龙 37.6% 的股权，成为艺龙的最大股东，结束 10 余年的同业竞争。合并后占中国酒店第三方线上分销市场 50% 以上的份额
2015 年 10 月	携程 + 去哪儿网	携程与去哪儿网正式合并，合并方式为百度出售 45% 去哪儿股权并置换持股携程 25% 的股权
2015 年 12 月	世纪佳缘+百合网	世纪佳缘和百合网两大国内婚恋交友网站宣布达成合并协议
2016 年 6 月	京东 + 1 号店	京东宣布与沃尔玛达成战略合作，正式收购 1 号店的品牌、网站和 App。沃尔玛将获得京东新发行的 1.45 亿股 A 类普通股，约占京东 5% 的股份
2016 年 7 月	QQ 音乐+酷狗音乐+酷我音乐	腾讯收购酷狗音乐和酷我音乐并与其自身的 QQ 音乐业务合并，前期保持 3 个品牌独立运行，后期整合为腾讯音乐，并于 2018 年 12 月在纽约交易所上市，当日市值达 230 亿美元。该收购结束了中国网络音乐免费的格局，在市场集中后，腾讯音乐加速了版权保护和音乐收费服务
2016 年 8 月	滴滴+Uber 中国	滴滴出行收购 Uber 中国的品牌、业务、数据等全部资产。滴滴也因此成为唯一一家腾讯、阿里巴巴和百度共同投资的企业。就此结束了滴滴、快的合并后，因 Uber 竞争带来的第二次大规模价格"补贴战"，合并后的滴滴几乎垄断了国内互联网出行服务

续表

时　　间	合并/并购方	具体事件说明
2017 年 11 月	运满满+货车帮	2011 年成立的货车帮和 2013 年成立的运满满，在车货匹配的基础业务及衍生发展出的金融、保险、ETC 等增值车后市场服务模式均极度相似，互联网车货匹配（货运物流）两大巨头的合并，结束了激烈的资源争夺和"烧钱"模式，建立了行业的垄断地位
2017 年 8 月	饿了么+百度外卖	饿了么以 8 亿美元收购百度外卖，饿了么向百度支付 2 亿美元现金并出让 5%的饿了么股份给百度，百度外卖品牌于并购 18 个月之后的改为饿了么星选。"阿里系"的饿了么与"腾讯系"的美团外卖市场份额均在 41%左右，不相上下，并购百度外卖 13%的市场份额后，饿了么成为最大的外卖平台。2018 年 10 月，阿里巴巴进一步将饿了么与阿里口碑合并

▌7.6　创新引领：围绕本土市场需求，引领全球创新

中国互联网公司的创立总体上晚于美国同类型公司，但发展至 2020 年年底，市值排在前 25 名的互联网上市企业中美国占 13 家，中国占 11 家（见表 7-6）。中国已经成为全球仅次于美国的互联网大国。中国互联网企业能取得现在的成绩，与中国的语言文化有很大关系，在互联网天然的强网络效应下，美国凭借技术和商业模式创新的先发优势，取得了除中国等极少数国家市场外的全球市场。中国企业凭借语言文化的差异和本土用户和市场需求的差异，成功地占据 10 多亿用户的中国市场并逐步拓展国际市场，在相应细分领域成功阻止了美国互联网企业在中国市场的布局，甚至将部分进入中国已经取得先发优势的企业逐出中国市场（如电子商务领域）。在这个过程中虽然有一定国家本土政策的保护，但更主要的还是国内互联网企业的商业模式的持续优化创新，深入把握客户需求、围绕客户价值，进行持续的技术、产品和服务创新的结果。目前与美国企业相比，国内企业在技术领域的差距在缩小，原创技术的差距依然较大，但围绕产品和服务领域的商业模式创新已基本与美国同步，甚至在部分领域领先美国，如在移动互联网、互联网金融和人工智能等领域。

表 7-6　全球市值前 25 名互联网上市企业

排名	企　　业	国家	市值（亿美元）	主营业务	成立时间
1	Apple	美国	22 600	消费电子、软件及互联网服务	1976 年 4 月
2	Microsoft	美国	16 800	软件、云服务	1975 年
3	Amazon	美国	16 300	电子商务、云服务	1995 年 7 月

排名	企　业	国家	市值（亿美元）	主营业务	成立时间
4	Google	美国	11 900	搜索及互联网服务	1998 年 9 月
5	Facebook	美国	7 780	社交	2004 年 2 月
6	Tencent（腾讯）	中国	6 979	游戏娱乐、社交	1998 年 11 月
7	Alibaba（阿里巴巴）	中国	6 297	电子商务	1999 年 9 月
8	Paypal	美国	2 752	电子支付	1998 年
9	Netflix（奈飞）	美国	2 389	影视流媒体	1997 年
10	美团点评	中国	2 232	O2O 生活服务	2010 年 3 月
11	PDD（ping）	中国	2 179	电子商务	2015 年 4 月
12	SalesForce	美国	2 037	云计算 SaaS、在线 CRM	1999 年 3 月
13	JD（京东）	中国	1 367	电子商务	1998 年 6 月
14	小米	中国	1 079	消费电子、软件及 互联网服务	2010 年 3 月
15	Zoom	美国	965	在线视频会议	2011 年 4 月
16	Booking	荷兰	912	在线旅游	1998 年
17	Uber（优步）	美国	900	在线出行（网约车）	2010 年 7 月
18	Airbnb（爱彼迎）	美国	877	居住服务（旅行短租）	2008 年 8 月
19	Baidu（百度）	中国	738	搜索	2000 年 1 月
20	BEKE（贝壳）	中国	725	居住服务 （买卖、租赁等）	2018 年 7 月
21	Netease（网易）	中国	662	游戏娱乐、门户网站	1997 年 6 月
22	Spotify（声田）	美国	578	音乐流媒体	2008 年 1 月
23	Twitter（推特）	美国	431	社交，媒体	2006 年 3 月
24	TME（腾讯音乐）	中国	323	音乐流媒体	2016 年 7 月
25	bilibili（B 站）	中国	298	视频直播娱乐	2009 年 6 月

资料来源：根据公开的各公司 2020 年最后一交易日收盘价市值整理。

▋ 7.7 垄断竞争：互联网商业模式创新下的市场竞争格局

 关于中国互联网产业垄断的争议

中国互联网产业发展的前期大多采取业务和商业模式模仿的方式，快速推出业务、抢占市场。尤其是大企业利用资本优势和持续的资金投入，抢夺用户、市场，甚至通过模仿创新企业的业务或收编其人才和团队等竞争方式，使得中小创新企业难以发展壮大，让拥有好的业务和商业模式的创新企业也走向失败。美国互联网企业的发展和竞争相对规范，企业在发展初期就形成了互利合作的良好生态。谷歌在发展初期主要依靠为雅虎提供搜索技术支持服务获得收入，并快速发展成为全球最大的搜索引擎公司。这主要得益于美国关于反垄断的法律法规比较健全，执法体系比较完善。此外，国外支撑互联网企业创业发展的资本市场和投融资体系更为发达，创新企业在与大型互联网企业竞争过程中能够得到资本市场的持续支持。

2013 年比特网一篇关于中国与美国互联网产业垄断与创新的文章可以说是质疑中国互联网产业垄断抑制创新的典型观点。该文章认为，当时中国互联网市场已陷于寡头垄断格局，腾讯、百度两大公司的总市值，就占据了互联网上市公司市场总值 70%以上，在一定程度上制约了中国互联网的创新（比特网，2013）。通过对比中国和美国互联网产业发展后发现，在互联网发展初期，中、美互联网企业发展都十分迅速，新生有影响力的企业层出不穷；但经过十多年的发展，虽然均出现了寡头垄断现象，但后续的发展形势出现较大差异。研究认为，中国互联网产业因出现了以腾讯、百度等为首的寡头企业，而抑制了技术创新和创新企业的发展，2006 年以后基本没有出现新的大型互联网企业。美国互联网企业仍在蓬勃发展，美国互联网先驱雅虎、谷歌、亚马逊并没有使美国的互联网市场出现高度垄断，由于反垄断的意识及公平的竞争环境，Facebook、Twitter、YouTube 等颠覆式创新企业不断涌现。国内外互联网企业发展对比如图 7-5 所示（注：图中企业图示圆面积的大小以企业 2013 年的市值为参考比例，各企业所在的圆心为企业创立的时间）。

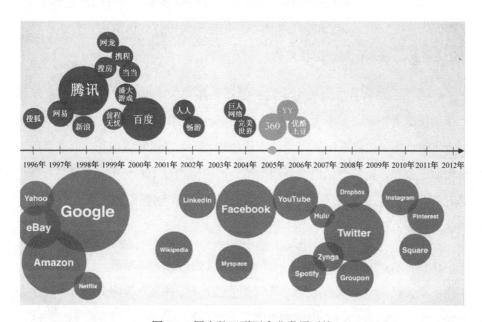

图 7-5　国内外互联网企业发展对比

资料来源：比特网，http://net.chinabyte.com/181/12787181.shtml。

基于以上观点，不少相关方呼吁政府对互联网产业的垄断行为和不正当竞争行为采取规制措施。虽然政府已经在规范互联网产业发展方面采取一定的措施，但还需进一步发展和完善相关制度。

打破垄断的利剑：国家规制还是创新颠覆

时隔 5 年，到 2018 年年底再回顾 2013 年的观点，是否能够实证互联网行业的垄断抑制创新的观点呢？从图 7-5 中我们看到，2013 年美国的互联网格局与现在比起来没有太大的变化，虽然也有 Uber 等新巨头产生，但是中国的互联网江湖风起云涌，变革不断。首先，腾讯、百度占据市值的 70% 的状况已然不成立，随着阿里巴巴在美国上市，其目前的市值已与腾讯不相上下，均超过 4 000 亿美元，目前阿里体系独立出来的蚂蚁金服的估值也已达到 1 400 亿美元。还有 360、小米、滴滴、美团点评等公司的市值或估值均超过 300 亿～400 亿美元，成为行业新的独角兽。

在阿里巴巴最具优势的电子商务领域，其龙头地位也并未能抑制京东这一新的挑战者崛起。京东于 2014 年 5 月在美国上市，2015 创立的拼多多在不到 3 年时间内，凭借下沉到广大的三四线市场，取得爆发式增长，上市后市值一度逼近京东，新浪孵化出的新浪微博，市值也超过 100 亿美元。网易、携程等老牌互联网企业也在不断地创新并拓展新业务和创新商业模式，取得了更大的发展。

总体来看，近年来中国互联网产业并没有因为"BAT"等第一阵营的存在，制约了新公司的创新崛起或第二阵营企业的发展。相反，其拥有的资本和生态优势助推了中国互联网的创新和繁荣。例如，滴滴在发展过程中得到"BAT"三巨头的投资并独立发展，美团点评得到腾讯和阿里巴巴的投资并独立发展，新浪微博孵化于新浪，也得到阿里巴巴的投资和生态系统支持，携程的壮大也得益于百度将去哪儿网与之进行业务合并。大企业间的相互竞争渗透和合纵连横与创新企业的不断涌现和发展，形成了竞争激烈、创新活跃的互联网产业发展新态势。

IT 和互联网产业的网络效应有产生自然垄断的倾向，但这种倾向一方面受网络效应和边际成本趋零的信息规律影响；另一方面在频繁的技术创新和商业模式创新中，优势企业要保持和维护垄断地位的难度很大。创新企业总是围绕技术和商业模式创新实现边缘渗透和突破，发展为具有新的竞争力和业务的新时代龙头企业。全球 IT 产业从硬件、软件、互联网、移动互联网等不同发展阶段，都产生了属于时代的巨头，但这些巨头很少能把属于上个时代的技术商业优势延续到下个时代，而在新的时代必将产生一大批拥有新技术、新商业模式的颠覆式企业。例如，微软、英特尔主导的 PC 时代的优势未能延续到移动互联网时代，而谷歌、苹果、高通、ARM 成为新时代的巨头。

创新是打破 IT 和互联网产业天生的网络效应带来的自然垄断的最好的市场力量。但是随着互联网巨头形成超级平台，并通过投资形成垄断性、排他性的生态系统，据此市场地位采取影响市场公平竞争和制约其他企业创新发展的市场行为时，政府有必要采取反垄断等规制措施。此外，除了反垄断等经济性规制，对互联网服务质量标准、承担社会责任等进行规制和监督，以维护广大用户的权益等社会性监督措施也是十分必要的，这也有利于促进互联网企业竞争朝着满足用户需求、为用户创造真实价值的方向发展。技术和商业模式领域的颠覆式创新是悬在大型 IT 和互联网企业头上的达摩克利斯之剑，也是后来创新者挑战现有巨头的利器。

▎7.8 新秀辈出：从"BAT"到"TMD"

中国互联网企业的发展历史并不长，按时间及其影响力大致可以分为三代。第一代是互联网的门户时代，以新浪、搜狐、网易三大门户为代表，可以归为同时代的还有盛大网络。第二代是"BAT"时代，即百度、阿里巴巴和腾讯三大巨头，此外还有京东、奇虎360。第三代是"TMD"时代，更多的互联网企业创新而出的新秀，包括今日头条（含抖音）、美团点评、小米、蚂蚁金服、滴滴出行、拼多多等。表 7-7 中梳理了中国互联网企业的"老中青三代"。

表 7-7　中国互联网企业的"老中青三代"

企 业	创立时间	上市时间	上市地
新浪	1998 年 12 月	2000 年 4 月	纳斯达克
搜狐	1998 年 2 月	2000 年 7 月	纳斯达克
网易	1997 年 6 月	2000 年 6 月	纳斯达克
盛大	1999 年 11 月	2004 年 5 月	纳斯达克
百度	2000 年 1 月	2005 年 8 月	纳斯达克
阿里巴巴	1999 年 9 月	2007 年 11 月	香港联交所
		2014 年 9 月	纽约交易所
腾讯	1998 年 11 月	2004 年 6 月	香港联交所
京东	1998 年 6 月	2014 年 5 月	纳斯达克
奇虎 360	2005 年 9 月	2011 年 3 月	纽约交易所
		2017 年 11 月	深圳交易所
今日头条	2012 年 3 月	—	—
美团点评	2010 年 3 月	2018 年 9 月	香港联交所
小米	2010 年 4 月	2018 年 7 月	香港联交所

续表

企　业	创立时间	上市时间	上市地
蚂蚁金服	2014 年 10 月	—	—
滴滴出行	2012 年 7 月	—	—
拼多多	2015 年 9 月	2018 年 7 月	纳斯达克

注：盛大游戏于 2015 年 11 月从美国纳斯达克退市；阿里巴巴 B2B 业务 2012 年 6 月从香港联交所退市；奇虎 360 于 2016 年 7 月从美国纽约交易所退市。蚂蚁金服的前身支付宝创立于 2004 年 12 月。

从时间上看，第一代和第二代互联网企业大都创立于 1998—2000 年，这也是全球互联网的第一次浪潮。新浪、搜狐、网易等门户企业得益于当时美国以雅虎为代表的门户企业受到资本的追捧，商业模式比较清晰，均在 2000 年互联网泡沫破裂之前，成功地在美国纳斯达克上市，从而奠定了当时的竞争优势、行业影响力和知名度。同期的百度、阿里巴巴、腾讯、京东等企业因业务盈利模式不明晰，尤其还没来得及得到资本市场的认可即遇到全球互联网泡沫，发展相对较慢、知名度相对较小。在互联网泡沫后，这类企业在搜索、社交及电子商务等领域的商业模式逐渐清晰并得到资本市场认可后，在 2004 年以后相继上市，并且日益发展壮大，成为新时代有世界影响力和知名度的互联网巨头。第三代互联网企业基本源自 2010 年后全球移动互联网的大潮，均创立于 2010 年以后，在相应的移动互联网服务领域取得爆发式增长，从而成为新一代的"小巨头"。

从发展趋势看，随着互联网向移动互联网甚至人工智能时代演进，从连接人与信息到连接人与人、人与服务发展，第一代互联网企业的门户时代已经过去，均在向新的领域转型，如新浪进入社交领域发展出微博，网易向游戏、音乐、电商领域转型，搜狐向搜索和视频领域进军，但总体上已经到了市场竞争格局中的第三梯队。第二代互联网企业是当前的第一梯队，第三代互联网企业总体处于第二梯队，但未来的发展空间更具想象力，蚂蚁金服、今日头条等企业的市场估值甚至已经超过百度。

中国互联网领域的新秀频出，使中国日渐成为全球最活跃的互联网创新之地，中国互联网未来的创新也将继续，甚至在技术和商业模式创新方面不断走向深入，进而引领全球。

7.9　扬帆出海：中国互联网企业国际化发展

中国互联网企业的商业模式的创新，经历了 Copy to China 到 Copy from China 的发展历程，早期更多学习和模仿美国互联网企业，中期通过自主创新诞生了自己原创的商业模式。目前，更多新一代互联网公司将中国成功的商业模式向海外拓展。美国的互联网企业是全球的互联网企业，中国的互联网企业的主要业务局限在国内，但自 2015 年以后，中国互联网企业扬帆出海成为新趋势、新气象。

从国际化程度看，第一代互联网企业主要基于中文门户网站服务于中国市场；第二代互联网企业也以服务中国市场为主，但也积极探索拓展国际市场，百度在外语搜索、阿里巴巴在海外电商、腾讯在游戏和微信社交等领域均有一定的进展。第三代互联网企业从一开始就着重布局海外市场，如字节跳动、蚂蚁金服、小米、滴滴等企业，均在坐稳国内市场的同时，通过投资并购或业务扩张大举进入一些发展中国家和地区的市场，而且在当地市场取得了相当甚至领先的市场地位，如表 7-8、表 7-9 所示，分别为滴滴和字节跳动的海外布局和并购。

表 7-8　滴滴的海外布局和并购

时间	投资/并购对象	金额	说明
2015 年 8 月	Grab（新加坡）	未公布，参投 2015 年 8 月 3.5 亿美元并领投 2016 年 8 月 6 亿美元融资	Grab 是东南亚最大的网约车公司，滴滴投资旨在布局东南亚市场

续表

时间	投资/并购对象	金额	说明
2015 年 8 月	Lyft（美国）	1 亿美元	Lyft 是美国第二大、全球第一家上市（2019 年 3 月）的网约车公司，滴滴投资旨在布局美洲市场
2015 年 9 月	Ola（印度）	0.25 亿美元	Ola 是印度最大的网约车公司，滴滴投资旨在布局印度市场
2017 年 8 月	Careem（阿联酋）	未公布	Careem 是中东与中北非地区最大的网约车公司，在 2019 年被 Uber 以 31 亿美元收购。滴滴投资旨在布局中东市场
2018 年 5 月	Bolt（爱沙尼亚）	未公布，与戴姆勒共同领投 1.75 亿美元	Bolt 原名 Taxify，是欧洲最大的网约车公司，滴滴投资旨在布局欧洲市场

表 7-9　字节跳动的海外布局和并购

时间	投资/并购对象	金额	说明
2016 年 10 月	Dailyhunt（印度）	2 500 万美元	Dailyhunt 是印度最大的内容聚合平台，字节跳动投资旨在布局印度市场
2016 年 12 月	BABE（印尼）	未知，全资收购	BABE 是印尼新闻推荐阅读平台，字节跳动投资旨在布局印尼市场
2017 年 2 月	Flipagram（美国）	未知，全资收购	Flipagram 是美国短视频应用，字节跳动投资旨在布局美国市场
2017 年 7 月	News republic	8 660 万美元全资收购	News republic 是猎豹移动子公司，是一个新闻聚合平台，主要客户在海外，字节跳动投资旨在布局海外新闻市场
2017.11	Musical.ly（美国）	10 亿美元全资收购	Musical.ly 是音乐社交短视频网站，全球活跃用户超过 1 亿人，字节跳动投资旨在布局全球短视频市场

启示篇

|第 **8** 章|

中国信息技术产业发展的
现状及启示

中国信息技术产业近年来一直持续高速发展，企业商业模式创新也日益活跃，本书所讲的商业模式创新相关理论对中国信息技术产业的创新发展具有现实的指导意义。因此，本章就中国信息技术产业发展和商业模式创新发展进行分析，在此基础上结合商业模式创新理论，提出对企业商业实践的启示，以更好地应用理论指导实践，提升本书理论的实践指导意义。

8.1 中国信息技术产业发展现状和政策环境

8.1.1 信息技术产业高速增长

近年来，中国信息技术产业规模保持持续高速增长，信息技术产业投融资高度活跃，成为创新最活跃和增长最快的经济领域之一。2010—2017 年，中国信息技术产业虽然经历了全球金融危机，但年均增速基本上是 GDP 的近 2 倍（见图 8-1）。2017 年，信息技术产业销售收入达 18.54 万亿元，同比增长 13.8%。中国是全球最大的电子制造业国家，计算机、智能手机和彩色电视机产量均居世界首位，占全球产量的 80%以上。

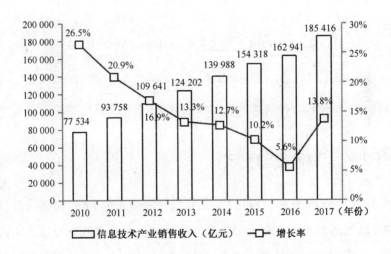

图 8-1　2010—2017 年中国信息技术产业销售收入及增长率

资料来源：根据中国电子信息产业统计年鉴（综合篇）整理。

（注：信息技术产业销售收入=电子信息制造业务收入+软件产业业务收入）

在信息技术产业中，软件与信息技术服务业的发展更为迅速，占信息技术产业的比重不断提高，中国软件与信息技术服务业近十年来保持年均 30%以上的增长率。2018 年，中国软件业务收入达 6.30 万亿元，同比增长 14.4%。2010—2018 年中国软件与信息技术服务业务收入及增长率，如图 8-2 所示。

图 8-2　2010—2018 年中国软件与信息技术服务业务收入及增长率

资料来源：根据工业和信息化部运行监测协调局数据整理。

8.1.2　互联网蓬勃发展

中国的信息基础设施日趋完善，尤其是近两年国家推行"提速降费"以来，通信和互联网基础设施条件大幅提升，良好的公共信息基础设施大大降低了企业的创新成本和用户的使用成本，为中国信息技术的普及尤其是互联网及新商业模式创新提供了更好的环境。据工业和信息化部数据显示，2018 年年底，中国光缆线路总长度达到 4 358 万千米，移动电话普及率达到 112.2 部/百人，固定互联网宽带接入用户总数达 4.07 亿户，其中，光纤接入用户 3.68 亿户，占 90.4%，100Mbps 及以上接入速率的用户总数达 2.86 亿，占 70.3%，比 2017 提高了 31.4 个百分点。3G/4G 已经覆盖到全国所有乡镇，移动宽带用户（3G 和 4G 用户）总数达 13.1 亿户，4G 用户总数达到 11.7 亿户。互联网的普及率日益提高。到 2018 年年底，中国网民数量已达到 8.29 亿人，普及率达到 59.6%，中国网民规模及普及率如图 8-3 所示。

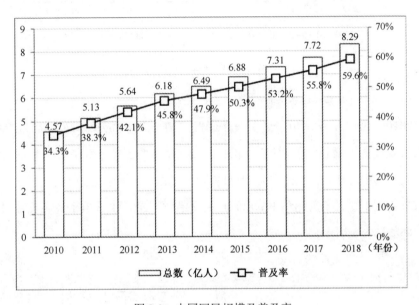

图 8-3　中国网民规模及普及率

资料来源：根据中国互联网络信息中心 CNNIC 统计数据。

随着 3G、4G 网络的普及，移动互联网业务创新拓展带动各类移动互联网的应用服务日益丰富、市场需求迅速扩大，移动互联网接入流量消费迅猛增长。2018 年，移动互联网接入流量消费达 711 亿 GB，同比增长 189.1%。全年移动互联网接入月户均流量（DOU）达 4.42GB/（月/户），是 2017 年的 2.6 倍。其中，手机上网流量达 702 亿 GB，比上年增长 198.7%，在总流量中占 98.7%。中国移动互联网接入总流量及增长率如图 8-4 所示。

图 8-4　中国移动互联网接入总流量及增长率

资料来源：工业和信息化部。

2010—2014 年中国电子商务呈现爆发式增长，年均增长率超过 30%，2015 年以后规模继续增长，但增速有所放缓。2018 年中国电子商务交易额达 31.6 万亿元，其中 2018 年"双 11"中国两大电商平台——阿里巴巴的天猫淘宝和京东分别创下 2 135 亿元和 1 598 亿元的交易额纪录。中国电子商务交易额及增长率如图 8-5 所示。

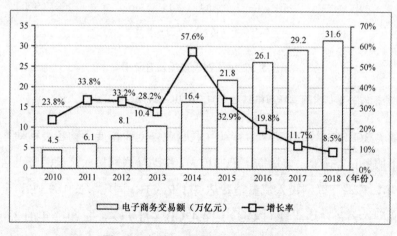

图 8-5　中国电子商务交易额及增长率

资料来源：国家统计局、商务部。

随着 5G 的商用，更高速的移动网络带宽将促进移动互联网业务加速创新和深入应用。移动音视频、生产办公、移动电子商务、移动交通物流、智慧家庭等新兴信息服务不断扩展，催生了更多的业务形态和商业模式的出现。此外，物联网、工业互联网、车联网等将在 5G 时代加速到来，进入万物互联的新时代。

8.1.3 投融资十分活跃

资本是驱动中国 IT 及互联网产业快速发展的重要推动力，投资于一级市场的私募股权投资，包括早期投资、VC（Venture Capital）、PE（Private Equity）是助力创业创新、不断孵化培育新技术和新企业的关键要素。尤其从 2014 年开始，随着国家鼓励创新创业的一系列政策的推出，私募股权投资呈现爆发式增长。到 2017 年达到顶峰，当年投资总额达 12 111.49 亿元，投资案例达 10 144 起。2018 年由于金融去杠杆和中美贸易摩擦等因素的影响，投资热度有所回落，中国股权投资市场投资总额及案例数如图 8-6 所示。

图 8-6　中国股权投资市场投资总额及案例数（包括早期投资、VC、PE）

资料来源：清科研究中心。

自 2010 年起，人民币投资超过外币投资并长期占据市场主导地位，到 2017 年，人民币投资总额扩大到外币投资总额的 4 倍。除了内外资投资规模上的变化，私募股权投资机构也经历了纯外资主导到本土背景投资机构发展壮大的历程。早年知名投资机构主要是美国的如 IDG、红杉、高瓴资本等，2010 年以后，以深创投为代表的本土投资机构快速成长，尤其是在 2014 年和 2016 年国家分别成立了国家集成电路产业基金和中国互联网投资基金两只千亿级规模的国家基金后，国家资本成为助力 IT 及互联网产业发展的新力量。

从细分投资领域看，IT、互联网无论是投资规模和数量均位列前三，电信及增值业务、电子及光电设备也均位列前十。此外，近些年金融、物流、传媒、教育等行业的投资也主要以"互联网+"相关的技术模式创新为主。总体来看，在中国万亿规模的私募股权投资中，与 IT 和互联网相关的超过 60%。正是得益于大规模且快速增长的投资，中国的 IT 及互联网产业近年来创新创业十分活跃，也因此诞生了一批独角兽（估值 10 亿美元以上）企业。滴滴、今日头条、美团、小米、蚂蚁金服等新巨头均通过持续大规模的融资实现持续创新和快速增长。

8.1.4 产业政策环境不断优化

近年来，中国信息技术产业高速发展与产业本身的规律和发展阶段相关，同时也与国家出台一系列的政策法规相关。这些政策法规促进了信息技术产业的发展，为产业发展营造了更好的产业政策和法律法规环境。一方面，鼓励和促进政策吸引了更多社会资源投向信息技术产业；另一方面，相关政策及法律法规的完善，进一步明确了相关的法律法规问题，消除了国家政策的不确定性，让更多的投资者、创业者和资本加快进入信息技术领域，为商业模式创新营造了更为宽松的发展环境。2010 年以来信息技术领域国家发布实施的法律法规和重要政策如表 8-1 所示。

表 8-1　2010 年以来信息技术领域国家发布实施的法律法规和重要政策

序号	政策名称	年份	发布机构	政策目标及简介
1	《国务院关于印发推进三网融合总体方案的通知》（国发〔2010〕5 号）	2010	国务院	推进互联网、通信网和广播电视网络融合发展，推动社会管理和公共服务信息化，促进信息产业、文化产业和社会事业的发展
2	《国务院关于加快培育和发展战略性新兴产业的决定》（国发〔2010〕32 号）	2010	国务院	培育和发展节能环保、新一代信息技术、生物、高端装备制造、新能源、新材料、新能源汽车等产业
3	《进一步鼓励软件产业和集成电路产业发展的若干政策》（国发〔2011〕4 号）	2011	国务院	进一步实施支持软件产业和集成电路产业发展的相关的研发、税收优惠等一系列的产业优惠政策
4	《国务院关于大力推进信息化发展和切实保障信息安全的若干意见》（国发〔2012〕23 号）	2012	国务院	加快建设下一代信息基础设施，推动信息化和工业化深度融合，构建现代信息技术产业体系，全面提高经济社会信息化发展水平，维护国家信息安全
5	《国务院关于印发"十二五"国家战略性新兴产业发展规划的通知》（国发〔2012〕28 号）	2012	国务院	规划和发展新一代信息技术在内的战略性新兴产业

序号	政策名称	年份	发布机构	政策目标及简介
6	《全国人民代表大会常务委员会关于加强网络信息保护的决定》（2012 年 12 月全国人大常委会通过）	2012	全国人大常委会	在互联网环境下保护公民的个人信息，任何组织和个人不得窃取或者以其他非法方式获取公民个人电子信息，不得出售或者非法向他人提供公民个人电子信息
7	《中国共产党第十八次全国代表大会上的报告》	2012	中共中央	对国家信息技术产业发展和信息化建设提出总体方案，促进工业化、信息化、城镇化、农业现代化同步发展。建设下一代信息基础设施，发展现代信息技术产业体系，健全信息安全保障体系，推进信息网络技术广泛运用
8	《国务院关于修改〈计算机软件保护条例〉的决定》（国务院令第 632 号）	2013	国务院	加强和实施更为严格的软件著作权保护制度
9	《国务院关于推进物联网有序健康发展的指导意见》（国发〔2013〕7 号）	2013	国务院	着力打造具有国际竞争力的物联网产业体系，有序推进物联网持续健康发展
10	《"宽带中国"战略及实施方案》（国发〔2013〕31 号）	2013	国务院	加快构建宽带、融合、安全、泛在的下一代国家信息基础设施
11	《国务院关于促进信息消费扩大内需的若干意见》（国发〔2013〕32 号）	2013	国务院	加强信息基础设施建设，加快信息产业优化升级，大力丰富信息消费内容，提高信息网络安全保障能力，推动面向生产、生活和管理的信息消费快速健康增长

序号	政策名称	年份	发布机构	政策目标及简介
12	发放第四代移动通信（4G）业务经营许可证	2013	工业和信息化部	加强移动宽带通信基础设施建设
13	《关于促进地理信息产业发展的意见》（国办发〔2014〕2 号）	2014	国务院办公厅	明确发展地理信息产业的重大意义、总体要求，以及推动重点领域快速发展、优化产业发展环境、推进科技创新和对外合作、加强财税金融支持、健全产业发展保障体系等政策措施
14	《国家集成电路产业发展推进纲要》（国发〔2014〕4 号）	2014	国务院	加快推进中国集成电路产业发展，提出加强组织领导、设立国家产业投资基金、加大金融支持力度等 8 项保障措施
15	《国务院关于促进云计算创新发展培育信息产业新业态的意见》（国发〔2015〕5 号）	2015	国务院	明确增强云计算服务能力、提升云计算自主创新能力、探索电子政务云计算发展新模式等主要任务，提出完善市场环境、建立健全相关法律制度、加大财税政策扶持力度等保障措施
16	《国务院关于大力发展电子商务加快培育经济新动力的意见》（国发〔2015〕24 号）	2015	国务院	营造宽松发展环境、促进就业创业、推动转型升级、完善物流基础设施、提升对外开放水平、构筑安全保障防线、健全支撑体系
17	《国务院关于大力推进大众创业万众创新若干政策措施的意见》（国发〔2015〕32 号）	2015	国务院	发展"互联网+"创业服务。加快发展"互联网+"创业网络体系，建设一批小微企业创业创新基地。积极推广众包、用户参与设计、云设计等

序号	政策名称	年份	发布机构	政策目标及简介
18	《国务院关于积极推进"互联网+"行动的指导意见》（国发〔2015〕40 号）	2015	国务院	加快推进互联网与各领域深入融合和创新发展，提出"互联网+"创业创新、协同制造、现代农业、智慧能源、普惠金融等 11 个重点行动
19	《国务院关于印发促进大数据发展行动纲要的通知》（国发〔2015〕50 号）	2015	国务院	加大技术研发、产业发展和人才培养，推进数据资源开放共享和流通，深化大数据应用，加快建设数据强国，释放技术红利、制度红利和创新红利，提升政府治理能力，推动经济转型升级
20	《中华人民共和国国民经济和社会发展第十三个五年规划纲要》	2016	全国人民代表大会	第一次将"拓展网络经济空间"作为单独一篇进行全面系统的布局规划，网络信息经济在国民经济和社会发展中的地位达到历史新高。布局加快建设数字中国，构建泛在高效的信息网络，实施网络强国战略和国家大数据战略，发展现代互联网产业体系，强化信息安全保障
21	《国家信息化发展战略纲要》	2016	中共中央办公厅、国务院办公厅	大力增强信息化发展能力，着力提升经济社会信息化水平，不断优化信息化发展环境
22	《中华人民共和国网络安全法》	2016	全国人民代表大会常务委员会	2016 年 11 月 7 日发布，2017 年 6 月 1 日起施行。保障网络安全，维护网络空间主权和国家安全、社会公共利益，保护公民、法人和其他组织的合法权益，促进经济社会信息化健康发展
23	《国家网络空间安全战略》	2016	中央网络安全和信息化领导小组	阐明中国关于网络空间发展和安全的重大立场，指导中国网络安全工作，维护国家在网络空间的主权、安全、发展利益

续表

序号	政策名称	年份	发布机构	政策目标及简介
24	《"十三五"国家信息化规划》	2016	国务院	补齐核心技术短板,培育发展新动能,拓展网络经济空间,壮大网络信息等新兴消费,提升信息化应用水平,实施网络强国战略,优化信息化发展环境
25	《国务院关于印发"十三五"国家科技创新规划的通知》(国发〔2016〕43 号)	2016	国务院	深化科技体制改革,推进以科技创新为核心的全面创新,增强自主创新能力,建设创新型人才队伍,扩大科技开放合作,推进大众创业万众创新
26	《关于促进移动互联网健康有序发展的意见》	2017	中共中央办公厅、国务院办公厅	全方位推进移动互联网健康有序发展,实现核心技术系统性突破,推动产业生态体系协同创新,激发信息经济活力,推进信息服务惠及全民,繁荣发展网络文化,打击网络违法犯罪,参与全球移动互联网治理
27	《国务院关于印发新一代人工智能发展规划的通知》(国发〔2017〕35 号)	2017	国务院	全面推进人工智能发展,构建开放协同的人工智能科技创新体系,培育高端高效的智能经济,建设安全便捷的智能社会,构建泛在安全高效的智能化基础设施体系,前瞻布局新一代人工智能重大科技项目
28	《中国共产党第十九次全国代表大会上的报告》	2017	党中央	建设网络强国、数字中国、智慧社会,全面实施国家大数据战略,推动互联网、大数据、人工智能与实体经济深度融合;加强互联网内容建设,建立网络综合治理体系,营造清朗的网络空间

序号	政策名称	年份	发布机构	政策目标及简介
29	《推进互联网协议第六版（IPv6）规模部署行动计划》（厅字〔2017〕47 号）	2017	中共中央办公厅、国务院办公厅	形成下一代互联网自主技术体系和产业生态，建成全球最大规模的 IPv6 商业应用网络，实现下一代互联网在经济社会各领域深度融合应用，成为全球下一代互联网发展的重要主导力量
30	《国务院关于深化"互联网+先进制造业"发展工业互联网的指导意见》	2017	国务院	打造与我国经济发展相适应的工业互联网生态体系，加快工业互联网平台建设，加大关键共性技术攻关力度，构建工业互联网标准体系，提升产品与解决方案供给能力，提升工业互联网创新和应用水平

8.1.5 互联网在政府治理和公共服务方面发挥越来越重要的作用

从"三金工程"到"一网通办"：从政府管理信息化到政务服务在线化

IT 及互联网产业的发展，政府是重要的政策和监管部门，同时政府也是最重要的用户之一。政府使用 IT 及互联网，提升政府行政效率、治理水平和公共服务水平。自 1993 年，国家组织建设"金桥工程""金关工程""金卡工程"，开启国家产业信息化建设以来，陆续在相关领域建设 10 多个"金字工程"，包括教育、医疗卫生、公安、税务、交通、农业、国土等，提升了政府内部的行政管理和监管的信息化和效率。进入互联网时代，政府首先推行电子政务、建设政府网站，从政务信息公开逐步发展到网上办事、行政审批及便民服务，从行政管理、政府治理再到公共服务全面线上化和数字化。移动互联网时代，从中央到地方各级政府进一步提供政务 App、政务公众号等，以更便捷的方式向公众提供公共信息服务。

2005 年 8 月，国务院发布实施《促进大数据发展行动纲要》，相继启动实施"政府数据资源共享开放""国家大数据资源统筹发展""政府治理大数据""公共服务大数据"等工程，旨在政府和政务信息化的基础上，打破各行业、各地方不同系统形成的"信息孤岛"，推进政府数据共享化、服务一体化，通过大数据全面提升政府治理和公共服务的水平。部分省市还相继成立大数据局，统一规划政府的信息化建设，建立统一的数据中心，让各部门数据共享和服务互通。从原来的部门业务导向，走向公众需求导向。在传统线下集中各部门办里行政审批服务的"政务服务大厅"模式基础上，进一步开展网上的"一网通办"，让"数据多跑路，群众少跑腿"，浙江和江苏等地成为领先示范，继而推广到全国。

从智慧城市到数字乡村：信息普遍服务和缩小数字鸿沟

国家特别重视和解决信息时代带来的农村和偏远地区的信息基础设施和服务的可达性，着力缩小数字鸿沟，相继开展广播电视、电话、网络等"村村通"工程。2001 年实现全国所有行政村"村村通广播电视"，2010 年"村村通电话"。在城市大力建设数字城市、智慧城市的同时，国家近些年也提出建设"数字乡村"。2016 年 10 月，中央网信办联合国家发展改革委、国务院扶贫办印发《网络扶贫行动计划》；2019 年 5 月，中共中央办公厅，国务院办公厅印发《数字乡村发展战略纲要》。

疫情防控和复工复产：互联网和大数据功不可没

在 2020 年新型冠状病毒肺炎疫情防控中，同行和密切接触者排查是防控的关键一步。国家通过卫健委的确诊和疑似人员信息、交通部掌握的飞机、火车等同乘者信息，工业和信息化部掌握的同行人手机信息建立大数据分析平台，提供给地方政府排查和通知同行者进行隔离观察，同行人员也可以自己查询同行是否有感染者，成功地避免和控制了疫情的大规模扩散。各地通过"电信大数据+医疗数据"获得健康码或"绿码"，为出行和复工复产提供了基本的"自我证明"。简单的数据共享和应用就发挥了大数据巨大的价值。

此外，各大互联网公司利用互联网和大数据，为政府、民众和企业提供简单实用的疫情防控和复工复产服务。如百度、高德在其地图服务上提示确诊人员和发热门诊地图，提醒和方便用户。百度地图人员迁徙、国家电网的用电大数据支持人员流动和复工复产的信息决策。阿里巴巴、京东、美团等企业，通过线上的电商、物流和外卖服务，为疫情期间抗疫物资和居民的生活服务提供了高效的保障。阿里钉钉、腾讯会议、华为 Welink 等在线视频会议和办公系统，为人员不能大规模流动的情况下的复工复产提供了便捷的线上服务。

中国政府网的演变：从国务院信息公开到全国政务服务一网通办

中国政府网（www.gov.cn）作为中央人民政府门户网站于 2006 年 1 月 1 日开通，最初主要以网页形式公开发布国家政策和国务院工作动态。随着 2008 年 5 月《中华人民共和国政府信息公开条例》实施，该网站的公开信息日益丰富。

2019 年 6 月，国家政务服务平台正式开通，在中国政府网开通服务门户网站的同时，开通 App 客户端，接入微信和小程序。深入推进"放管服"改革的重点部署，推动政务服务在全国范围内的"一网通办，异地可办"。平台陆续接入各类行政审批、公共服务、数据查询等服务，公民和各类社会组织能够在此实现统一身份认证、统一证照服务、统一事项服务、统一政务服务投诉建议等"七个统一"。目前，平台已直通国务院40多个部门，31个省（区市）及新疆生产建设兵团300多万项政务服务事项和一大批高频热点便民服务应用。

为支持2020年疫情防控和复工复产，中国政府网不仅作为国务院联防联控机制的权威发布平台，还开通了疫情防控服务：包括核算检测证明、疫情风险查询、同乘查询、社会救助和心理热线、就医和口罩服务等；复工复产服务：包括蔬菜供应对接查询、农民工复工、失业金申领、稳岗返还申领、复工复产、税收优惠和中小企业支持政策等。

8.2 商业模式创新对中国企业的启示

8.2.1 提高认识：商业模式创新的重要性

由于中国企业建立现代企业制度、真正市场化发展的时间不长，现代企业的管理理念也在进一步建立和完善之中，在发展过程中主要模仿国外的技术和管理方式，自主创新的能力和意识不足。近年来，随着全球化的发展和中国市场的开放，国内企业在经营发展中日益注重技术创新和管理创新，二者在企业竞争发展中的重要性和作用已经被企业和企业家们认同和重视，但目前认识到商业模式的重要性并将商业模式创新付诸实践的，除互联网行业外依然较少。即使重视商业模式的互联网行业，也有一些企业处于盲目跟随和模仿的状态，创新意识不足。截至 2012 年 12 月底，全国团购网站累计诞生总数超过6 100 多家，累计关闭 3 400 多家，淘汰率超过 55%，截至 2017 年随着美团和大众点评的合并，百度糯米的逐步退出，团购网站领域最终胜出的就只有美团一家。主要是由于简单模仿，缺乏自己独到的创新和独有的竞争力导致的同质化竞争严重。

创新是永恒的主题，商业模式创新也是中国企业面对全球竞争的根本出路之一。企业商业模式创新最大的障碍是思维和理念问题，尤其是成功的企业和企业家都更多地按照传统的经营管理理念来经营管理企业，对新的商业模式关注不够，或者不够重视新的商业模式对企业和产业带来的竞争规则的颠覆。创业企业由于没有固有的理念和传统的优势，更注重商业模式创新，并以此开辟竞争蓝海，打破现有大企业的竞争格局。现有企业由于已有商业模式的惯性，以及担心商业模式创新的风险甚至对原有业务和公司利润的冲击，往往缺乏自我革命和创新的动力和勇气，其商业模式创新也容易在公司管理和执行层面受到阻碍。

因此，信息技术企业及传统的企业需要提高对商业模式创新的认识，企业家和经营管理团队应全面学习商业模式创新的基本知识和成功的实践案例，并营造适合商业模式创新的环境和组织管理机制。在创新发展中，兼顾协调技术创新、商业模式创新和管理创新的互动关系。在注重技术创新和研发的同时，更要注重设计好的商业模式，以加快实现技术的商业化进程，从而获得经济价值。要认识到好的技术没有好的商业模式也可能会失败，微小的技术创新搭配精心设计的商业模式往往更容易成功。

8.2.2　尊重客户：以为客户创造价值为中心

国内企业大多还停留在生产产品然后销售给客户或消费者的传统的商业思路，对用户的需求和利益关注不够，还存在通过偷工减料降低成本，甚至生产假冒伪劣产品等现象，侵害客户的利益，服务意识和态度差。在当前经济全球化竞争、市场饱和的买方优势的情形下，只有从客户需求出发进行技术创新、产品生产和服务提供，为客户提供独到或更好的价值和体验，才能获得持续的竞争力。无论是制造业还是服务业，当前以客户为中心的意识都不足，中国互联网企业的发展正是因为更加贴近和关注本土市场的用户需求，创造特色化的应用价值和体验，才建立起在国内市场与全球 IT 巨头相抗衡的格局。信息技术产业尤其是互联网产业的发展，正由以生产和信息为中心向以人为中心转变。用户对信息产品的生产、传播、接收和消费的主动性更强，人与人之间的关系成为信息和基于网络的消费的关键，以人为中心、以客户利益和价值为中心成为不断创新技术和商业模式的核心理念。与用户保持快速甚至实时的沟通和反馈，从而更快把握用户需求，提供个性化的产品和服务是商业模式创新的要素。此外，国内消费者维权意识的提高和消费水平的上升，也将促使消费者对自身的价值和体验，以及企业的客户关怀更为关注，这需要企业更重视消费者自身及其消费心理的变化，实现客户至上的承诺，而不仅以企业的短期发展和盈利为中心。只有通过为客户提供价值创造，吸引并增加用户黏性，才能为企业发展获得源源不断的动力。

传统的公司理论认为公司的首要目标是为股东创造价值。在新经济时代，公司的首要目标应该是为客户创造价值，只有这样才能保证为股东创造价值的可实现性和可持续性。阿里巴巴的创始人马云甚至提出"客户第一、员工第二、股东第三"的观点，这也体现了新经济时代更多的以人为本的经济发展理念。满足客户的需求，保障员工的利益，最后才能为股东、资本带来回报和价值。

8.2.3　注重伙伴：构建商业生态系统

中国市场经济制度起步较晚、发展不成熟，现代意义上的市场化企业出现较晚，对竞争与合作的关系认识不充分。在计划经济时代都是国营或集体企业，生产经营和资源配置都是在政府的计划下进行的，基本上不存在实质意义上的竞争；改革开放后，国有企业建立现代企业制度，民营企业更是从市场化竞争中尝到了甜头，竞争意识日益高涨，但在过度重视竞争的同时却忽视了合作的重要性。商业模式创新的要素之一是需要与企业外部的合作伙伴建立良好的合作关系，形成利益共享、风险共担的价值网络体系和产业生态系统，只有这样才能在高度开放、全球竞争、迅速变化的经济环境中赢得竞争力、获得持续增长。在国内市场获得成功的企业，还需要更为开放的思维，加速融入全球化的产业价值链，谋求国际化发展。

8.2.4　创新双剑：商业模式创新和技术创新的融合互动

中国企业的商业模式创新比技术创新更具优势。在技术创新领域，中国企业长期以来一直处于跟随和学习发达国家企业的状态，虽然目前国家和企业都高度重视技术创新，并投入了大量的资源，但总体效果并不明显。技术创新一般需要人才、技术、知识等资源的长期投入和积累，创新的过程投入高、周期长、风险大。中国企业长期处于全球价值链底端，缺乏大规模持续研发投入和高端人才，国内整体的科研教育及人才知识资源也与国外存在较大差距。商业模式创新与技术创新的过程有很大差异，其核心是围绕客户需求创造新价值、提出新的客户价值主张，与市场和客户需求紧密相关。

目前，中国是世界最大的制造国，也是人口最多、需求最复杂、多元化的消费市场。这样的市场能够为商业模式创新提供更多的要求和思路，也有较为完善的产业资源可供整合，足够大的市场为创新的商业模式提供快速商业化的机会。因此，在注重技术创新的同时，企业应更加注重商业模式的创新，通过面向大市场和复杂用户需求的商业模式创新快速发展，摆脱长期以来关键技术受制于人、处于价值链底端的发展模式。尤其是技术创新能力不足的中小企业，可以面向特定的细分市场提出创新的客户价值主张，通过商业模式创新更好地发展。

8.2.5　大企业创新：打造互利共赢的开放式商业平台

大企业对产业发展的主导作用和影响力较大，对产业资源整合和控制的能力也较强。应充分利用这一优势，树立开放合作意识和平台化发展战略思维，通过平台主导型的商业模式创新，建立开放的、有竞争力的商业平台，形成有活力的商业生态系统，让更多合作伙伴或潜在竞争者进入自己主导的生态系统，从而建立持久的竞争优势。一方面，大企业可以开放企业内部的资源和环节，与更多合作伙伴建立资源共享和利益分享的机制，培育和壮大主导的商业生态系统；另一方面，大企业可以从商业生态系统中获得更多的资源和能力，控制和主导平台的发展。通过平台更好地对接信息技术产业中的生产者和消费者，以聚集和锁定用户为中心，在拥有广大用户的基础上，大企业可以组织产业链各个环节，以及外部合作网络的企业开展开放式创新、生产与合作，通过平台的组织形式，组织和整合所需的各类要素和资源，共同为满足客户需求创造价值。同时，大企业可以建立与外部合作伙伴之间良好的价值网络和持续的利益分享机制，加强对平台上的产品和服务质量，以及服务的管理和控制，维护平台统一的用户体验和品牌，增加用户的黏性和忠诚度。

8.2.6　中小企业创新：利用外部资源接入开放平台

创新创业型企业和中小企业，往往在某项技术或某个商业环节上进行创新或具备优势，更多企业创新发展的资源在企业外部。因此，为降低竞争门槛、谋求快速成长或技术的快速商业化，中小企业需要用开放式成长的思路，选择和进入一个开放式的平台和商业生态，充分利用现有开放平台的技术、服务、客户等资源，将自己的优势或商业流程嵌入成熟的开放平台之中，快速将自身的优势转化为商业价值。在创业初期或中小企业整体资源能力、资金不足的情况下，集中和专注优势环节，充分利用开放平台的社会化资源为自己服务，从而以最低的成本、最简单的商业流程、最少的资源和资产快速地实现用户和市场的拓展，形成差异化发展。例如，在信息技术产业，大量的中小游戏或软件应用开发者或企业，依靠大型互联网企业的开放平台或专业化的游戏分发运营平台，快速找到大量用户并实现用户流量的变现，企业只需专注于产品本身的技术创新和用户体验的优化，更多的商业流程通过开放平台实现。

8.2.7 传统企业创新：充分应用信息技术和互联网思维

信息技术企业是全球经济中技术和商业模式创新最为活跃的主体。信息技术和信息化的发展也加速促进其他产业的商业模式的变革和不断创新。利用信息技术和互联网能够实现传统企业的研发、生产、营销和客户服务方式的重大创新，从而颠覆传统企业的经营方式和行业的商业规则。电子商务的发展已经对传统商业零售业的商业模式带来颠覆，基于互联网的新媒体的发展也使传统的纸质和平面传媒行业逐步走向衰落，金融领域也正面临着互联网金融等新商业模式的挑战。传统的制造和服务业企业应充分认识信息技术发展带来的技术和商业模式上的创新和变革，顺应信息化、数字化、智能化的发展大趋势，加强信息技术的应用，学习互联网思维和发展理念，主动将传统的流程和业务模式与互联网嫁接，创造新的商业模式，处理好传统模式的路径依赖和新商业模式与旧商业模式之间的冲突，从而让传统的资源优势通过商业模式创新，在产业变革和转型过程中重新获得发展的空间。

▍参考文献▍

[1] Cusumano M．A．，Selby W．R．微软的秘密（1998）[M]．章显洲，贾菡，杨文俊，译．北京：电子工业出版社，2010．

[2] 阿里巴巴集团网站[EB/OL]．http://www.alibabagroup.com/cn/about/businesses.

[3] 阿里巴巴金融官网[EB/OL]．http://www.aliloan.com/.

[4] 安娜贝拉·加威尔，迈克尔·麦诺．平台领导：英特尔、微软和思科如何推动行业创新[M]．袁申国，刘兰凤，译．广州：广东经济出版社，2007．

[5] 百度百科[2014-02-14]．http://baike.baidu.com/view/1245.html.

[6] 比特网，垄断致中国互联网"荒漠化"[EB/OL]．[2013-11-25]．http://net.chinabyte.com/181/12787181.shtml.

[7] 菜鸟网络网站．关于菜鸟[EB/OL]．[2019-12-27]．https://www.cainiao.com/markets/cnwww/.

[8] 高闯，关鑫．企业商业模式创新的实现方式与演进机理：一种基于价值链创新的理论解释[J]．中国工业经济，2006（11）：83-90．

[9] 工业和信息化部经济运行监测协调局，2013 年电子信息产业统计公报[EB/OL]．[2014-3-4]．http://www.miit.gov.cn/n11293472/n11293832/n11294132/n12858462/15909429.html.

[10] 工业和信息化部运行监测协调局. 中国电子信息产业统计年鉴（综合篇）（2008—2013）[M]. 北京：电子工业出版社，2014.

[11] 郭士纳. 谁说大象不能跳舞[M]. 张秀琴，因正权，译. 北京：中信出版社，2010.

[12] 郭毅夫，赵晓康. 商业模式创新与竞争优势：基于资源基础论视角的诠释[J]. 理论导刊，2009（3）：69-71.

[13] 亨利·伽斯柏. 开放型商业模式——如何在新环境下获取更大的收益[M]. 程智慧，译. 北京：商务印书馆，2010.

[14] 荆林波，冯永晟. 信息通信技术、生产率悖论与各国经济增长[J]. 经济学动态，2010（6）.

[15] 荆林波，梁春晓. 中国电子商务服务业发展报告 No.1[M]. 北京：社会科学文献出版社，2011.

[16] 荆林波. 电子商务模式检讨[J]. 网际商务，2001（11）：44-46.

[17] 剧锦文，阎坤. 新经济辞典[M]. 沈阳：沈阳出版社，2003.

[18] 卡尔·夏皮罗，哈尔·瓦里安. 信息规则——网络经济的策略指导[M]. 张帆，译. 北京：中国人民大学出版社，2000.

[19] 康斯坦丁诺斯，马凯斯. 攻略：商业模式创新路线图[M]. 姜艳丽，译. 北京：东方出版社，2010.

[20] 克雷顿·克里斯滕森. 创新者的窘境（1997）[M]. 吴潜龙，译. 南京：江苏人民出版社，2001.

[21] 克里斯·安德森. 长尾理论[M]. 乔江涛，译. 北京：中信出版社，2006.

[22] 琳达·S. 桑福德，戴夫·泰勒著. 开放型成长：商业大趋势——从价值链到价值网络[M]. 刘曦，译. 北京：东方出版社，2008.

[23] 刘启，李明志. 双边市场与平台理论研究综述[J]. 经济问题，2008（7）：17-20.

[24] 刘长勇. 英特尔的开放式创新策略[J]. 中山大学企管系，2003.

[25] 罗珉，曾涛，周思伟. 企业商业模式创新：基于租金理论的解释[J]. 中国工业经济，2005（7）.

[26] 迈克尔·波特. 塑造战略的五种力量：迈克尔波特再论"五力模型"[J]. 哈佛经典，2008（2）.

[27] 迈克尔·波特. 竞争优势（1980）[M]. 陈小悦，译. 北京：华夏出版社，2005.

[28] 潘维军. 一般通用技术与经济增长的国外研究综述[J]. 经济评论，2012（6）.

[29] 彭志强. 商业模式的力量[M]. 北京：机械工业出版社，2011.

[30] 乔根森，等. 生产率：信息技术与美国增长复苏[M]. 荆林波，冯永晟，译. 北京：格致出版社，2012.

[31] 商务部流通业发展司. "菜鸟网络"简介[EB/OL]. [2013-06-04]. http://ltfzs. mofcom.gov.cn/article/bb/201306/20130600151167.shtml.

[32] 沈拓. 不一样的平台：移动互联网时代的商业模式创新[M]. 北京：人民邮电出版社，2012.

[33] 唐·泰普斯科特. 维基经济学：大规模协作如何改变一切[M]. 何帆，译. 北京：中国青年出版社，2007.

[34] 汪戎，朱翠萍. 交易费用理论的发展——兼评威廉姆森《资本主义经济制度》[J]. 思想战线，2007（6）.

[35] 王波，彭亚利. 再造商业模式[J]. IT 经理世界，2002（4）：5.

[36] 王琴. 基于价值网络重构的企业商业模式创新[J]. 中国工业经济，2011（1）：79-88.

[37] 魏炜，朱武祥. 重构商业模式[M]. 北京：机械工业出版社，2011.

[38] 魏炜，朱武祥，林桂平. 不老神丹就是商业模式[J]. 创富志，2009（6）：46-49.

[39] 翁君奕. 介观商务模式：管理领域的"纳米"研究[J]. 中国经济问题，2004（1）：38.

[40] 翁君奕. 商务模式创新[M]. 北京：经济管理出版社，2004.

[41] 徐晋，张祥建. 平台经济学初探[J]. 中国工业经济，2006（5）.

[42] 徐晋. 平台经济学[M]. 上海：上海交通大学出版社，2007.

[43] 亚当·斯密. 国富论[M]. 郭大力，王亚南，译. 上海：上海三联书店，2009.

[44] 亚历山大·奥斯特瓦德，等. 商业模式新生代[M]. 王帅，等，译. 北京：机械工业出版社，2011.

[45] 杨公仆，夏大慰，等. 产业经济学教程（第三版）[M]. 上海：上海财经大学出版社，2008.

[46] 约瑟夫·熊彼得. 经济发展理论（1934）[M]. 何畏，等，译. 北京：商务印书馆，2000.

[47] 张燕. 价值网：一种新的战略思维的组合[J]. 价值工程，2002（2）.

[48] 中国互联网络信息中心. 1986—1993 年互联网大事记[EB/OL]. [2007-05]. http://www. cnnic.net. cn/hlwfzyj/hlwdsj/201206/t20120612_27414. htm.

[49] Alt R, Zimmermann H. Introduction to Special Section – Business Models[J]. Electronic Markets, 2001(1).

[50] Bouwman H. Haaker T., Devos H. Mobile Service Innovation and Business Models[M]. Berlin: Springer, 2008.

[51] Chesbrough H. Business model innovation: It's not just about technology anymore[J]. Strategy & Leadership, 2007a, 35(6): 12-17.

[52] Chesbrough H. Open Innovation: The New Imperative for Creating and Profiting from Technology [M]. Havard Business School Press, 2003.

[53] Chesbrough H, Rosenbloom S. The Role of the Business Model in capturing value from Innovation: Evidence from XEROX Corporation's Technology Spin-off Companies[J]. Industrial and Corporate Change, 2002, 11(3): 529-555.

[54] Chesbrough H, Schwartz K. Innovating business models with co-develpment partnerships[J]. Research Technology Management, 2007b(50): 55-59.

[55] Chesbrough H. The era of open innovation[J]. MIT Sloan Management Review, 2003b(44): 35-41.

[56] Chesbrough H. Why companies should have open business models[J]. MIT Sloan Management Review, 2007c(48): 22-28.

[57] Christensen M. The innovator's dilemma: When new technologies cause great firms to fail [M]. MA : Harvard Business School Press , 2000: 188-215.

[58] 盛洪. 制度经济学：上卷[M]. 北京：北京大学出版社，2003.

[59] Computer history museum[EB/OL]. http://www.computerhistory.org/timeline/?category=cmptr, 2006.

[60] Dubosson M, Osterwalder A, Pigneur Y. E-Business Model Design, Classification and Measurement[J]. Thunderbird International Business Review, January, 2002, 44(1) : 5-23.

[61] Evans D. Some Empirical Aspects of Multi-sided Platform Industries[J]. Review of Network Economics, 2003b(3).

[62] Evans D. The Antitrust Economics of Multi-sided Platform Markets[J]. Yale Journal on Regulation, 2003a(20).

[63] Gordijn J. Value based requirements engineering: Exploring innovative e-commerce ideas [D]. Vrije Universiteit , Amsterdam , 2002.

[64] Hamel G. Leading the Revolution[M]. Boston: Harvard Business School Press, 2000.

[65] Jason Hwang, Christensen M. Disruptive Innovation In Health Care Delivery: A Framework For Business-Model Innovation[J]. Health Affairs, 2008(5):

1329-1337.

[66] Jeffery F. Rayporf, John J. Sviokla. Exploiting the Virtual Value Chain[J]. Harvard Business Review, 1995(9-10): 75-99.

[67] Johnson W, Christensen M, Kagermann H. Reinventing Your Businiess Model[J]. Havard Bussiness Review, 2008(12).

[68] Linder J, Cantrell S. Changing business models: Surveying the landscape[R]. Accenture Institute for Strategic Change, 2000.

[69] Magretta J. Why business models matter[J]. Harvard Business Review, 2002(5).

[70] Mahadevan B. Business Models for Internet-based E-commerce: An Anatomy[J]. California Management Review, 2000, 42 (4): 55-69.

[71] Malhotra Yogesh. Knowledge management and new organization forms: A framework for business model innovation[J]. Information Resources Management Journal, 2002. 13(1): 5-10.

[72] Mitchell, Donald. Coles, C. The ultimate competitive advantage of Continuing business model innovation[J]. The journal of Business Strategy, 2003, 24(5).

[73] Moore James F. Predators and Prey: A new ecology of competitions[J]. Harvard Business Review, 1993,5-6.

[74] Morris M, Allen J. The entrepreneur's business model: toward a unified perspective[J]. Journal of Business Reaserch, 2003(6): 726-735.

[75] Osterwalder A, pigneur Y, Tucci C. Clarifying business models : Origins, present, and future of the concept[J].communications of the Information Systems , 2005, 15 (5) : 1-25.

[76] Osterwalder A, pigneur Y. An e-bussiness Model Ontology for modeling e-business[C]. 15th Bled Elecotrionic Commerce Conference, 2002.

[77] Osterwalder A. The Business Model Ontology—a proposition in a design

science approach[D]. University de Lausanne, 2004.

[78] Rappa M. Business Models on the Web: Managing the Digital Enterprise[EB/OL]. Http://digitalenterprise. org/models/models. html.

[79] Rappa M. The utility business model and the future of computing services[J]. IBM system journal(43)-No. 1, 2004. 32-42.

[80] Reimer J. Total share: 30 years of personal computer market share figures[EB/OL]. http://arstechnica.com/features/2005/12/total-share/4/.

[81] Reimer J. Total Share: Personal Computer Market Share 1975-2010[EB/OL]. http://jeremyreimer.com/m-item. lsp?i=137.

[82] Robert J Shapiro. The U. S. Software Industry: An Engine for Economic Growth and Employment[J]. SIIA report, 2014.

[83] Shafer S. M. H. J. Smith, J. C. Linder, The power of business models[J]. Business Horizons, 2005(48): 199-207.

[84] Slywotzky A, David J. Morrison The Profit Zone: How Strategic Business Design Will Lead You to Tomorrow's Profits[M]. Wiley, 1998.

[85] Timmers P. Business Models for Electronic Markets[J]. Electronic Markets, 1998, 8(2): 3-8.

[86] Weill P, Vitale M. R. Place to Space: Migrating to eBusiness Models[M]. Boston: Harvard Business School Press, 2001.

[87] Williamson O. E. The Economic Institution of Capitalism [M]. New York: Free Press, 1985.

[88] YouTube 统计信息[EB/OL]. http://www. youtube.com/yt/press/zh-CN/statistics. html.

┃后 记┃

商业模式创新日益受到学术界、商业界，甚至政府的关注，已成为与技术创新、管理创新并驾齐驱的驱动国家创新战略和企业创新发展的重要因素。总体来看，学术界对商业模式的理论研究与商业界对商业模式的案例分析之间存在着巨大的鸿沟，尚未将理论研究和商业实践中的案例较好地结合，缺少既有学术价值又有商业实践指导意义的专著。因此，本书尝试在该方面有所突破，针对商业模式创新过程中的开放创新、平台型创新等进行深入研究，并结合 IT 和互联网产业的发展和实践，以期弥补学术研究和商业实践之间的鸿沟。

从我个人的学术专业和工作履历来看，关注和选择这一主题也有一定的必然性。我在本科及硕士阶段学习计算机专业，这是近些年非常热门、很典型的应用类工科专业，技术的快速变化要求 IT 人士必须时刻接受新技术、新思维，并随时有创新的准备和实践。信息技术作为当前应用最为广泛的通用目的技术，已经广泛渗透并深刻影响了经济、社会发展的各个方面。因此，我也就对因信息技术发展而改变或延伸的其他学科知识有强烈的兴趣，如管理学及由信息技术带来的 ERP 等新的管理技术和理念，经济学及信息和网络经济学的新理论，社会学及当前的信息社会、虚拟社会等前沿研究问题等。我自 2005 年硕士毕业后一直在国家工业和信息化部（2008 年前为信息产业部）从事信息技术产业发展促进和行业管理工作。结合国家产业发展和行业管理的需求，2010—2014 年我在中国社会科学院研究生院攻读经济学博士学位，师从中国社会社科评价研究院荆林波院长（时任社会科学院财政与贸易经济研究所副所长、财经战略研究院副院长），深入研究产业经济、服务经济和信息经济。为拥抱 IT 和互联网行业发展的浪潮，我 2016—2018 年进入百度公司，两年时间历经几个部门，先后负责过技术政策、公共关系、战略与合作等业务，在大型互联网公司的一线参与和推进技术、商业模式和国家公共政策的创新。2018年至今，我进入中国互联网投资基金，从投资的视角考察互联网的创新创业，研究企业的技术、商业模式和管理创新。正是基于在计算机和经济学专业较为深厚的学术背景，在政府主管部门、大型互联网企业、大型投资基金工作较为丰富的实践经验，经过长期、多视角的观察、思考和研究，最终形成此书。

致谢

首先，要感谢我的博士导师荆林波研究员，他给予我悉心培养、无私帮助和持续的鼓励。他对学术研究的严谨态度、宽阔眼界、对新事物的高度敏感和浓厚兴趣，尤其是将理论和实践紧密结合的为学风格对我影响至深。其次，我还要感谢社科院的诸多老师和同学，社科院人严谨活泼的学术氛围，以及经国济世的使命和情怀让我受益匪浅。在此书的构思和成稿过程中，我还得到一些同事和好友的帮助，他们都是 IT 领域的政策制定者、行业管理者、知名专家、企业家和投资人，为我提供了许多思路和帮助，每次交流都有启发，每个企业的发展都是案例。

感谢电子工业出版社的刘九如总编辑对本书出版的关心和指导，感谢朱雨萌对本书的编辑，正是他们的帮助和专业指导才让本书第 1 版得以面见读者，也正是他们对读者的深刻理解和对新知的孜孜以求，又建议和督促我完成本书的第 2 版。

最后，我要感谢我的父母和妻子。感谢父母亲在我 30 余年的成长过程中的无私奉献和默默支持，谨以此书表达对父母的感激、致敬和报答。感谢我的爱妻，无论在工作、生活还是学习上都给予了我最大的支持和深深的理解，她也是我不断开拓进取的直接动力。

寄语同行：未来的研究展望

IT 和互联网产业商业模式创新仍在不断发展之中，本书虽然从理论和实践多视角进行了较为全面的分析和阐述，但这一领域依然有很多理论和实践有待研究。作为本书的延伸，可从以下几个方面开展更深入的研究。

1. 商业模式创新对产业发展影响的量化评估。技术创新对经济发展包括经济增长、产业发展、竞争行为和市场绩效等方面的影响，经多年研究已形成了较为完整的理论体系。商业模式创新对经济发展的影响也需要建立科学的评估模型和评价体系，总结出商业模式创新对经济、产业和企业发展的影响机制和绩效，以更好地指导商业实践。

2. 全球信息技术产业商业模式创新的发展历程及展望。信息技术产业发展的典型案例都是依靠技术驱动和商业模式创新驱动发展的，尤其是当前基础信息技术发展日益成熟，更多依靠商业模式创新推动技术广泛应用和商业化的形势下，我们需要全面深入研究和梳理信息技术产业商业模式创新的发展历程及其与产业发展之间的关系，总结商业模式创新的规律，研究和预判未来商业模式发展和演化的趋势。

3. 基于特定行业的商业模式创新研究。商业模式创新在每个产业和行业都广泛存在，且有其特殊的行业特点和表现形式。因此，可以将商业模式从企业层面的一般性研究进一步延伸到产业层面的专业性研究，基于具体产业特点、产业链构成、产业资源和要素，以及产业发展规律，研究特定行业的商业模式创新，会更具实践指导意义。

4. 信息技术产业与其他产业融合发展的商业模式研究。信息技术作为通用目的技术，渗透和应用到其他行业，驱动融合创新和发展，传统行业面临着信息技术产业商业模式创新带来的变革。在业界关注的互联网金融、O2O 等新的融合型产业形态中探索商业模式创新。在"互联网+"、互联网思维、共享经济等新的经济和商业发展理念下，IT 和"互联网+"传统行业的融合式商业模式创新研究对新旧经济的融合创新、经济增长动能转换、经济转型升级具有巨大价值。

5. 基于商业模式创新的产业政策和公共政策研究。商业模式研究更多基于企业经营层面的研究，作为与技术创新并驾齐驱的新的创新要素和方法，需要从产业层面和宏观经济层面加以研究。在当前全球经济增长乏力、资源要素紧张、商品高度同质化竞争的经济环境下，如何更好地满足人类的需求和经济社会发展是个全球性课题，商业模式的产业政策和公共政策研究也能为此问题提供一个新的视角和解决思路。

本书第 1 版的付梓时值我从主管 IT 行业的国家机关踏入 IT 和互联网业界，拥抱互联网的大潮，进入创新的第一线，开启新的职业生涯和新的人生征程。在本书第 2 版出版之时，我已进入互联网投资行业近两年了。

创新不断，业无止境！

路漫漫其修远兮，吾将上下而求索！

是以为记！

汪存富

2020 年 1 月